Grundwissen Politik

Band 54

Begründet von
Ulrich von Alemann

Herausgegeben von
Prof. Dr. Lars Holtkamp, Hagen, Deutschland
Prof. Dr. Viktoria Kaina, Hagen, Deutschland
Prof. Dr. Michael Stoiber, Hagen, Deutschland
Prof. Dr. Annette Elisabeth Töller, Hagen, Deutschland

Herausgegeben von

Prof. Dr. Lars Holtkamp
Fernuniversität Hagen
Deutschland

Prof. Dr. Viktoria Kaina
Fernuniversität Hagen
Deutschland

Prof. Dr. Michael Stoiber
Fernuniversität Hagen
Deutschland

Prof. Dr. Annette Elisabeth Töller
Fernuniversität Hagen
Deutschland

Sebastian Wolf

Korruption, Antikorruptionspolitik und öffentliche Verwaltung

Einführung und europapolitische Bezüge

 Springer VS

Sebastian Wolf
Universität Konstanz, Deutschland

ISBN 978-3-658-04107-6 ISBN 978-3-658-04108-3 (eBook)
DOI 10.1007/978-3-658-04108-3

Die Deutsche Nationalbibliothek verzeichnet diese Publikation in der Deutschen Nationalbibliografie;
detaillierte bibliografische Daten sind im Internet über http://dnb.d-nb.de abrufbar.

Springer VS
© Springer Fachmedien Wiesbaden 2014

Springer VS ist eine Marke von Springer DE. Springer DE ist Teil der Fachverlagsgruppe Springer
Science+Business Media.
www.springer-vs.de

Inhalt

Über den Autor

Sebastian Wolf studierte Politikwissenschaft, Rechtswissenschaft und Pädagogik an der Technischen Universität Darmstadt und absolvierte anschließend ein europarechtliches Aufbaustudium an der Universität des Saarlandes (Saarbrücken). Er promovierte im Fach Politikwissenschaft an der TU Darmstadt und arbeitete von 2005 bis 2007 als Sektionsreferent am Deutschen Forschungsinstitut für öffentliche Verwaltung in Speyer. Seit 2007 ist Sebastian Wolf wissenschaftlicher Mitarbeiter am Fachbereich Politik- und Verwaltungswissenschaft der Universität Konstanz. Im Wintersemester 2009/2010 und Sommersemester 2011 vertrat er in Teilzeit den dortigen Lehrstuhl für Innenpolitik und öffentliche Verwaltung. 2012 wurde er an der Universität Konstanz habilitiert und erlangte die Lehrbefugnis für die Fächer Politikwissenschaft und Verwaltungswissenschaft. Zudem ist Sebastian Wolf seit 2011 in Teilzeit Forschungsbeauftragter am Liechtenstein-Institut (Bendern, Liechtenstein). Seine Forschungsinteressen sind europäische Integration (insbesondere Euratom), Rechtspolitologie, Korruptionsbekämpfung (vor allem internationale Antikorruptionsregime) und Kleinststaaten (primär Liechtenstein). Sebastian Wolf war von 2007 bis 2010 Vorstandsmitglied von Transparency International Deutschland. Seit 2010 koordiniert er zusammen mit Peter Graeff den wissenschaftlichen Arbeitskreis dieser Nichtregierungsorganisation. Er war 2011/12 Vorsitzender des Beirats der National Integrity System-Studie von Transparency International Deutschland. Weitere Informationen und einige Publikationen sind abrufbar unter:
http://www.polver.uni-konstanz.de/seibel/mitarbeiter/sebastian-wolf/.

Für hilfreiche Hinweise zur Erstellung und Überarbeitung dieses Werks dankt der Autor Peter Graeff, Annette Elisabeth Töller und einem anonymen Gutachter.

Tabellenverzeichnis

Abkürzungsverzeichnis

AEUV	Vertrag über die Arbeitsweise der Europäischen Union
AO	Abgabenordnung
AUB	Arbeitsgemeinschaft Unabhängiger Betriebsangehöriger
AVG	Abfallverwertungsgesellschaft (Köln)
Best.	Bestechung
BPI	Bribe Payers Index
BT	Bundestag
BT-Drs.	Bundestagsdrucksache
CIA	Central Intelligence Agency
CPI	Corruption Perceptions Index
EG	Europäische Gemeinschaft(en)
EU	Europäische Union
FCPA	Foreign Corrupt Practices Act
GCB	Global Corruption Barometer
gg.	gegen
GRECO	Groupe d'Etats contre la corruption
GWB	Gesetz gegen Wettbewerbsbeschränkungen
IB	Internationale Beziehungen
int.	international
International.	Internationalisierung
MdEP	Mitglied des Europaparlaments
MP	Mitglied des Parlaments
MS	Mitgliedstaat(en)
NGO	Non-governmental organization
OECD	Organisation for Economic Co-operation and Development
org.	organisiert(e)
Rahmenbeschl.	Rahmenbeschluss
Rec.	Recommendation
StGB	Deutsches Strafgesetzbuch
StGB-AT	Österreichisches Strafgesetzbuch
StPO	Deutsche Strafprozessordnung
SZ	Süddeutsche Zeitung
TI	Transparency International
UN	United Nations
US(A)	United States (of America)
WTO	World Trade Organization

1 Einleitung

Korruption ist in den letzten Jahren zunehmend zu einem Modethema avanciert. Auch wenn vieles dafür spricht, dass es schon immer Handlungen gab, die nach den jeweils örtlich und zeitlich geltenden normativen Vorstellungen als korruptiv betrachtet wurden (vgl. Plumpe 2009), fanden diese nicht notwendigerweise besonders viel Aufmerksamkeit. Die öffentliche Verwaltung in Deutschland galt jahrzehntelang als weitgehend unbelastet von Korruption, wohl nicht zuletzt aufgrund eines etwas naiven Glaubens an die „preußischen Tugenden" (von Alemann 2005a: 13). Die verschiedenen Gesellschaftswissenschaften, auch die Politikwissenschaft, widmeten sich lange Zeit gerade in Deutschland kaum den Themen Korruption und Korruptionsbekämpfung. Dies hat sich spürbar geändert. Seit etwa Mitte der 1990er Jahre ist ein globaler Antikorruptionsboom zu beobachten, der zu zahlreichen internationalen Antikorruptionsregimen geführt hat (vgl. Wolf/ Schmidt-Pfister 2010), welche die Korruptionsbekämpfungspolitiken auf nationaler Ebene zunehmend beeinflussen. Das Thema Korruption ist auch stärker in den Medien vertreten. Große Korruptionsfälle wie etwa der Siemens-Korruptionsskandal (vgl. Graeff/Schröder/Wolf 2009; Weidenfeld 2011) wurden ausführlich medial begleitet und geprägt. Die wissenschaftliche Korruptionsforschung in ihren verschiedenen Disziplinen und Teilbereichen ist inzwischen kaum noch zu überblicken.

(Randnotiz: Korruption und Korruptionsbekämpfung als Modethemen in Politik, Medien und Forschung)

Auch in der Hochschullehre halten die Themen Korruption und Korruptionsbekämpfung zunehmend Einzug.[1] Einschlägige Lehrveranstaltungen sind bei den Studierenden in der Regel recht beliebt. Korruption hat hierzulande oft den Ruch des Geheimnisvollen und Skandalösen (und dadurch Interessanten); Korruptionsbekämpfung erscheint den meisten Betrachtern intuitiv als sinnvolle und wichtige Maßnahme zum Schutz des Gemeinwesens. Immer mehr Studierende möchten sich auch in Haus- oder Examensarbeiten mit dem Themenkreis Korruption beschäftigen. Nicht selten stoßen sie spätestens dann auf Probleme, mit denen die wissenschaftliche Korruptionsforschung seit ihrem Bestehen konfrontiert wird. So gibt es etwa keine konsensuale Korruptionsdefinition, und Korruption lässt sich nur annäherungsweise messen – mit der Folge, dass die Effektivität von Antikorruptionsmaßnahmen meist auch nur vage bestimmt werden kann.

(Randnotiz: Korruption und Korruptionsbekämpfung als Themen in der Hochschullehre)

Viele der bereits angesprochenen Themen werden in diesem Lehrbuch behandelt, welches das Ziel hat, vor allem Studierenden der Politik- und Verwaltungswissenschaften sowie benachbarter Fächer eine kompakte, lesbare und trotzdem gehaltvolle Einführung zu bieten. Mehrere über die verschiedenen Kapitel verteilte Fallbeispiele sollen exemplarisch rechtspolitische Prozesse, Diskurse und Konflikte im Politikfeld Korruptionsbekämpfung darstellen. Das auf diese Einleitung folgende zweite Kapitel ist den Grundlagen von Korruption und An-

(Randnotiz: Aufbau und Ziel dieses Lehrbuchs Grundlagen von Korruption und Antikorruptionspolitik)

---

1 Ein Vorreiter in der korruptionsbezogenen universitären Lehre ist beispielsweise der unter anderem mit Fallstudien, Gastvorträgen und Simulationen angereicherte jährlich an der Universität Passau angebotene interdisziplinäre Blockkurs und Workshop „The Economics of Corruption" (siehe http://www.icgg.org/corruption.index.html).

tikorruptionspolitik gewidmet. Erörtert werden hier unter anderem Themen wie Korruptionsbegriff, Formen, Folgen und Ursachen von Korruption sowie die Messbarkeitsproblematik. Zudem wird Korruption als (politik-) wissenschaftlicher Forschungsgegenstand vorgestellt und anschließend Korruptionsbekämpfung als Thema der Politikfeldforschung diskutiert.

Korruption und öffentliche Verwaltung

Das dritte Kapitel führt in den Themenkomplex „Korruption und öffentliche Verwaltung" ein. Korruption wird zunächst als Kontrast zum Idealtypus rational-bürokratischer Verwaltung nach Max Weber dargestellt. Im Anschluss werden Ursachen für Korruption in der Verwaltung angesprochen. Die Betroffenheit verschiedener Verwaltungsbereiche von Korruption ist Gegenstand des darauffolgenden Abschnitts. Sodann werden unterschiedliche Aspekte der Korruptionsbekämpfung in der öffentlichen Verwaltung thematisiert. Das Kapitel schließt mit einem Exkurs, der das Thema Korruptionsbekämpfung aus dem Blickwinkel unterschiedlicher Konzeptionen von Verwaltungswissenschaft behandelt.

Korruptionsbekämpfung in Europa

Die internationale und supranationale Antikorruptionspolitik in Europa wird im vierten Kapitel überblicksartig dargestellt. Auf einen Abriss und eine theoretische Deutung der Entstehungsgeschichte der wichtigsten internationalen Antikorruptionsregime folgt ein Vergleich der Antikorruptionspolitiken von Europäischer Union, Europarat, OECD und Vereinten Nationen. Es schließt sich ein Exkurs an, der die Korruptionsbekämpfungsaktivitäten der EU aus verschiedenen theoretischen Perspektiven analysiert. Auch wissenschaftliche Kritik an der globalen Korruptionsbekämpfung wird im Rahmen dieses Kapitels diskutiert. Die Auswirkungen internationaler Korruptionsbekämpfungsmaßnahmen werden daraufhin am Beispiel der deutschsprachigen Länder Deutschland, Liechtenstein, Österreich und Schweiz verglichen.

Zusammenfassung, Hinweise, Daten- und Textanhang

Das letzte Kapitel fasst die Darstellungen kurz zusammen und gibt Hinweise für Studierende, die zum Themenbereich Korruption zu arbeiten beabsichtigen. Im Anhang sind einige ländervergleichende Daten zu Korruption und Antikorruptionspolitik sowie wichtige korruptionsbezogene Bestimmungen im deutschen Strafrecht und ausgewählte internationale Antikorruptionsnormen zusammengestellt worden.

2 Korruption und Antikorruptionspolitik: Grundlagen

Dieses Kapitel liefert begriffliche und konzeptionelle Grundlagen und Anregungen für die politikwissenschaftliche Auseinandersetzung mit den Themen Korruption und Korruptionsbekämpfung.

2.1 Was ist Korruption?

Korruption ist in aller Munde, und zumindest jeder Laie scheint eine intuitive Vorstellung davon zu haben, was korrupt ist und was nicht. Deshalb ist wohl für viele Menschen die Feststellung überraschend, dass es keine konsensuale oder allgemeingültige Korruptionsdefinition gibt. PolitikwissenschaftlerInnen mag dies weniger erstaunlich erscheinen, da sie häufig mit nichtkonsensualen Begriffen arbeiten (z. B. „Demokratie" oder „Frieden") und dann jeweils erst einmal die von ihnen verwendeten Arbeitsdefinitionen darlegen (und begründen) müssen. Da das Wort „Korruption" in der Regel eindeutig negativ besetzt ist, empfiehlt sich eine gut begründete Begriffsbestimmung im wissenschaftlichen Kontext ganz besonders, um sich nicht den Vorwurf vager Kategorien oder fragwürdiger Werturteile einzuhandeln.

> *Keine konsensuale Korruptionsdefinition*

Das Wort „Korruption" ist lateinischen Ursprungs: „Corrumpere (lat.) bedeutet zerbrechen, verderben, bestechen, fälschen, verführen" (von Arnim 2003: 283). Korruption ist in allen Gesellschaftsbereichen vorstellbar und wohl auch existent. Viele Menschen betrachten sie jedoch vor allem als Problem der Politik oder generell des öffentlichen Sektors. Auch dieses Überblicks- und Einführungswerk beschäftigt sich primär mit politischer Korruption in einem weiten, auch die öffentliche Verwaltung umfassenden Sinn (vgl. 2.1.1 und 2.1.2). Dies soll jedoch nicht bedeuten, dass Korruption in anderen Gesellschaftssegmenten nicht existent oder unproblematisch wäre. Auf Korruption im privaten Sektor (Geschäftsverkehr) wird im weiteren Verlauf gelegentlich Bezug genommen.

> *Lateinischer Wortstamm*
>
> *Fokussierung auf politische Korruption*

2.1.1 Vorüberlegungen zum Begriff der politischen Korruption[2]

PolitikwissenschaftlerInnen (aber nicht nur diese) beschäftigen sich aus naheliegenden Gründen vor allem mit „politischer" Korruption. Auch aus verwaltungswissenschaftlicher Perspektive ist der Begriff von besonderer Bedeutung, zumindest wenn man einen eher weiten Begriff von Politik im Sinne des politisch-administrativen Systems verwendet (vgl. Scharpf 1973). „Politische Korruption" impliziert eine Fokussierung in Form einer Abgrenzung von Korruptionsphänomenen in anderen Gesellschaftsbereichen. Da aber keine konsensfähige Politik-

> *Politische Korruption bedeutet eine gemeinwesenbezogene Perspektive*

---

2 Die Abschnitte 2.1.1 und 2.1.2 wurden überwiegend Wolf (2012) entnommen.

definition existiert, dient das Adjektiv „politisch" nicht immer einer genaueren Bestimmung des Untersuchungsobjekts. Viele AutorInnen wiederum meinen „politische Korruption", wenn sie schlicht von „Korruption" sprechen (von Alemann 2005a: 20). Nach einer in der (deutschen) Politikwissenschaft häufig verwendeten Definition ist Politik die Herstellung kollektiv verbindlicher Entscheidungen für ein Gemeinwesen (Rudzio 2011: 9). Eine Beschäftigung mit politischer Korruption legt also eine unmittelbar oder mittelbar gemeinwesenbezogene Perspektive nahe. In jeder Gesellschaft existieren mehr oder weniger klar umrissene Normen bezüglich des Zustandekommens kollektiv verbindlicher Entscheidungen und des Verhaltens von hieran beteiligten Akteuren oder Institutionen. Diese Regeln sind häufig umstritten; sie bilden und wandeln sich im gesellschaftlichen Diskurs (Fischer 2002; Morlok 2005). Politische Korruption kann als Verstoß gegen derartige Normen zur Erlangung privater Vorteile (vgl. Philp 2002: 24-25) aufgefasst werden (siehe 2.1.2).

Abgrenzung zwischen privaten und öffentlichen Bereichen ist zunehmend schwierig, aber weiterhin sinnvoll

Die Abgrenzung von öffentlich und privat wird in Zeiten von (Teil-) Privatisierungen und Gebilden wie Public Private Partnerships zunehmend schwierig; dies hat auch Auswirkungen auf die Korruptionsbekämpfung (vgl. Niehaus 2009: 34; von Maravić 2007). Selbst korruptive Vorgänge in oder zwischen Firmen oder sonstigen privaten Organisationen können eine politische Dimension erlangen, z.B. wenn sicherheitsrelevante oder kollektive Güter oder die Beziehungen zwischen zwei Staaten betroffen sind. Auch wenn die Unterscheidung öffentlich/privat im Einzelfall schwierig ist, so handelt es sich doch um eine immer noch sinnvolle und in der Regel auch mögliche Differenzierung, denn korruptive Handlungen ohne jeglichen Bezug zum Gemeinwesen (etwa Bestechung im Geschäftsverkehr zwischen zwei mittelständischen deutschen Unternehmen) stellen ziemlich eindeutig keine politische Korruption dar. In früheren Zeiten, in denen die heute übliche Trennung zwischen Staat und Gesellschaft noch nicht galt, politische Einheiten als Privateigentum des Monarchen, Adels oder sonstiger Eliten betrachtet wurden und folglich keine normative Trennung zwischen öffentlicher und privater Rolle existierte, gab es wohl keine politische Korruption nach heutigem Verständnis (Johnston 2005: 63; Morlok 2005: 137).

Politik als abgrenzbares System

Voraussetzung für politische Korruption ist vor diesem Hintergrund eine ausdifferenzierte Gesellschaft, in der „Politik" beziehungsweise das politisch-administrative System (vgl. für Deutschland Rudzio 2011: 209-433) als einigermaßen abgrenzbares Gesellschaftssegment oder Subsystem mit eigenen Handlungslogiken auszumachen ist und das bürokratische Grundprinzip der Trennung von Person und Amt (Rubinstein/von Maravić 2010) gelten soll (vgl. Fischer 2002: 75). Als zweite Grundüberlegung ist anzuführen, dass mit dem Begriff „korrupt"

„Korrupt" impliziert Verfehlung

praktisch immer ein „Moment der Verfehlung" verbunden ist (Plumpe 2009: 31). Ohne bereits auf konkretere Begriffsbestimmungen einzugehen, lässt sich politische Korruption, aufbauend auf diesen Überlegungen, zunächst einmal ganz allgemein als eine Verletzung bestimmter geschriebener oder ungeschriebener Normen formulieren, die für das Verhalten an der Herstellung kollektiv verbindlicher Entscheidungen beteiligter Akteure gelten sollen (vgl. Morlok 2005: 136).

Gesellschaftliche Normen für korruptes politisches Handeln sind historischen Wandlungen unterworfen (Plumpe 2009: 25) und divergieren überdies kulturell und regional in einem gewissen Umfang (Johnston 2005: 72; Philp 2002: 26-27). So rettete Oskar Schindler zwar beispielsweise durch Bestechung Juden vor der Verfolgung durch das nationalsozialistische Regime, aber dieses – aus der Perspektive des NS-Staats – korrupte Verhalten ist vor dem Hintergrund eines heute geltenden normativen Bezugsrahmens wohl moralisch kaum zu verurteilen (Morlok 2005: 146; vgl. auch Johnston 2005: 69). Man muss allerdings gar nicht erst zu derartigen historischen Extrembeispielen greifen, um zu konstatieren, dass selbst in relativ homogenen Gesellschaften heutzutage Meinungsunterschiede in der Frage existieren, was politische Korruption ist und welche Normen also für Akteure gelten sollen, die in die Schaffung kollektiv verbindlicher Normen involviert sind: „Die Strenge der Maßstäbe, welche das politische Handeln leiten, ist eine Sache der Aushandlung. Damit ist auch das, was als politische Korruption gewertet wird, in einem kontroversen Prozess der Wertgewichtung, des Abwägens und des Aushandelns zu bestimmen" (Morlok 2005: 149). Prozess- und Verfahrensperspektiven sind für die politikwissenschaftliche Korruptionsforschung von besonderer Bedeutung.

Normative Maßstäbe für Korruption divergieren und bedürfen der diskursiven Aushandlung

Nicht zuletzt aus der Perspektive eines verfahrensorientierten Demokratiebegriffs, nach dem die Normunterworfenen an den sie betreffenden Entscheidungen beteiligt sein sollen (Abromeit 2002: 165), lässt sich politische Chancengleichheit als zentrales normatives Ideal konzipieren (Morlok 2005: 148). Politische Korruption zielt häufig auf die Störung politischer Chancengleichheit zum partikularen Vorteil, indem beispielsweise der (Parteien-) Wettbewerb unzulässig beeinflusst (Fischer 2002: 77) oder der mit dem Rechtsstaatsprinzip eng verknüpfte Gleichheitsgrundsatz bei der Implementierung von Regelungen in Frage gestellt wird. Es scheint hingegen nicht sinnvoll, die – ohnehin häufig nur schwer zu bewertende – Richtigkeit bzw. Qualität von politischen Handlungen als zentrales Definitionsmerkmal anzusehen (vgl. Johnston 2005: 66). Nach dem skizzierten Verfahrensansatz kann politische Korruption auch bei einem idealtypisch perfekten politischen Output vorliegen. Die in diesem Abschnitt umrissenen Grundmerkmale kennzeichnen die meisten konkreteren Begriffsbestimmungen politischer Korruption.

Politische Korruption als Störung politischer Chancengleichheit

2.1.2 Enge und weite Definitionen politischer Korruption

Johnston (2005: 61) meint zu beobachten, dass die Debatte über die Definition politischer Korruption in den letzten Jahren eine geringere Rolle gespielt habe. Dies hat möglicherweise damit zu tun, dass man derzeit in der Politikwissenschaft tendenziell zu eher weiten Definitionen politischer Korruption neigt, die sich nicht kategorisch und grundsätzlich voneinander unterscheiden. Heidenheimer/ Johnston/Le Vine (1997: 8-11) differenzieren – nicht ganz trennscharf – zwischen drei Perspektiven von Definitionen: „public-office-centered definitions", „market-centered definitions" und „public-interest-centered definitions".

Heidenheimer et al.: Drei Gruppen von Definitionen

Nye: Politische
Korruption als
deviantes Verhalten in
Bezug auf öffentliche
Pflichten zum
privaten Vorteil

Zwei der in der Politikwissenschaft sehr häufig zitierten Begriffsbestimmungen sind der ersten Kategorie zuzuordnen. Nye (1967: 419) definiert Korruption als „behavior which deviates from the formal duties of a public role because of private-regarding (personal, close family, private clique) pecuniary or status gains; or violates rules against the exercise of certain types of private-regarding influence".

Senturia, Weltbank,
Johnston, TI:
Missbrauch
öffentlicher bzw.
anvertrauter Macht
zum privaten Vorteil

Mindestens ebenso verbreitet ist folgende klassische Definition: „The misuse of public power for private profit" (Senturia 1931). Sie ist nahezu identisch mit dem sehr häufig verwendeten Korruptionsbegriff der Weltbank (1997: 8): „The abuse of public office for private gain." Auch Johnston (2005: 72) kommt in seiner kritischen Analyse von Korruptionsdefinitionen zu einem ähnlichen Ergebnis und betont gleichzeitig die Vagheit der einzelnen Komponenten: „I treat corruption as the abuse of public roles or resources for private benefit – emphasizing that terms such as abuse, public, private, and even benefit are matters of considerable ambiguity or dispute in many societies." Diese recht umfassende Begriffsbestimmung ist in geringfügigen sprachlichen Variationen „now standard in systematic comparative studies" (Kunicová/Rose-Ackerman 2005: 577). Sie gleicht zudem der von Transparency International Deutschland (2011) verwendeten Korruptionsdefinition: „Missbrauch von anvertrauter Macht zum privaten Nutzen oder Vorteil." Diese Definition ist etwas weiter, denn durch die Verwendung des Begriffs „anvertraut" anstelle von „öffentlich (public)" werden auch Korruptionsphänomene in anderen Gesellschaftsbereichen (etwa der Wirtschaft) erfasst. Eine derart weitreichende Beschreibung ist für den Teilbereich politischer Korruption wohl nicht notwendig.

Politische Kultur
und Korruption

Kulturwissenschaftliche Studien betonen u. a. die Bedeutung von Werten, Sozialisation, Diskursen und sozialen Konstruktionen für das kontextspezifische Verständnis von Korruption (Tänzler/Maras/Giannakopoulos 2007) oder den Zusammenhang von informalem Verhalten und Korruption in einer Gesellschaft (Grødeland 2010). Teilweise wird die Universalisierbarkeit von Korruptionsdefinitionen kritisch gesehen (Salbu 1999). Für unterschiedliche Auffassungen und Praktiken von Korruption in verschiedenen Gesellschaften, Organisationen oder Ländern spielt auch der Faktor „Vertrauen" eine Rolle, beispielsweise im Hinblick auf Governance-Fragen (Braithwaite/Levi 1998), Kooperationsstrukturen und -kulturen (Cook/Hardin/Levi 2005) oder Reziprozitätsverständnisse und -handlungen (Ostrom/Walker 2003). Manche Autoren machen trotz zahlreicher kultureller Divergenzen einen epochen- und länderübergreifenden Minimalkonsens hinsichtlich des Korruptionsbegriffs bzw. der Verwerflichkeit von Korruption aus (vgl. z. B. Nichols 2000).

Lobbyismus und
Korruption

Häufig wird Lobbyismus mit politischer Korruption in Verbindung gebracht. Umgangssprachlich werden beide Phänomene gelegentlich gleichgesetzt, was eine wenig hilfreiche Verkürzung darstellt. Die Grenze zwischen dem in pluralistischen Demokratien erwünschten Einfluss organisierter Interessen auf das politisch-administrative System (Rudzio 2011: 66) und illegitimer, partikularer Einflussnahme zum Nachteil für das Gemeinwohl (vgl. Rudzio 2011: 91) ist schwer zu ziehen und länderspezifischen, kulturellen sowie zeitlichen Veränderungen unterworfen. Fest steht, dass nicht nur wirtschaftsnahe Interessenorganisationen und deren Vertreter

Lobbyismus betreiben, sondern auch beispielsweise Nichtregierungsorganisationen wie Transparency International oder LobbyControl (vgl. 2.7.1). Während der Austausch von Informationen und Argumentationen zwischen Interessenvertretern und politisch-administrativen Entscheidungsträgern als grundsätzlich legitim und häufig sinnvoll angesehen werden kann, ist es nach dem heutigem Demokratieverständnis eindeutig nicht vertretbar, wenn Verantwortliche in Politik und Verwaltung die ihnen anvertraute oder delegierte Entscheidungsmacht zum privaten Vorteil verkaufen. Um die Abgrenzung zwischen freier Meinungsbildung und unabhängiger politischer Entscheidungsfindung einerseits sowie unzulässigen Lobbyingmethoden andererseits wird in einer pluralischen Demokratie wie Deutschland aber notwendigerweise regelmäßig gerungen.

Manche PolitikwissenschaftlerInnen bevorzugen engere Korruptionsdefinitionen. Hier wird der Fokus häufig auf bestimmte deviante Tauschhandlungen gelegt. So ist etwa für Zimmerling (2005: 79) der Kern von Korruption eine „Tauschbeziehung", „die zwei besondere Merkmale hat: (1) eine Seite des Tauschs ist eine Amtshandlung, und (2) der Amtsträger ist zur Herstellung dieser Tauschbeziehung nach den zugrunde liegenden Regeln des betreffenden normativen Systems nicht autorisiert". Von Alemann (2005a: 31) hebt folgende Komponenten einer „Austauschlogik" hervor:

Zimmerling und von Alemann: Korruption primär als Tauschhandlung

> „*(1) Der Nachfrager (der Korrumpierende) will (2) ein knappes Gut (Auftrag, Konzession, Lizenz, Position), (3) das der Anbieter, der Entscheidungsträger in einer Organisation oder Behörde, also der Korrumpierte, vergeben kann. (4) Er erhält einen persönlichen verdeckten Zusatzanreiz (Geld oder geldwerte Leistung) für die Vergabe über den normalen Preis hinaus und (5) verstößt damit gegen öffentlich akzeptierte Normen und (6) schadet damit Dritten, Konkurrenten und/oder dem Gemeinwohl. (7) Deshalb findet Korruption versteckt, im Verborgenen statt.*"

Enge Definitionen politischer Korruption haben den Vorteil, dass sie korrupte Handlungen präziser beschreiben und damit auch der beispielsweise vom Strafrecht geforderten Klarheit von kriminalisierenden Normen eher entsprechen. Andererseits wird man dem komplexen Phänomen politischer Korruption wohl nicht gerecht, wenn man es auf die Austauschbeziehung von Bestechungshandlungen reduziert: „Nepotism, official theft and fraud, and conflict-of-interest problems, for example, are not simple exchanges." (Johnston 2005: 65) Politische Korruption kann auch als einseitiges machtmissbräuchliches Handeln zum partikularen Vorteil auftreten (Philp 2002: 25). Von Arnim/Heiny/Ittner (2006: 20) gebrauchen für solche Fälle, in denen nicht das klassische Prinzipal-Agenten-Klienten-Verhältnis besteht (weil der Agent ohne Einwirkung eines Klienten korrupt handelt), den Begriff „Autokorruption". Des Weiteren sind Fälle denkbar, in denen man schwerlich von einem „verdeckten Zusatzanreiz über dem normalen Preis" für ein bestimmtes Gut ausgehen kann. So haben etwa Gesetze in diesem Sinne wohl keinen „normalen Preis". Drittens muss der unzulässige Vorteil nicht Geld oder eine geldwerte Leistung darstellen, es kann sich auch um ungerechtfertigte immaterielle Vorteile handeln (etwa die heimtückische Freude über die für andere Personen negativen Folgen einer machtmissbräuchlichen Handlung). Viertens muss politische Korruption nicht notwendigerweise im Verborgenen stattfinden, auch wenn die meisten – insbesondere die strafbaren – korrupten Handlungen heimlich

Kritik enger Korruptionsdefinitionen

vollzogen werden. So dürften beispielsweise offen bezahlte Lobbyistentätigkeiten von Abgeordneten von vielen Beobachtern als politische Korruption bewertet werden (von Arnim/Heiny/Ittner 2006: 25).[3]

Zusammenfassend ist festzuhalten, dass enge und weite Korruptionsdefinitionen jeweils unterschiedliche Vor- und Nachteile aufweisen. Enge Begriffsbestimmungen umschreiben korruptive Handlungen genauer, was sowohl in der Praxis (z. B. mehr Rechtssicherheit, Vermeidung von Überkriminalisierung, kontextbezogene Präzisierungen) als auch in der Theorie (etwa genauere Forschungsdesigns, exakte Fragen in Umfragen) vorteilhaft sein kann. Andererseits besteht hier die Gefahr, dass mehr oder weniger eindeutig korrupte Handlungen nicht oder kaum berücksichtigt werden. Weite Korruptionsdefinitionen erfassen demgegenüber auch Randbereiche korruptiven Verhaltens. So geraten aus praktischer Sicht beispielsweise Vorfelddelikte und Regelungslücken nicht aus dem Blickfeld, für theoretische Forschung ist gegebenenfalls ein höheres Abstraktionsniveau möglich. Auf der anderen Seite sind hier die soeben skizzierten Vorteile enger Korruptionsbegriffe nicht gegeben. Letztlich ist eine Definition zu wählen und zu begründen, die für den beabsichtigten Zweck und Kontext unter Abwägung der jeweiligen Vor- und Nachteile am geeignetsten erscheint.

Abschließend sei nur noch kurz darauf hingewiesen, dass bestimmte Grenzfälle politischer Korruption existieren, die sogar von der oben skizzierten weiten Begriffsbestimmung nicht oder nur begrenzt erfasst werden. So stellt Wählerbestechung nach heutigem Mehrheitsverständnis und geltendem Strafrecht (siehe Anhang) eine Form politischer Korruption dar, aber für eine diesbezügliche unzulässige Beeinträchtigung des politischen Wettbewerbs muss kein besonderes Treueverhältnis vorliegen (etwa wenn ein Kandidat oder Parteianhänger, der nicht Amtsträger ist, einen einfachen Wähler „besticht"). Hier dominiert ein „marketcentered" Begriffsverständnis (vgl. Heidenheimer/Johnston/Le Vine 1997: 9). Bei korruptivem Einflusshandel (Trading in influence), der zwar nicht in Deutschland, aber in anderen Ländern unter Strafe steht, ist es ebenfalls nicht notwendig, dass einer der direkt Beteiligten eine anvertraute oder öffentliche Machtposition innehat; ein einschlägiges Treueverhältnis existiert aber in der Regel bei dem politischen Akteur, auf den der unzulässige Einfluss ausgeübt werden soll. Es bleibt wohl zu resümieren, dass angesichts verschiedener und sich wandelnder kultureller und politischer Werte „die Suche nach einer für alle Mal gültigen Definition politischer Korruption nicht sinnvoll ist" (Fischer 2002: 81), außer man beschränkt sich auf eine sehr weite und damit notwendigerweise unscharfe Begriffsbestimmung.

---

3 Transparency International Deutschland hat die früher in ihrer Korruptionsdefinition verwendete Einschränkung „heimlich" vor ein paar Jahren bewusst gestrichen (von Arnim/Heiny/Ittner 2006: 25).

2.2 Formen der Korruption

Korruption kann in nahezu unzähligen Formen und Facetten auftreten, und doch (oder vielleicht auch gerade deswegen) findet sich „Korruption" nicht als Straftatbestand im deutschen Strafgesetzbuch.[4] Hier zeigt sich einmal mehr, dass es sich um einen eher schwammigen Begriff handelt, der den Anforderungen des Strafrechts im Hinblick auf relativ präzise Begriffsbestimmungen so nicht genügt. Jedoch können Bestechung und Bestechlichkeit als zentrale Formen von Korruption angesehen werden (vgl. 2.1.2). Diese Delikte finden sich auch – differenziert als Amtsträgerbestechung (§§ 332, 334, 335 StGB), (Angestellten-) Bestechung im geschäftlichen Verkehr (§§ 299, 300 StGB), Abgeordnetenbestechung (§ 108e StGB) und Wählerbestechung (§ 108b StGB) – im Strafgesetzbuch (Wortlaut siehe 6.5).[5] Es existieren zudem noch zahlreiche weitere Handlungen oder Delikte, die als mehr oder weniger korruptionsnah gelten können, aber diesbezüglich nicht unumstritten sind. Sie stehen teilweise nicht oder nur unter bestimmten Bedingungen unter Strafe. Ohne Anspruch auf Vollständigkeit können hier genannt werden:

Bestechung und Bestechlichkeit als zentrale Formen von Korruption

- Vorteilsannahme und Vorteilsgewährung ohne Pflichtverletzung (§§ 331, 333 StGB – Beispiel: A gibt dem Beamten B einen privaten Vorteil für eine Genehmigung, die A ohnehin zusteht oder ohne dass überhaupt gerade ein A konkret betreffender Amtsvorgang existiert). Diese Handlungen nennt man umgangssprachlich auch „Anfüttern" oder „politische Landschaftspflege".

Einfache Vorteilsannahme und Vorteilsgewährung

- Amtsmissbrauch, strafbar etwa in Gestalt der Delikte Nötigung im Amt (§ 240 StGB), Strafvereitelung im Amt (§ 258a StGB), Erpressung im Amt (§ 253 StGB), Urkundenfälschung im Amt (§ 267 StGB), Betrug (§ 263 StGB) und Subventionsbetrug (§ 264 StGB) insbesondere durch Amtsträger, Falschbeurkundung im Amt (§ 348 StGB), Gebührenübererhebung (§ 352 StGB), Abgabenübererhebung und Leistungskürzung (§ 353 StGB), Verletzung des Dienstgeheimnisses (§ 353b StGB) und anwaltlicher Parteiverrat (§ 356 StGB).

Amtsmissbrauch

- Untreue (§ 266 StGB Missbrauch einer Befugnis, fremdes Vermögen zu verwalten, mit der Folge einer Schädigung dieses Vermögens) sowie Unterschlagung anvertrauter Sachen (§ 246 StGB)

Untreue und Unterschlagung

- Submissionsbetrug (§ 298 StGB – Wettbewerbsbeschränkende Absprachen bei Ausschreibungen), Kartelle (§ 1 GWB – Wettbewerbsbeschränkende Vereinbarungen und aufeinander abgestimmte Verhaltensweisen bei Unternehmen und Unternehmensvereinigungen) und Missbrauch einer marktbeherrschenden Stellung bei Unternehmen (§ 19 GWB).

Submissionsbetrug, Kartelle, Missbrauch einer marktbeherrschenden Stellung

- Einflusshandel („Trading in influence"/„Verbotene Intervention" – Bestechung einer Person, die einem Amtsträger nahesteht, mit der Absicht, dass diese Person die Entscheidungsfindung des Amtsträgers in unzulässiger

Einflusshandel

---

4 Eine stets aktuelle Fassung des deutschen Strafgesetzbuchs ist abrufbar unter: http://www.gesetze-im-internet.de/stgb/ (letzter Zugriff: 22.05.2013).
5 Hinzu kommen Straftatbestände für die Bestechung ausländischer und internationaler Amtsträger und Abgeordneter, die in Nebengesetzen – vor allem dem Internationalen Bestechungsgesetz und dem EU-Bestechungsgesetz (siehe 6.5 und 6.6) – geregelt sind (vgl. z. B. Möhrenschlager 2007).

Weise beeinflusst). Diese Handlung ist in Deutschland nicht strafbar, aber beispielsweise in Österreich (§ 308 StGB-AT).

Geldwäsche und Steuerhinterziehung

- Geldwäsche (§ 261 StGB) und Steuerhinterziehung (§ 370 AO) stellen in der Regel keine Korruptionstaten im engeren Sinne dar, treten aber häufig im Zusammenhang mit Korruptionshandlungen auf, um beispielsweise Erträge aus missbräuchlichen Handlungen oder Mittel für Bestechungszahlungen zu verschleiern oder nicht zu versteuern.

Idealtypische Kategorisierungen

Mithilfe verschiedener mehr oder weniger grober Kategorisierungen wird versucht, korruptive Handlungen einzuteilen oder zu typologisieren. Häufig verwendete, idealtypisch-polarisierende Begriffspaare sind hier:

„Petty corruption" und „grand corruption"

- „Petty corruption" und „grand corruption" (vgl. Elliott 2002): Als „petty corruption" wird in der Regel eine kleinere Korruptionshandlung bezeichnet, z. B. eine Bestechungszahlung mit einer niedrigen Summe, um bei einem Amtsträger eine eher geringe Pflichtverletzung mit marginalen Auswirkungen zu erreichen. Unter „grand corruption" versteht man hingegen üblicherweise eine für Dritte folgenschwere Tat mit hoher krimineller Energie, bei der es um umfangreiche unzulässige Vorteile geht.

Situative Korruption und strukturelle Korruption

- Situative und strukturelle/systemische Korruption (vgl. Bannenberg 2002): Situative Korruption erfolgt üblicherweise ohne jegliche Planung oder Anbahnung, etwa in Form eines spontanen Bestechungsangebots an einen Polizisten, der einen Autofahrer beim Überfahren einer roten Ampel erwischt. Strukturelle oder systemische Korruption erfordert demgegenüber idealtypisch langjährige intensive Beziehungsgeflechte oder Netzwerke, die nach einer gewissen Anbahnungsperiode oder auch „Anfütterungszeit" immer wieder für missbräuchliche Transaktionen zum Schaden Dritter genutzt werden und durch Verschwiegenheit und wechselseitige Abhängigkeiten gekennzeichnet sind.

Korruption im öffentlichen oder privaten Sektor

- Korruption im öffentlichen oder privaten Sektor: Die schutzwürdigen Rechtsgüter unterscheiden sich in der Regel nach dem Gesellschaftsbereich, in dem korruptive Handlungen begangen werden (vgl. Möhrenschlager 2007). Korruption im öffentlichen Sektor schwächt u. a. die Integrität, Lauterkeit und Sachlichkeit des politisch-administrativen Systems und schädigt damit zumindest mittelbar das Gemeinwohl. Bei Korruption im privaten Sektor kann es sich zwar auch um Missbrauch zulasten des Prinzipals (Geschäftsherrn) handeln, häufig steht hier aber der freie Wettbewerb zwischen Wirtschaftsteilnehmern im Mittelpunkt, der etwa durch Bestechungszahlungen verzerrt werden kann.[6]

Initiative Vorteilsgeber oder Vorteilsnehmer

- Initiative Vorteilsgeber oder Vorteilsnehmer: Korruptive Handlungen können, vor allem wenn es sich um Bestechungskonstellationen handelt, nach dem Initiator der kriminellen Tat unterschieden werden. So kann Korruption im Zollmilieu etwa von einem Exporteur ausgehen, der einen Zollbeamten korrumpiert, um Einfuhrbestimmungen zu umgehen. Das Gegenbeispiel ist

---

6 Zu den Folgen von Korruption siehe ausführlicher 2.3, zur zunehmend schwierigen Unterscheidung von öffentlichem und privatem Sektor 2.1.1.

ein Zollmitarbeiter, der einem Exporteur droht, dessen rechtlich unbedenkliche, aber leicht verderbliche Ware ohne Zahlung einer privaten Geldsumme längere Zeit nicht zur Einfuhr freizugeben.

Was macht nun den Kern von Korruption aus? Aus den zahlreichen Straftatbeständen und Korruptionsdefinitionen lassen sich nach Ansicht des Autors zwei Kernphänomene oder -mechanismen herausfiltern: *Zwei funktionale Kerne von Korruption*

Prinzipal-Agenten-Ansatz: Ein Agent begeht gegenüber seinem Prinzipal eine Pflichtverletzung zum eigenen Nutzen („Missbrauch anvertrauter Macht", vgl. 2.1.2). In Bezug auf das politisch-administrative System lässt sich dies als Verstoß gegen das Gemeinwohl zum partikularen Vorteil deuten. *Prinzipal-Agenten-Ansatz*

Als Beispiel aus dem Strafrecht kann hier der Straftatbestand für Amtsträgerbestechlichkeit angeführt werden:

> *„Ein Amtsträger [ ], der einen Vorteil [ ] dafür [ ] annimmt, dass er eine Diensthandlung [...] künftig vornehme und dadurch seine Dienstpflichten [...] verletzen würde, wird mit Freiheitsstrafe von sechs Monaten bis zu fünf Jahren bestraft [...]." (§ 332 Abs. 1 StGB in gekürzter Form mit Hervorhebung durch den Autor)*

Wettbewerbsansatz: Mindestens zwei Teilnehmer in einem grundsätzlich kompetitiv ausgestalteten System (z. B. Marktwirtschaft oder politischer Wettbewerb um Wählerstimmen) begehen eine Wettbewerbsverzerrung durch einen illegitimen Tausch zulasten Dritter. Bezogen auf das politisch-administrative System liegt hier ein Verstoß gegen Regeln des politischen Wettbewerbs zum partikularen Vorteil vor. *Wettbewerbsansatz*

Ein Beispiel aus dem Strafrecht ist der Straftatbestand der Bestechung im Geschäftsverkehr:

> *„Wer als Angestellter [ ] eines geschäftlichen Betriebes [ ] einen Vorteil [ ] dafür [ ] annimmt, dass er einen anderen [ ] im Wettbewerb in unlauterer Weise bevorzuge, wird mit Freiheitsstrafe bis zu drei Jahren oder mit Geldstrafe bestraft [...]." (§ 299 Abs. 1 StGB in gekürzter Form mit Hervorhebung durch den Autor)*

2.3 Folgen von Korruption

In den folgenden zwei Abschnitten soll nicht nur die im Grunde recht überzeugende Mainstream-Auffassung dargestellt werden, dass Korruption immer und überall notwendigerweise mit negativen Auswirkungen für das Gemeinwesen verbunden ist (2.3.1). Es wird auch die mittlerweile eher randständige Position zumindest andiskutiert, dass spezifische korruptive Handlungen in bestimmten Kontexten aus der Perspektive einzelner Denkschulen in begrenztem Umfang auch gewisse kollektive Vorteile mit sich bringen könnten (2.3.2).

2.3.1 Der Regelfall: negative Auswirkungen politischer Korruption[7]

Allgemein verbindet man negative Auswirkungen mit Korruption

Politische Korruption (und Korruption generell) wird heute von fast allen KorruptionsforscherInnen als ein Phänomen mit fast ausschließlich negativen Folgen angesehen (siehe statt vieler von Alemann 2005a: 38-40; Klitgaard 1988: 36-48, jeweils mit weiteren Nachweisen). Oben wurde bereits darauf hingewiesen, dass schon rein begrifflich mit dem Wort „Korruption" praktisch immer ein „Moment der Verfehlung" (Plumpe 2009: 31) in Verbindung gebracht wird.

Funktionalistische Theorie postulierte begrenzt positive Wirkung von Korruption

Eine bemerkenswert andere Sichtweise in der sozialwissenschaftlichen Korruptionsforschung vertrat die sogenannte funktionalistische Schule, die vor allem in den 1960er Jahren dominiert von US-Autoren eine gewisse Popularität erlangte. Sie ging im Wesentlichen davon aus, dass spezifische Korruptionsformen unter bestimmten, sehr engen Kontextbedingungen – insbesondere in Entwicklungs- und Transformationsprozessen – eine begrenzt positive Wirkung für das Gemeinwesen entfalten könnten (z. B. Huntington 2002 [1968]; Leff 2002 [1964]; Nye 1967; vgl. hierzu auch 2.3.2). Ausgangspunkt war die Frage, wie man in den sogenannten unterentwickelten Ländern Modernisierungsprozesse in Gesellschaft und (vor allem) Wirtschaft anstoßen könne. Der Wandel von agrarischen, familiären und traditionalistischen Wirtschaftsstrukturen zu modernen Formen des ausdifferenzierten Industrie- und Dienstleistungskapitalismus (wie beispielsweise Arbeitsteilung, Produktion in großformatigen Organisationen, Kapitalakkumulation etc.) bedeutete enorme ökonomische und soziale Umbrüche (vgl. Smelser 1976: 141-163). Samuel Huntington und andere vertraten vor diesem Hintergrund die Überzeugung, dass Korruptionshandlungen in begrenztem Umfang unter Umständen nützlich sein könnten für das Aufbrechen verkrusteter Wirtschaftsstrukturen, in die etwa aufgrund von familiären, ethnischen oder Stammesbindungen ansonsten keine als vorteilhaft angesehenen externen Einflüsse (wie z. B. ausländische Investitionen, Waren, Dienstleistungen und Technik) einzudringen in der Lage waren. Korruption – von den Vertretern der funktionalistischen Schule generell durchaus als nachteilig für Demokratie, Rechtsstaatlichkeit und Wirtschaft eingeschätzt – könne in dieser spezifischen Situation gegebenenfalls „funktional" sein und (falls sie im Zuge fortschreitender Modernisierung zurückgedrängt werde und nicht überhand nehme) bei der Schaffung kompetitiv funktionierender Märkte langfristig kollektiv vorteilhafte Effekte haben.

Funktionalistische Schule überzeugte nicht

In den 1960er und 1970er Jahren wurde das Scheitern verschiedener marktwirtschaftlich bzw. neoliberal orientierter Modernisierungs- und Entwicklungsansätze (mit mehr oder weniger staatlicher Steuerung) in mehreren Ländern von unterschiedlichen Seiten konstatiert und kritisiert (Smelser 1994: 222-238). Anhängern der funktionalistischen Schule gelang es nicht, überzeugende empirische Belege für ihre Hauptthese vorzulegen, dass Korruption unter bestimmten Kontextbedingungen in Transformationsprozessen tatsächlich positive Effekte für das Gemeinwesen, insbesondere das Wirtschaftssystem, zur Folge habe. Die funktionalistischen Autoren gelten mittlerweile nicht unbedingt als eindeutig widerlegt, aber zumindest als veraltet (vgl. Klitgaard 2000: 2). Sie spielen in der theoreti-

---

7 Die Abschnitte 2.3.1 und 2.3.2 wurden überwiegend Wolf (2012) entnommen.

schen und empirischen Korruptionsforschung sowie in der Antikorruptionspolitik der letzten Jahre keine Rolle. Kritische Wissenschaftler, die heute bestimmte Mainstream-Entwicklungen in Korruptionsforschung und Antikorruptionspolitik in Frage stellen (siehe 4.1.6), zweifeln in der Regel nicht an der Schädlichkeit von Korruption.

Dementsprechend beschäftigt sich die Masse der politikwissenschaftlichen Korruptionsforschung heutzutage eigentlich nur noch mit dem Regelfall, in dem politische Korruption offensichtlich verschiedene Nachteile mit sich bringt. Ohne Anspruch auf Vollständigkeit können hier vier wesentliche Bereiche unterschieden werden: (1) Fehlallokation öffentlicher Ressourcen, (2) Verzerrung des politischen Wettbewerbs, (3) Schädigung von Demokratie und Rechtsstaat sowie (4) politische Steuerungseinbußen. Die jeweiligen Schäden sind u. a. abhängig von Umfang und Strukturen der betreffenden korrupten Handlungen.

Konsens in der Forschung: Negative Auswirkungen von Korruption sind die Regel

1. Die Fehlallokation öffentlicher Ressourcen ist eine zentrale negative Folge politischer Korruption. Aufgrund korrupter Transaktionen zahlt der Staat beispielsweise zu viel für bestimmte in der Privatwirtschaft erstellte Güter, erhält und gewährt qualitativ schlechtere Leistungen, investiert in falsche Sektoren oder zahlt zu hohe Subventionen – mit Nachteilen für die Mehrzahl der Bürger, insbesondere jedoch die Bedürftigen, die auf faire redistributive Politik und Wohlfahrtsstaatlichkeit angewiesen sind. Mittelbar kann eine korruptionsbedingte Fehlallokation öffentlicher Ressourcen auch zu einer Fehlallokation privater Ressourcen führen, etwa wenn Privatpersonen aufgrund falscher öffentlicher Anreize oder fehlender kollektiver Güter Mittel für fragwürdige Leistungen aufwenden (müssen).

Fehlallokation öffentlicher Ressourcen

2. Es wurde bereits ausgeführt, dass politische Korruption häufig auf die Störung politischer Chancengleichheit zielt (oben 2.1.1). Korrupte Handlungen verzerren unter diesem Gesichtspunkt den freien politischen Wettbewerb, einen normativen Kernbestandteil liberaler und pluralistischer Demokratien. In der Folge vertrauen WählerInnen beispielsweise Personen und/oder Parteien politische Gestaltungsmacht an, die sie im Rahmen eines unverfälschten Wettbewerbs nicht gewählt hätten. Es ist auch möglich, dass VertreterInnen von Partikularinteressen politische Akteure unter Verwendung bestimmter Vorteile in einer Weise beeinflussen, die nach dem geltenden normativen Bezugsrahmen als Verletzung eines fairen politischen Wettbewerbs zu bewerten ist.

Verzerrung des politischen Wettbewerbs

3. Aus einer verfahrensorientierten Perspektive bedeutet Demokratie, dass die Normunterworfenen gleichberechtigt an den sie betreffenden Entscheidungen beteiligt sein sollen (Abromeit 2002: 165). Das kommt nicht zuletzt auch in dem Schlagwort „One man, one vote" zum Ausdruck. Dieses Prinzip wird durchbrochen, wenn nicht die Stimmengleichwertigkeit, sondern die Höhe korruptiver Leistungen über politische Ämter, Beschlüsse und die Implementation von Regelungen entscheidet. In solchen Fällen regieren nicht die BürgerInnen (in relativ indirekter Form), sondern Korrumpierende, die über besondere Mittel verfügen. Auch das Rechtsstaatsprinzip fußt auf der Prämisse der Gleichheit aller Normunterworfenen. Wer sich durch Korruption

Schädigung von Demokratie und Rechtsstaat

diesem Grundsatz entzieht, schädigt einen Eckpfeiler der freiheitlich-demo-kratischen Grundordnung. Anhaltende korruptionsbedingte Schwächungen von Demokratie und Rechtsstaat können zu schwerwiegender Politikverdros-senheit und einem Entzug der diffusen Unterstützung führen, auf die gerade demokratische Regierungssysteme angewiesen sind.

Politische
Steuerungseinbußen

4.　　Korruption schränkt politische Steuerungsmöglichkeiten und somit die poten-zielle Performanz politisch-administrativer Institutionen ein. Eine korrup-tionsbedingte Einengung des politischen Handlungsspielraums führt unter Umständen beispielsweise dazu, dass Partikularinteressen durch bestimmte politische Entscheidungen einseitig begünstigt oder manche gemeinwohlför-derlichen Beschlüsse gar nicht erst getroffen werden. Auf der Implementa-tionsebene kann Korruption dazu führen, dass Rechtsnormen und demokra-tisch legitimierte politische Programme von der Verwaltung nicht, nur zum Teil oder in ihr Gegenteil verkehrt umgesetzt werden.

Input- und Output-
Legitimation

Während die unter (2) und (3) diskutierten Folgen politischer Korruption überwie-gend Nachteile aus der Perspektive der Input-Legitimation demokratischen Re-gierens darstellen, bedeuten die unter (1) und (4) skizzierten Folgen vorwiegend Defizite aus dem Blickwinkel der Output-Legitimation.[8]

2.3.2　Legitimation politischer Korruption im Ausnahmefall?

Kollektiv vorteilhafte
Korruption ist ein
eher hypothetischer
Ausnahmefall

Selbst AutorInnen, die nicht gleich kategorisch ausschließen, dass spezifische Formen politischer Korruption unter bestimmten Umständen begrenzt positive kollektive Wirkungen entfalten könnten, sehen diese Möglichkeit als eher hy-pothetischen Ausnahmefall. So bilanziert etwa Nye am Ende seiner vielzitierten theoretischen Studie zum Kosten-Nutzen-Verhältnis von Korruption in Entwick-lungsländern, dass „the costs of corruption will exceed its benefits except for top level corruption involving modern inducements and marginal deviations and ex-cept for situations where corruption provides the only solution to an important obstacle to development" (Nye 1967: 427). Rose-Ackerman (2002 [1997]): 354) kommt 30 Jahre später zu einem ähnlichen Ergebnis: „[A]lthough corruption can be efficient under some quite restrictive assumptions, it is inefficient in many con-texts."

Bedeutung des
normativen
Bezugsrahmens

Ob politische Korruption im Ausnahmefall als positiv und legitim bewertet wird, hängt auch vom jeweils zugrunde gelegten normativen Bezugsrahmen ab. Dies soll die folgende Skizze zu den drei großen politischen Denkschulen (1) So-zialismus, (2) Liberalismus und (3) Konservatismus exemplarisch verdeutlichen. Vorab sei noch einmal betont, dass politische Korruption nach nahezu konsensua-ler Auffassung in der heutigen Politikwissenschaft und den benachbarten Diszip-linen kontextunabhängig praktisch nicht zu rechtfertigen ist.

Sozialismus

1.　　Aus der Perspektive der sozialistischen Denkschule kann politische Korrup-tion grundsätzlich als ein zu verurteilendes Instrument der ökonomisch herr-

---

8 Zu den Begriffen Input-Legitimation und Output-Legitimation siehe z. B. Benz/Papadopoulos (2006: 4-5).

schenden Klasse oder generell mächtiger Eliten angesehen werden, das dem Erhalt oder dem Ausbau ihrer ungerechtfertigten Machtstellung dient (vgl. Bluhm 2002: 173). Daher erscheinen korrupte Handlungen im Ausnahmefall als legitim, wenn sie ein nützliches Mittel der Auflehnung gegen unterdrückende und ausbeuterische Herrschaft darstellen (vgl. Morlok 2005: 146; Johnston 2005: 69).

2. Die liberale Denkschule kritisiert Korruption im Grundsatz als eine Verzerrung des freien Marktwettbewerbs, der idealtypisch zu einer optimalen Ressourcenallokation und somit zu kollektiver Wohlfahrtssteigerung führen soll. Gleichzeitig werden korrupte Transaktionen unter anderem als Folge nichtfunktionierender Märkte betrachtet (vgl. Plumpe 2009: 23-24). Politische Korruption scheint vor diesem Hintergrund im Notfall vertretbar, etwa um wettbewerbsschädlicher und freiheitsraubender Überregulierung entgegenzuwirken (Huntington 2002 [1968]). *Liberalismus*

3. Aus dem Blickwinkel der konservativen Denkschule ist politische Korruption prinzipiell eine verurteilenswerte Verletzung fundamentaler Werte wie Gemeinwohlorientierung und Treuepflicht. Korruptes Handeln kann im Ausnahmefall erforderlich erscheinen zur Stabilisierung politischer Systeme oder zur Bewahrung politischer Ordnungen (z. B. Befriedung und Integration von Eliten durch Patronage). Auch eine Förderung des eigenen Kollektivs auf Kosten anderer Gemeinschaften (etwa in Form von Bestechung ausländischer Amtsträger im internationalen Geschäftsverkehr) stellt unter Umständen eine konservative Legitimationsfigur für politische Korruption dar (vgl. Plumpe 2009: 27-28, 43). *Konservatismus*

Tab. 1: Politische Korruption aus der Sicht verschiedener politischer Denkschulen

	Verurteilung politischer Korruption im Regelfall	**Legitimation politischer Korruption im Ausnahmefall**
Sozialismus	Macht- und Unterdrückungsmittel herrschender Eliten	Instrument zur Überwindung illegitimer Herrschaft
Liberalismus	Verzerrung des Marktwettbewerbs und der optimalen Ressourcenallokation	Mittel gegen wettbewerbs- und freiheitsschädliche Überregulierung
Konservatismus	Verletzung von Pflichten, Treue, Ehre, Gemeinwohlorientierung etc.	Instrument zur Bewahrung oder Stabilisierung politischer Ordnungen und Förderung der eigenen Gemeinschaft

Quelle: Eigene Zusammenstellung.

2.4 Allgemeine Ursachen von Korruption

Begrenztes Wissen
über Ursachen von
Korruption

Es existieren zwar verschiedene Erkenntnisse über die Gründe von Korruption, allerdings erscheint das diesbezügliche Wissen immer noch recht bruchstückhaft: „Eine allgemein anerkannte differenzierte und empirisch fundierte Theorie zur Erklärung korruptiven Verhaltens gibt es nicht." (Dölling 2007a: 31) So gibt es trotz aller Fortschritte der Forschung vor allem keinen theoretischen Ansatz, der präzise vorhersagen kann, ob und inwiefern es in bestimmten Kontexten zu gewissen Formen von Korruption kommen wird – die Realität (nicht zuletzt auch die menschliche Natur) ist in der Regel für genaue Vorhersagen zu komplex.[9] Ein vielzitierter Versuch, dennoch zentrale Ursachen von Korruption in einem einfachen Schema zu kombinieren, stammt von Klitgaard (1988: 75):

„Corruption = Monopoly + Discretion – Accountability"

Klitgaards Formel
C = M + D - A

Nach dieser Gleichung ist dort Korruption (zu erwarten), wo eine Person über ein Entscheidungsmonopol verfügt, außerdem einen hohen Ermessensspielraum hat und nur einer geringen Rechenschaftspflicht bzw. Kontrolle unterliegt. So bestechend einfach dieses Schema ist, so ist es doch auch offensichtlich stark simplifizierend. Selbst wenn man eine Organisation so gestaltet, dass jede Entscheidung von vielen Personen getroffen wird, deren Ermessensspielraum eng begrenzt ist und die zudem umfassend kontrolliert werden, kann dies Korruption nicht gänzlich ausschließen.[10] Umgekehrt muss ein machtvoller Alleinentscheider ohne Rechenschaftspflicht nicht notwendigerweise korrupt handeln, auch wenn er leichtes Spiel dazu hätte. Klitgaards Schema konzentriert sich auf bestimmte (modifizierbare) institutionelle Rahmenbedingungen in einer Organisation und lässt dabei andere Faktoren außer Acht. Korruptionsermöglichende Elemente können jedoch nicht nur auf der organisationalen Ebene, sondern im Wesentlichen auf drei Stufen angesiedelt sein (Dölling 2007a: 31-33): der gesamtgesellschaftlichen, der institutionellen und der individuellen Ebene.

Ursachen auf gesamt-
gesellschaftlicher
Ebene

- Gesamtgesellschaftliche Ebene (z. B. politisches System, Rechtssystem, Wirtschaftssystem eines Landes): Hier wird etwa einer sehr hohen Staatstätigkeit, einer hohen Steuer- und Abgabenlast sowie einer hohen Regulierungsdichte und laxen Antikorruptionsgesetzgebung eine tendenziell korruptionsbegünstigende Wirkung nachgesagt (vgl. 2.6.2.2). Eine nachteilige Rolle spielen auch etwaige weit verbreitete Einstellungen in einer Gesellschaft wie etwa eine Tendenz zu informellem Verhalten oder die Überzeugung, Hinweisgeber (Whistleblower) als Nestbeschmutzer anzusehen.

---

9 Ex-post-Analysen können hingegen häufig recht gut entsprechende korruptionsermöglichende Schwachstellen identifizieren (hier passt das Motto „Hinterher ist man immer schlauer"). Zur Methodik prospektiver Analysen siehe z. B. Völkel/Stark/Chwoyka (2007: 92-114).

10 Überdies ist es eher fraglich, ob eine derart strukturierte Organisation jenseits der Korruptionsprävention noch effizient arbeiten könnte. Hier zeigt sich bereits, dass Instrumente zur Korruptionsbekämpfung häufig auch Nachteile haben, die mit den Vorteilen abgewogen werden müssen. Vgl. hierzu 3.5.2.

Auch negative Vorbilder (beispielsweise in Form von korrupten Abgeordneten oder Managern) können korruptionsförderlich wirken.

- Institutionelle Ebene (z. B. ein Ministerium, ein Bauamt oder ein Unternehmen): In diesem Bereich kann etwa – siehe Klitgaard – eine zu starke Entscheidungskonzentration bei zu schwachen Kontrollen das Entstehen von Korruption erleichtern. Fehlende Transparenz, unzulängliche Antikorruptionsrichtlinien, nachteilige Personalauswahl und unzureichende Schulung sowie mangelnde Anreize für integres Verhalten sind weitere Faktoren, die auf der Ebene der Organisation als eher korruptionsbegünstigend gelten. *Ursachen auf institutioneller Ebene*

- Individuelle Ebene: Hier spielen u. a. persönliche Eigenschaften, Werte, Überzeugungen, Motive und nicht zuletzt auch Sozialisierungen eine Rolle. Das Streben nach mehr Geld und höherem Status mit illegitimen bzw. illegalen Mitteln wird von den Tätern (z. B. in Deutschland häufig deutsche Männer im Alter von über 40 Jahren in gehobenen Positionen ohne Vorstrafen und mit höherem Bildungsniveau) nicht selten rationalisiert oder vor sich selbst gerechtfertigt (beispielsweise „Ich habe mir dieses Extra durch meine guten Leistungen für die Organisation verdient" oder „Die anderen machen es doch auch"). *Ursachen auf individueller Ebene*

Aus der Perspektive des Individuums lässt sich mit einem u. a. um moralische Erwägungen erweiterten Rational-choice-Ansatz die Wahrscheinlichkeit von Korruption annäherungsweise bestimmen als subjektive Kosten-Nutzen-Analyse, bestehend aus *Kosten-Nutzen-Analyse: Vorteile, Nachteile, Entdeckungswahrscheinlichkeit*

- Vorteilen (z. B. Geld, Statusgewinn, Sachgüter, immaterielle Vorteile),
- Nachteilen (etwa straf-, zivil- und arbeitsrechtliche Sanktionen, gesellschaftliche Ächtung, moralische Skrupel oder Bedenken) und
- der Entdeckungswahrscheinlichkeit.

Bei großen Vorteilen, marginalen Nachteilen und niedriger Entdeckungswahrscheinlichkeit ist demnach von einem hohen Korruptionsrisiko auszugehen.[11] Wenn manche Personen in einem bestimmten Kontext korrupt handeln, während andere das nicht tun, legt dieser Ansatz die Vermutung nahe, dass Erstere die Situation subjektiv anders eingeschätzt oder wahrgenommen haben (etwa höhere Bewertung der Vorteile; Annahme geringerer Nachteile, z. B. Unkenntnis über drohende Sanktionen, kaum moralische Skrupel; niedrigere Einschätzung der Entdeckungswahrscheinlichkeit). Aufbauend auf derartigen Überlegungen zu korruptionsförderlichen Faktoren, können Antikorruptionsstrategien entwickelt werden (vgl. 3.4). *Subjektive Einschätzung*

---

11 Patrick von Maravić (2007) verwendet für seine ähnliche Typologie die Dimensionen „Ich will (nicht)", „Ich kann (nicht)" und „Ich schaffe es (nicht)". Bei „Ich will nicht", „Ich kann nicht", „Ich schaffe es nicht" liegt keinerlei Korruptionsrisiko vor, während bei „Ich will", „Ich kann", „Ich schaffe es" korrupt gehandelt wird. Die anderen Kombinationsmöglichkeiten stehen für niedrige bis hohe Korruptionswahrscheinlichkeiten.

2.5 Zur Messbarkeit von Korruption

Die quantitative Messung von Korruption ist relativ neu

Empirisch orientierte Sozialwissenschaftler beschäftigten sich wohl auch deshalb jahrzehntelang nur sehr begrenzt mit Korruption, weil das Thema konzeptionell und methodisch schwierig zu bearbeiten ist. Lange Zeit dominierten zum Teil nur eingeschränkt vergleichbare, kontextgebundene qualitative Fallstudien zu bestimmten Ländern, Gesellschaftsbereichen oder Organisationen in gewissen Zeiträumen die insgesamt eher spärliche Forschung. Dies änderte sich mit der „Entdeckung der Messbarkeit von Korruption" (Krastev 2009: 154) in den 1990er Jahren, die mit dem noch anhaltenden globalen Antikorruptionsboom (siehe 4.1.1) einherging. Gemeint sind die quantitative Erfassung und Messung der Korruptionsbelastung in bestimmten Ländern oder Institutionen. Sie ist, auch wenn sie vielen Laien etwa in Form des von Transparency International jährlich publizierten Corruption Perceptions Index (siehe 6.1) mittlerweile relativ vertraut vorkommt, keineswegs selbstverständlich und unproblematisch. Die folgenden Abschnitte stellen zunächst in knapper Form die Vor- und Nachteile verschiedener Ansätze zur Korruptionsmessung vor (2.5.1) und präsentieren dann exemplarisch ausgewählte Daten zu Deutschland (2.5.2).

2.5.1 Verschiedene methodische Annäherungen

Korruption: ein „opferloses Delikt"

Auch wenn es generell schwierig ist, den Umfang vieler krimineller Delikte in einem Land zu bestimmen, stellt sich bei Korruptionshandlungen ein besonderes Problem: Korruption ist als sogenanntes „opferloses Delikt" ein Dunkelphänomen besonderer Art. Natürlich produziert Korruption sehr wohl Opfer, Nachteile und Kosten (siehe 2.3.1), aber häufig gibt es niemanden, der korruptive Taten meldet, da die direkt Beteiligten (nämlich die Täter) ein Eigeninteresse an der Geheimhaltung haben und in vielen Fällen auch gar kein individuell identifizierbares Opfer existiert, sondern insbesondere im öffentlichen Sektor die Gemeinschaft als Kollektiv mehr oder weniger indirekt geschädigt wird.[12] Bei anderen kriminellen Handlungen (z. B. Gewalttaten oder Eigentumsdelikten) gibt es in den meisten Fällen Opfer als unmittelbar Beteiligte, die häufig sofort den Fall anzeigen. Das Ausmaß solcher Straftaten ist daher besser bekannt und verlässlicher mit statistischen Methoden zu erfassen. So wird das Dunkelfeld bei Korruptionsdelikten von Experten auf 95 % und mehr geschätzt (Schaupensteiner zitiert in Dölling 2007a: 7).

Kriminalstatistiken, Wahrnehmungs- und Opferindizes als wichtigste quantitative Methoden

Nicht zuletzt aufgrund seiner Eigenart als „opferloses Delikt" kann Korruption nicht präzise gemessen werden. Alle Versuche, den Umfang von Korruption in einem Land oder einer Organisation zu bestimmen, sind lediglich mehr oder weniger plausible Annäherungen. Jenseits qualitativer Ansätze (z. B. Einzelbefragungen, teilnehmende Beobachtung), die sich vor allem für die in die Tiefe gehen-

---

12 Ein Beispiel mit klar identifizierbaren Opfern ist eine Auftragsvergabe, bei der sich ein Anbieter (Klient) durch eine Bestechungszahlung an einen Angestellten des Auftraggebers (Agent) den Auftrag sichert und die anderen Mitbewerber leer ausgehen. Geschädigt wird zudem der Geschäftsinhaber (Prinzipal), wenn der Korrumpierende – was in der Regel der Fall ist – nicht das beste Angebot vertrat (die Bezeichnungen in Klammern entsprechen der Terminologie des Prinzipal-Agent-Ansatzes).

de Untersuchung kleiner Analyseeinheiten eignen, sind die wichtigsten quantitativen Methoden Kriminalstatistiken, Wahrnehmungsindizes und Opferindizes. Sie haben jeweils spezifische Vorteile und Nachteile:[13]

Tab. 2: Wichtige quantitative Methoden der Korruptionsmessung

	Vorteile	Nachteile
Kriminal-statistiken	„Harte" Zahlen	Nur wenige strafbare Fälle werden erfasst; Interpretation von Veränderungen schwierig
Wahrnehmungs-indizes	Gewisse Vergleichbarkeit der Korruptionsbelastung in verschiedenen Ländern etc.	Lediglich Eindrücke; tendenziell statisch und mit Vorurteilen behaftet
Opferindizes	Tatsächliche Beteiligung und nicht nur Wahrneh-mung wird erfasst	Gefahr sozial erwünschter Angaben

Quelle: Eigene Zusammenstellung.

Kriminalstatistiken basieren nicht auf Befragungen, die stets mit gewissen Ungenauigkeiten behaftet sind, sondern auf Korruptionsfällen, die bei Polizei, Staatsanwaltschaften oder Gerichten registriert und gezählt wurden.[14] Allerdings ist, wie bereits oben erwähnt wurde, das Dunkelfeld im Fall von Korruption enorm hoch: Den Strafverfolgungsbehörden ist nur ein geringer Bruchteil aller tatsächlichen Korruptionstaten bekannt. Zudem registrieren Polizei und Staatsanwaltschaft lediglich Fälle, die (aus ihrer Sicht) unter Strafe stehen. Korruptionshandlungen, die nicht kriminalisiert sind (etwa bestimmte Formen der Abgeordnetenbestechung, vgl. 2.7.4), werden von ihnen nicht erfasst. Das bedeutet, dass sich etwaige strafrechtliche Defizite auch auf diese Methode der Erfassung von Korruption auswirken. Schließlich sind Veränderungen kriminalstatistischer Werte von einem Jahr zum nächsten kaum verlässlich zu interpretieren. Eine hohe Fallzahl kann sowohl eine Zunahme von Korruption als auch eine bessere Aufdeckung einschlägiger Straftaten bedeuten. Eine niedrige Fallzahl kann hingegen für ein geringes Korruptionsniveau, aber auch für erfolglose Strafverfolgungsbehörden oder laxe Strafgesetze stehen. Wird ein größerer Korruptionskomplex aufgedeckt, führt dies nicht selten zu zahlreichen jeweils einzeln registrierten Fällen und sorgt für eine außergewöhnlich hohe und schwer vergleichbare Fallzahl in einem Jahr.

Wahrnehmungsindizes ermöglichen eine gewisse Vergleichbarkeit von Korruptionsniveaus über bestimmte Länder, Gesellschaftsbereiche oder Institutionen hinweg. Sie sind entweder als repräsentative Umfragen angelegt (wie z. B. das Global Corruption Barometer, siehe 2.5.2 und 6.4) oder erfassen die korruptionsbezogenen Einschätzungen ausgewählter (Experten-) Gruppen (so etwa der Corruption Perceptions Index [2.5.2 und 6.1] und der Bribe Payers Index [2.5.2 und

Kriminalstatistiken

Wahrnehmungs-indizes

13 Für eine ausführliche Darstellung und kritische Analyse unterschiedlicher Methoden der Korruptionsmessung siehe beispielsweise UNDP (2008) und die Beiträge in Sampford et al. (2006).
14 Für Deutschland sind hier etwa das Lagebild Korruption des Bundeskriminalamts und die Urteilsstatistik des Statistischen Bundesamts zu nennen. Exemplarische Auszüge finden sich in 2.5.2.

6.2]). Zudem lässt sich zwischen Einzelerhebungen (z. B. GCB) und Metastudien (etwa CPI) unterscheiden. In all ihren Varianten haben Wahrnehmungsindizes den Nachteil, dass sie lediglich auf subjektiven Perzeptionen beruhen, die von vielerlei nicht bekannten Faktoren beeinflusst werden können. Gemessen werden nicht Ausmaß und Strukturen von Korruption, sondern diesbezügliche Eindrücke. Oft arbeiten die Befragungen auch nicht mit klaren Begriffsbestimmungen (etwa zu einzelnen kriminellen Handlungen), sondern die Teilnehmer werden nur generell nach „Korruption" abgefragt. So hängen die Antworten häufig von den (in der Regel unreflektierten) Begriffsverständnissen der Befragten ab, was zur weiteren Unschärfe der aggregierten Resultate beiträgt. Die Werte von Wahrnehmungsindizes tendieren auch dazu, über längere Zeiträume hinweg relativ statisch zu sein, weil die Befragten ihre einmal getroffenen Einschätzungen zum Korruptionsniveau eines Landes oder einer Institution nicht so leicht ändern; so werden unter Umständen positive oder negative Vorurteile etwa zum Korruptionsniveau bestimmter Länder tendenziell zementiert.[15]

Opferindizes   Opfer- oder Viktimisierungsindizes fragen konkret nach der Beteiligung an Korruptionshandlungen. Sie können wie Wahrnehmungsindizes als repräsentative Umfragen oder Expertenbefragungen angelegt sein. Es wird keine allgemeine Einschätzung zu Korruptionsniveaus oder Entwicklungen, sondern die individuelle Mitwirkung der Befragten an korruptiven Delikten erfasst. Die Ergebnisse von Wahrnehmungs- und Opferindizes können mitunter erheblich divergieren (so in Deutschland, siehe 2.5.2).[16] Selbst wenn die Daten anonym erhoben und vertraulich behandelt werden, besteht bei Viktimisierungsbefragungen die Gefahr, dass die Teilnehmer teilweise sozial erwünschte Antworten geben („Ich habe kein Schmiergeld gezahlt") und dadurch Aussagekraft und Wahrheitsgehalt der Erhebung schmälern.

Defizite der Ansätze   So defizitär die verschiedenen Ansätze zur quantitativen Messung von Korbeachten, mehrere   ruption auch sein mögen, es sind doch unter Beachtung der jeweiligen Schwächen
Methoden verwenden   mitunter vorsichtige Schlussfolgerungen oder Verwendungen für weitere Analysen möglich. Vor allem eine Kombination und – wo möglich – eine Kontrastierung unterschiedlicher Ansätze erscheinen sinnvoll. Der folgende Abschnitt zur Korruption in Deutschland liefert ein Beispiel für die Verwendung mehrerer Quellen mit unterschiedlicher Methodik.

2.5.2 Beispiel: Korruption in Deutschland[17]

Kontinuierlich gute   Die folgende knappe Übersicht über die Korruptionssituation in Deutschland ar-
Position im CPI   beitet aufgrund der Größe des Landes überwiegend mit quantitativen Daten[18] und behandelt zwar an verschiedenen Punkten unterschiedliche Wirtschaftsbranchen

15 Für eine umfassende Kritik des CPI siehe Galtung (2006).

16 Ausführlich zu dieser Problematik mit Folgerungen für die Korruptionsbekämpfung Lugon-Moulin (2010).

17 Eine modifizierte Fassung dieses Abschnitts ist in Transparency Deutschland (2012: 18-23) erschienen. Für alle angegebenen Webseiten gilt: letzter Zugriff am 22.05.2013.

18 Für eine häufig zitierte qualitative Studie siehe z. B. Bannenberg (2002).

und öffentliche Institutionen, in der Regel aber nicht verschiedene administrative Ebenen. Der Corruption Perceptions Index, der verschiedene international vergleichende Wahrnehmungsbefragungen aggregiert, sieht Deutschland relativ konstant mit ca. acht von zehn möglichen Punkten als eines der 20 am wenigsten von Korruption im öffentlichen Sektor betroffenen Länder der Welt.

Tab. 3:   Deutschland im TI Corruption Perceptions Index

	2002	2003	2004	2005	2006	2007	2008	2009	2010	2011	2012
Score	7,3/10	7,7/10	8,2/10	8,2/10	8,0/10	7,8/10	7,9/10	8,0/10	7,9/10	8,0/10	79/100
Rank	18/102	16/133	15/145	16/158	16/163	16/179	14/180	14/180	15/178	14/182	13/174

Quelle: Transparency International, CPI 2002-2012.[19]

Die deutsche Bevölkerung schätzt das Korruptionsniveau in der Bundesrepublik hingegen überwiegend als relativ hoch ein. In repräsentativen Befragungen gibt regelmäßig eine Mehrheit der Teilnehmerinnen und Teilnehmer an, dass die Korruption in Deutschland zugenommen habe beziehungsweise zunehmen werde.

Korruption nimmt nach Ansicht der Bürger zu

Tab. 4:   Entwicklung des Korruptionsniveaus aus Sicht der Bevölkerung

	Verringerung	Keine Veränderung	Steigerung
(2010) in den letzten drei Jahren	6 %	24 %	70 %
(2007) in den nächsten drei Jahren	16 %	15 %	69 %
(2005) in den letzten drei Jahren	7 %	25 %	66 %
(2005) in den nächsten drei Jahren	10 %	30 %	57 %
(2004) in den nächsten drei Jahren	7 %	32 %	60 %
(2003) in den nächsten drei Jahren	18,7 %	35,4 %	42,5 %

Quelle: Transparency International, GCB 2003-2005, 2007, 2010.[20]

Diese mehrheitliche Perspektive der Bevölkerung, womöglich beeinflusst durch die Medienberichterstattung über einige herausragende Korruptionsfälle, wird weder durch Viktimisierungsbefragungen noch durch Kriminalstatistiken gestützt. So geben beispielsweise in Deutschland kontinuierlich nur sehr wenige Befragte an, Bestechungszahlungen geleistet zu haben.

Nur sehr wenige Bürger zahlen Schmiergeld

---

19 Der Corruption Perceptions Index ist abrufbar unter:
http://www.transparency.org/policy_research/surveys_indices/cpi.
20 Das Global Corruption Barometer ist abrufbar unter: :
http://www.transparency.org/policy_research/surveys_indices/gcb.

Tab. 5:   Anteil der befragten Menschen in Deutschland, die in den letzten zwölf
Monaten ein Schmiergeld zahlten

2004	2005	2006	2010
1 %	2 %	2 %	2 %

Quelle: Transparency International, GCB 2004, 2005, 2006, 2010.

Polizeilich erfasste Fälle schwanken ohne erkennbaren Trend

Auch ein Blick auf die polizeilich erfassten (mutmaßlichen) Korruptionsstraftaten gibt keine Anhaltspunkte für einen allgemeinen Anstieg des Korruptionsniveaus in der Bundesrepublik, wenn man davon ausgeht, dass die durchschnittliche Erfassung von Fällen einigermaßen konstant geblieben ist.

Tab. 6:   Polizeilich festgestellte Korruptionsstraftaten

2000	2001	2002	2003	2004	2005	2006	2007	2008	2009
9.348	7.962	8.283	7.232	7.610	14.689	6.895	9.563	8.569	6.354

Quelle: Bundeskriminalamt, Bundeslagebild Korruption 2000-2009.[21]

Mehr polizeilich erfasste Fälle von Korruption im privaten Sektor

Abgesehen von tendenziell mehr polizeilichen Ermittlungen bei Bestechungsfällen im privaten Sektor und – auf niedrigem Niveau – Korruptionshandlungen gegenüber ausländischen und internationalen Amtsträgern zeigt sich bei den verschiedenen Bestechungsstraftatbeständen keine eindeutige Entwicklung. Die teilweise starken Schwankungen sind in der Regel auf einzelne aufgedeckte lokale oder regionale Korruptionskomplexe zurückzuführen.

Tab. 7:   Polizeilich erfasste Korruptionsstraftaten nach Straftatbeständen[22]

	2006	2007	2008	2009
§ 108b Wählerbestechung	0	2	0	0
§ 108e Abgeordnetenbestechung	0	37[22]	8	6
§ 299 Bestechung im geschäftlichen Verkehr	1.032	1.025	1.530	1.833
§ 300 Bes. schw. Fälle der Best. im ges. Verkehr	809	455	699	610
§ 331 Vorteilsnahme (Amtsträger)	1.277	963	962	1.376
§ 332 Bestechlichkeit (Amtsträger)	949	1.221	626	632
§ 333 Vorteilsgewährung (Amtsträger)	1.322	684	1.041	973
§ 334 Bestechung (Amtsträger)	912	1.222	725	721
§ 335 Bes. schw. Fälle Bestechung/Bestechlichkeit	570	3.945	2.937	94
IntBestG Bestechung ausl./int. Amtsträger	4	8	31	69
EUBestG Best. EU-Beamte/Amtsträger EU-Länder	3	1	10	40

Quelle: Bundeskriminalamt, Bundeslagebild Korruption 2006-2009.

---

21 Das Bundeslagebild Korruption ist abrufbar unter: http://www.bka.de/DE/Publikationen/JahresberichteUndLagebilder/Korruption/korruption_node.html?_nnn=true.

22 34 der Straftaten betreffen ein Verfahren gegen eine Person.

Schließlich sprechen auch die Zahlen der wegen Korruptionsdelikten gerichtlich Verurteilten wenig für die Aussage, Korruption sei eine Wachstumsbranche in Deutschland (so aber Bannenberg/Schaupensteiner 2004) – vor allem, weil sich die Rahmenbedingungen für eine erfolgreiche Strafverfolgung unter anderem aufgrund von Sensibilisierungskampagnen, zivilgesellschaftlichen Initiativen und organisatorischen Maßnahmen (z. B. Schwerpunktstaatsanwaltschaften) in vielen Bereichen in den letzten Jahren wohl eher verbessert als verschlechtert haben.

Keine auffälligen Entwicklungen bei der Zahl der Verurteilungen

Tab. 8: Verurteilungen wegen Korruptionsstraftaten

	2004	2007	2008	2009
§ 108e Abgeordnetenbestechung	–	0	2	0
§ 299 Bestechung im geschäftlichen Verkehr	16	64	72	60
§ 300 Bes. schw. Fälle der Best. im ges. Verkehr	–	41	35	52
§ 331 Vorteilsnahme (Amtsträger)	33	43	62	80
§ 332 Bestechlichkeit (Amtsträger)	50	44	67	56
§ 333 Vorteilsgewährung (Amtsträger)	91	37	54	41
§ 334 Bestechung (Amtsträger)	149	224	185	160
§ 335 Bes. schw. Fälle Bestechung/Bestechlichkeit	32	46	33	36

Quelle: Statistisches Bundesamt, Fachserie 10 Reihe 3, Rechtspflege – Strafverfolgung 2004, 2007-2009.[23]

Sowohl Wahrnehmungsbefragungen als auch die polizeiliche Kriminalstatistik lassen vermuten, dass Korruption in den verschiedenen Gesellschaftsbereichen Deutschlands unterschiedlich stark ausgeprägt ist. Nach Einschätzung der Bürger sind politische Parteien und die Privatwirtschaft am stärksten korruptionsbelastet, Polizei, Justiz sowie das Bildungssystem am wenigsten.

Parteien und Wirtschaft nach Ansicht der Bürger am korruptesten

Tab. 9: Sektorbezogene Korruptionsniveaus

	Poli-tische Parteien	Parla-ment	Poli-zei	Wirt-schaft	Medien	Öffent-liche Verwal-tung	Justiz	NGOs	Kir-chen	Bun-des-wehr	Bildungs-system
2010	3,7	3,1	2,3	3,3	3,0	3,2	2,4	2,6	2,9	2,6	2,3
2007	3,5	3,0	2,3	3,5	3,1	2,5 (a)	2,5	2,8	2,5	2,4	2,2
2006	3,7	3,1	2,3	3,5	3,1	2,4 (a)	2,5	2,8	2,6	2,5	2,2
2005	3,7	3,2	2,4	3,2	3,3	2,6 (b)	2,7	2,6	2,4	2,5	2,3
2004	3,9	3,2	2,5	3,3	3,1	2,5 (b)	2,8	2,7	2,5	2,5	2,5

Quelle: Transparency International, GCB 2004-2007, 2010.[24]

---

23 Die Angaben für 2004 wurden übernommen aus Dölling (2007a: 5). Die Strafverfolgungsstatistiken sind abrufbar unter:
https://www.destatis.de/DE/Publikationen/Thematisch/Rechtspflege/AlteAusgaben/StrafverfolgungAlt.html.
24 „1" bedeutet korruptionsfrei, „5" sehr stark korruptionsbelastet; (a) Durchschnitt aus Registrierungs- und Genehmigungseinrichtungen, Versorgungsbetrieben und Steuerverwaltung; (b) Durchschnitt aus Registrierungs- und Genehmigungseinrichtungen, Versorgungsbetrieben, Zoll- und Steuerverwaltung.

Verschiebung der
Korruption von
der öffentlichen
Verwaltung hin zur
Privatwirtschaft

In der polizeilichen Statistik spielt der Bereich Politik lediglich eine marginale Rolle, was allerdings auch damit zusammenhängen kann, dass etwa Abgeordnetenbestechung in Deutschland bislang nur sehr begrenzt kriminalisiert ist (vgl. 2.7.4). Zu beobachten ist tendenziell eine quantitative Verschiebung von Korruptionshandlungen weg von der öffentlichen Verwaltung hin zur Privatwirtschaft.

Tab. 10: Schwerpunkte der Korruption

	Politik	Strafverfolgung und Justiz	Wirtschaft	Öffentliche Verwaltung
2009	1 %	5 %	46 %	48 %
2008	2 %	15 %	37 %	46 %
2007	1 %	5 %	15 %	79 %
2006	0,4 %	6,3 %	29 %	64,3 %
2005	0,2 %	3,3 %	5,6 %	90,9 %

Quelle: Bundeskriminalamt, Bundeslagebild Korruption 2005-2009.

Nehmerseite

Die Empfänger unrechtmäßiger Vorteile sind oft in Kommunalbehörden, Gesundheitseinrichtungen, Bildungsinstitutionen und Baubehörden zu finden, immer häufiger auch in privaten Betrieben.

Tab. 11: Aufschlüsselung der Nehmerseite

	2007	2008	2009
Private Firmen/Betriebe	14 %	26 %	39 %
Kommunalbehörden	18 %	27,8 %	20 %
Gesundheitswesen	8 %	6 %	9 %
Militär			5 %
Universität/Bildung	10 %	7,0 %	5 %
Baubehörden	4 %	11,1 %	4 %
Wasserver-/-entsorgung	9 %	1,5 %	3 %
Polizei	7 %	4,1 %	2 %
Bundes-/Landesbehörden			2 %
Finanzsektor (Versicherungen/Banken)			2 %
Sonstiges	30 %	16,5 %	9 %

Quelle: Bundeskriminalamt, Bundeslagebild Korruption 2007-2009.

Geberseite: Branchen

Die Vorteilsgeber sind häufig Privatpersonen oder in der Automobil- bzw. Baubranche, im Handwerk oder dem Dienstleistungsgewerbe tätig. Nicht selten bestehen mehrjährige Beziehungen zwischen Geber- und Nehmerseite vor der Anbahnung von Korruptionshandlungen.

Tab. 12: Aufschlüsselung der Geberseite

	2006	2007	2008	2009
Privatperson	45 %	21 %	12,5 %	21 %
Automobilbranche	3 %	3 %	5,8 %	16 %
Baubranche	12 %	16 %	18,9 %	12 %
Handwerk	3 %	4 %	5,1 %	10 %
Dienstleistungsgewerbe	12 %	15 %	15 %	8 %
Handel	4 %	3 %	4,2 %	4 %
Konsumgüterbranche				4 %
Pharma-/Gesundheitsbranche	4 %	5 %	7,8 %	3 %
Transport-/Logistikbranche	4 %	1 %	4,9 %	3 %
Immobilienbranche				2 %
Sonstige Branchen	16 %	32 %	25,8 %	17 %

Quelle: Bundeskriminalamt, Bundeslagebild Korruption 2006-2009.

Einfache Angestellte korrumpieren offenbar seltener als führende Personen im Betrieb wie etwa Geschäftsführer oder Firmeninhaber.

Geberseite: Stellung im Betrieb

Tab. 13: Funktion der Geberseite

	2007	2008	2009
Geschäftsführer	21 %	32,3 %	28 %
Privatperson	21 %	14,7 %	24 %
Firmeninhaber	16 %	14,4 %	19 %
Angestellter	5 %	17,2 %	14 %
Leitender Angestellter	14 %	16,8 %	10 %
Sonstige	23 %	4,6 %	5 %

Quelle: Bundeskriminalamt, Bundeslagebild Korruption 2007-2009.

Korruption findet in Deutschland laut polizeilicher Statistik vorwiegend zur Erlangung von Aufträgen statt. Hinzu kommt das Streben nach sonstigen Wettbewerbsvorteilen. Behördliche Genehmigungen spielen demgegenüber eine eher untergeordnete Rolle.

Erlangung von Aufträgen als Hauptziel von Korruption

Tab. 14: Vorteile für die Geberseite

	2007	2008	2009
Erlangung von Aufträgen	40 %	45 %	57 %
Erlangung behördlicher Genehmigungen	6 %	13 %	8 %
Sonstige Wettbewerbsvorteile	15 %	14 %	8 %
Erlangung Fahrerlaubnis			6 %
Beeinflussung der Strafverfolgung	4 %	4 %	4 %
Bezahlung fingierter/gefälschter Rechnungen	17 %	4 %	4 %
Aufenthalts-/Arbeitserlaubnis	4 %	2 %	3 %
Gebührenersparnis	4 %	6 %	2 %
Erlangung interner Informationen	2 %	3 %	1 %
Absatz von Medikamenten			1 %
Sonstiges	8 %	9 %	6 %

Quelle: Bundeskriminalamt, Bundeslagebild Korruption 2007-2009.

Korruption in
der Wirtschaft:
Betroffenheit und
Maßnahmen

Das Thema „Korruption in der Wirtschaft" hat in den letzten Jahren zunehmend an Bedeutung gewonnen. Oben wurde bereits angedeutet, dass Bestechung im privaten Sektor in den letzten Jahren tendenziell stärker von den Strafverfolgungsbehörden verfolgt wurde. Hier geht es häufig um die Erlangung von lukrativen Aufträgen mit wettbewerbsverzerrenden Mitteln. Besonders korruptionsgefährdet sind Firmenabteilungen bzw. Sektoren, bei denen große Auftragsvolumen eine zentrale Rolle spielen (z. B. die Baubranche). In einer repräsentativen Studie aus dem Jahr 2009 (PWC/Universität Halle-Wittenberg 2009) gaben 13 % der Großunternehmen in Deutschland an, bereits in Korruptionsfälle verwickelt gewesen zu sein. 29 % der befragten Firmen berichteten, bereits mindestens einmal einen Auftrag aufgrund von Bestechung seitens eines Mitbewerbers verloren zu haben. Die Studie folgert, dass die Verbreitung von Korruption in Deutschland relativ stabil erscheine, aber die Kosten für die Bewältigung von Korruptionsfällen erheblich gestiegen seien. In den letzten Jahren hätten etliche Großunternehmen verstärkt Antikorruptionsprogramme, spezielle Compliance-Maßnahmen oder Hinweisgebersysteme eingeführt. Nach einer weiteren Studie, die sich speziell mit dem Mittelstand auseinandersetzt (KPMG 2010), sind 37 % der Unternehmen in den vergangenen drei Jahren von wirtschaftskriminellen Handlungen betroffen gewesen. Auch hier wird betont, dass Korruptionsfälle zwar eher selten auftreten, aber mit hohen Kosten verbunden sind. Vorkehrungen gegen Wirtschaftskriminalität seien im Mittelstand aber noch meist Einzelmaßnahmen. Laut einer anderen Studie, die sich speziell mit international agierenden Unternehmen beschäftigt (Ernst & Young 2008), gab es in nur 6 % der in Deutschland angesiedelten Unternehmen nach Kenntnis der befragten Mitarbeiter einen Korruptionsfall innerhalb der vergangenen zwei Jahre. Dennoch wird Korruption mehrheitlich als Herausforderung gesehen, und die Unternehmen registrieren einen Anstieg von Korruptionsuntersuchungen in Deutschland in den letzten Jahren.

Ausweislich verschiedener Quellen konnte Deutschland in der letzten Zeit seine Position bei der Bekämpfung der grenzüberschreitenden Bestechung verbessern. Die Anzahl der von der Polizei erfassten Fälle von Auslandsbestechung ist zuletzt stetig gestiegen (siehe Tabelle 7). Im wahrnehmungsbasierten Bribe Payers Index hat die Bundesrepublik ihren Punktwert kontinuierlich optimiert.

Tab. 15: Deutschland im TI Bribe Payers Index

	2002	**2006**	**2008**	**2011**
Score	6,3/10	7,3/10	8,6/10	8,6/10
Rank	9/21	7/30	5/22	4/28

Quelle: Transparency International, BPI 2002, 2006, 2008, 2011.[25]

Transparency International (2011) bescheinigt Deutschland im Rahmen seiner Fortschrittsberichte zur Umsetzung des OECD-Bestechungsübereinkommens „active enforcement" aufgrund vieler Fälle strafrechtlich verfolgter Auslandsbestechung. Die OECD Working Group on Bribery (2011a) kritisiert zwar diverse deutsche Antikorruptionsregelungen als suboptimal, doch auch in ihrer Zusammenstellung gehört die Bundesrepublik zu den Ländern mit der aktivsten Strafverfolgung bei transnationaler Korruption (Working Group 2011b).

2.6 Korruption als wissenschaftlicher Forschungsgegenstand

Im Folgenden wird zunächst kurz dargelegt, warum das Thema Korruption in besonderer Weise interdisziplinäre Forschung nahelegt oder erfordert (2.6.1). Daraufhin wird die politikwissenschaftliche Korruptionsforschung näher vorgestellt (2.6.2).

2.6.1 Interdisziplinäres Forschungsthema

Korruption stellt aus (mindestens) drei Gründen ein besonders Themengebiet für interdisziplinäre Forschung dar: *Erstens* ist Korruption ein mit kollektiven Nachteilen verbundenes Phänomen, das mehr oder weniger in allen Gesellschaftsbereichen existiert, wo die Möglichkeit für Missbrauch anvertrauter Macht zum partikularen Vorteil und/oder Wettbewerbsverzerrung durch illegitimen Tausch zulasten Dritter besteht (vgl. 2.2). Dieser Punkt allein würde allerdings zunächst nur nahelegen, dass sich jede Fachwissenschaft für sich mit Korruption in ihrem Gegenstandsbereich beschäftigt. *Zweitens* weist Korruption jedoch subsystemübergreifende Strukturen, Funktionen und Merkmale auf. Erkenntnisse, die eine

Marginalien rechts:
Zunehmende Bekämpfung der Auslandsbestechung

Korruption als exemplarisches Thema für interdisziplinäre Forschung

---

25 Der Bribe Payers Index ist abrufbar unter: http://www.transparency.org/policy_research/surveys_indices/bpi.

Fachdisziplin in Bezug auf Korruption in ihrem Gesellschaftssegment heraus-findet, können also auch unter Umständen für andere Bereiche von Bedeutung sein. *Drittens* ist Korruption ein mehrdimensionales und vielschichtiges Phäno-men, über das die verschiedenen Fachwissenschaften mit ihren spezifischen For-schungsfragen, Theorien und Methoden nur jeweils bestimmte Aspekte in Erfah-rung bringen können. Der besondere Beitrag der für die Korruptionsforschung wohl wichtigsten Disziplinen kann ohne jeden Anspruch auf Vollständigkeit wie folgt kurz skizziert werden (vgl. von Alemann 2005a):

Soziologie
- Die Soziologie vermag unter anderem wichtige Erkenntnisse zu korrupten Verhaltensweisen von Menschen in bestimmten Organisationen und Netz-werken zu liefern und die diesbezügliche Rolle von Macht-, Austausch- und Vertrauensbeziehungen zu analysieren.

Wirtschafts-wissenschaft
- Die Ökonomie kann sich auf einer Mikro- und einer Makroebene mit Ursa-chen, Strukturen und Folgen von Korruption bei Wirtschaftssubjekten befas-sen, wobei die Zusammenhänge von Wettbewerb und Korruption für fast alle Gesellschaftsbereiche von Bedeutung sein dürften.

Rechtswissenschaft
- Die Rechtswissenschaft sollte in der Lage sein, das Steuerungspotenzial, die Gestaltungsformen und die Systematik von Recht in seinen verschiedenen Teilbereichen im Hinblick auf Korruption zu erforschen; Recht ist einerseits ein häufiges Ziel von Korruption und andererseits eines der wichtigsten In-strumente der Korruptionsbekämpfung.

Politikwissenschaft
- Die Politikwissenschaft analysiert unter anderem die unterschiedlichen For-men politischer Korruption sowie ihre Ursachen und Auswirkungen. Zudem kann sie analysieren, ob, warum und inwiefern das politische System Kor-ruption in verschiedenen Gesellschaftsbereichen als regelungsbedürftiges Problem erkennt und bestimmte Maßnahmen kollektiv verbindlich vor-schreibt (oder nicht).

Geschichts-wissenschaft
- Die Geschichtswissenschaft vermag Ausprägungen von Korruption und Korruptionsbekämpfung in unterschiedlichen Epochen herauszuarbeiten, was Vergleiche mit heutigen Erscheinungsformen wie auch gegebenenfalls Lerneffekte ermöglicht.

Psychologie
- Die Psychologie hat die fachlichen Voraussetzungen, um unter anderem die inneren Entscheidungsgründe, Motivationen und Willensbildungsprozesse von korrupt und nicht korrupt handelnden Menschen zu erforschen.

Weitere Fächer; Schwierigkeit interdisziplinärer Forschung
Diese punktuelle Aufzählung soll keineswegs bedeuten, das weitere Fachdiszi-plinen wie beispielsweise Philosophie und Ethnologie oder kleinere per se inter-disziplinäre (aber methodisch kaum eigenständige) Fächer wie Kriminologie und Verwaltungswissenschaft (mit ihrer Teildisziplin Kommunalwissenschaft) nicht auch wichtige Beiträge zur Analyse von Korruption und Korruptionsbekämpfung liefern können. Wie bei anderen Themenbereichen auch ist es im Forschungsalltag angesichts divergierender Forschungsfragen, Methoden, Theorien, Begrifflich-keiten und Fächerkulturen mitunter nicht leicht, Korruptionsaspekte tatsächlich interdisziplinär (im Sinne eines wechselseitigen Austauschs und aufeinander Auf-

bauens) und nicht nur multidisziplinär (im Sinne paralleler, eher unverbundener Arbeit) zu erforschen.[26]

2.6.2 Politikwissenschaftliche Korruptionsforschung

In den folgenden zwei Abschnitten soll die politikwissenschaftliche Korruptionsforschung näher beleuchtet werden. Zunächst wird auf die Bedeutung des Forschungsthemas „Korruption" in der Politikwissenschaft eingegangen (2.6.2.1). Anschließend werden wichtige Fragen, Methoden und Theorien der politikwissenschaftlichen Korruptionsforschung skizziert (2.6.2.2).

2.6.2.1   Bedeutung des Forschungsgegenstands[27]

Über politische Korruption wird viel geschrieben, aber nicht allzu oft von deutschen PolitikwissenschaftlerInnen. Zwar hat sich die genuin politikwissenschaftliche Korruptionsforschung in den letzten ca. 20 Jahren – in etwa parallel zum internationalen „anti-corruption boom" (Wolf/Schmidt-Pfister 2010: 15) – wesentlich intensiviert (von Alemann 2005a: 14), doch ist sie immer noch ein eher randständiger Forschungsbereich, zumindest in der Bundesrepublik. Betrachtet man die hochangesehenen, referierten Fachzeitschriften der Zunft, so lassen sich jedenfalls in den führenden deutschsprachigen politikwissenschaftlichen Journalen seit dem Jahr 2000 nahezu keine Aufsätze zum Thema Korruption im engeren Sinne finden (siehe aber z. B. Manow 2002). Eine bemerkenswerte Ausnahme ist das Sonderheft „Dimensionen politischer Korruption" der Politischen Vierteljahresschrift (von Alemann 2005b), doch selbst dieses weist wohl nicht zufällig eine relativ hohe Anzahl an Beiträgen von Nicht-PolitologInnen (vor allem JuristInnen und ÖkonomInnen) auf. Aufgrund der Unschärfe und der Breite des Gegenstands „politische Korruption" (vgl. 2.1.2) können und sollten WissenschaftlerInnen benachbarter Disziplinen zwar wichtige Erkenntnisse zu diesem Forschungsthema beisteuern. Trotzdem bleibt festzuhalten, dass es wohl nur sehr wenige deutsche PolitikwissenschaftlerInnen an Hochschulen oder Forschungseinrichtungen gibt, die sich primär als KorruptionsforscherInnen sehen und betätigen. In den wichtigsten englischsprachigen politikwissenschaftlichen Zeitschriften finden sich demgegenüber einige mehr oder weniger originär politologische Aufsätze aus den letzten Jahren zu Korruptionsthemen. Jenseits dieser Journale werden einschlägige Forschungsbeiträge vor allem in Monographien und Sammelbänden mit zumindest zum Teil niedrigerer Sichtbarkeit (und Reputation) sowie in spezialisierten Zeitschriften wie beispielsweise „Crime, Law and Social Change", „Journal of Democracy" oder „Global Crime" publiziert. Hier zeigt sich die methodische

Begrenzte Bedeutung des Themas Korruption in der (deutschen) Politikwissenschaft

---

26 Ein Beispiel für multidisziplinäre Korruptionsforschung ist der Sammelband von Kliche/ Thiel (2011). Für einen Versuch interdisziplinärer Korruptionsforschung am Gegenstand des Siemens-Korruptionsskandals siehe Graeff/Schröder/Wolf (2009) und Graeff/Wolf (2011). Zu den verschiedenen (intra-) disziplinären Blickwinkeln auf Korruption siehe auch 3.5.

27 Die Abschnitte 2.6.2.1 und 2.6.2.2 wurden überwiegend Wolf (2012) entnommen. Für die Unterstützung bei der Literaturrecherche bedankt sich der Verfasser bei Tim Roll.

und erkenntnistheoretische Vielfalt der politikwissenschaftlichen Korruptionsforschung (siehe 2.6.2.2).

Geringe Praxis-orientierung politik-wissenschaftlicher Korruptionsforschung

Obwohl insbesondere Öffentlichkeit, Medien und Zivilgesellschaft ständig erfolgversprechende Maßnahmen zur Korruptionsbekämpfung nachfragen, weist die politikwissenschaftliche Korruptionsforschung – gerade in Deutschland – insgesamt eine relativ geringe Anwendungsorientierung auf. Dies mag einerseits daran liegen, dass zumindest viele der hierzulande an Hochschulen und Forschungsinstituten arbeitenden PolitologInnen stark praxis- oder policy-orientierte Studien als eher unwissenschaftlich ansehen und daher scheuen, gerade wenn es sich um ein so normativ besetztes Thema wie die politische Korruption handelt. Andererseits liegen Kenntnisse zur Effizienz einzelner Korruptionsbekämpfungsmaßnahmen nicht zuletzt aufgrund der Messproblematik (vgl. Sampford et al. 2006) bislang nur in begrenztem Umfang vor (von Alemann et al. 2007: 573), und die bisherigen Befunde zu den Ursachen des multikausalen Phänomens politischer Korruption sind teilweise widersprüchlich. So bilanziert beispielsweise Peters (2010: 95-96), dass politische Institutionen und Regimetypen auf der Meso- und Makroebene (mit denen viele PolitologInnen als unabhängigen Variablen arbeiten) generell kaum auf bestimmte Korruptionsniveaus schließen lassen.

Rückzug auf „typisch politikwissenschaftliche" Fragen und Ansätze?

Vor diesem Hintergrund analysieren PolitikwissenschaftlerInnen offenbar lieber von einer mehr oder weniger „neutralen" und „distanzierten" Warte aus beispielsweise Entstehung und Strukturen internationaler Antikorruptionsregime (Jakobi 2010; Moroff 2005; Wolf 2007; vgl. 4.1), Probleme der Korruptionsbekämpfung in der Europäischen Union (Neuhann 2005; vgl. 4.1.4), zivilgesellschaftliche Antikorruptionsinitiativen (Schmidt-Pfister 2009) oder ausbleibende politische Reformen (Wolf 2008; vgl. 2.7.4). Seit kurzem werden auch verstärkt Arbeiten veröffentlicht, die sich kritisch mit Theorie und Praxis der globalen Korruptionsbekämpfung („Antikorruptionsindustrie") auseinandersetzen (beispielsweise die Beiträge in de Sousa/Larmour/Hindess 2009; vgl. 4.1.6). Studien, die in umfassender Weise Antikorruptionsmaßnahmen beschreiben, bewerten und Praxisempfehlungen formulieren (wie etwa von Alemann et al. 2007), sind zumindest in der deutschen Politikwissenschaft (noch) recht selten anzutreffen.

Mögliche Gründe für die begrenzte Bedeutung des Themas in der Politikwissenschaft

Über die Gründe für das immer noch relativ begrenzte Interesse deutscher PolitikwissenschaftlerInnen am Forschungsgegenstand Korruption kann an dieser Stelle nur spekuliert werden. Ein recht naiver Glaube an die angebliche Korruptionsfreiheit der von „preußischen Tugenden" geprägten deutschen Verwaltung dürfte heute kaum noch eine Rolle spielen (von Alemann 2005a: 13). Viel eher haben beispielsweise quantitativ orientierte PolitologInnen bei dem nur annäherungsweise messbaren Phänomen Korruption (vgl. 2.5.1) zumindest teilweise das Problem, verlässliche Daten zu erlangen, die aussagekräftige Analysen auf höherem Abstraktionsniveau erlauben (vgl. Manow 2005). Außerdem ist das Thema Korruption von seiner Natur her besonders stark normativ besetzt (Johnston 2005: 61), und manche PolitikwissenschaftlerInnen befürchten möglicherweise, von KollegInnen mangelnder Wertfreiheit beziehungsweise unzureichend begründeter Wertentscheidungen (und in der Folge gar „fehlender Wissenschaftlichkeit") bezichtigt zu werden (vgl. Manow 2003: 272). Damit zusammenhängend scheuen sich einige PolitologInnen vermutlich nicht ganz unberechtigt, in Ermangelung empirischer Belege konkrete Vorschläge zur Korruptionsbekämpfung zu unterbreiten, die aber zumindest außerhalb der Wissenschaft regelmäßig erwartet werden. Schließlich scheint das Thema Korruption in Zeiten wachsender inter- und intradisziplinärer Konkurrenz, omnipräsenten Karrieredrucks und generell zunehmender Ökonomisierung der Sozialwissenschaften (Kieser 2010; Münch 2007) kein Forschungsgegenstand zu sein, mit dem man in der (deutschen) Politikwissenschaft allzu viele Meriten erlangen kann. Doch auch ohne diese aktuellen Entwicklungen ist die Erforschung der Korruption „der eigenen Karriere nicht unbedingt förderlich" (Wewer 1992: 303).

2.6.2.2   Fragen, Methoden und Theorien

„Why are some countries more corrupt than others?" (Gerring/Thacker 2005: 233) Dies ist eine der beliebtesten Fragen in der politikwissenschaftlichen Korruptionsforschung. Andere (häufig benachbarte) klassische Themen sind Ursachen, Akteure, Strukturen, Folgen, Einstellungen und Diskurse über politische Korruption. Der Analyse verschiedener Phasen und Aspekte von Antikorruptionsmaßnahmen (z. B. Agenda setting, Strategien, Instrumente, Akteure, Anwendung und Wirkung) kommt in der Politikwissenschaft zumindest in Deutschland bislang etwas weniger Bedeutung zu.[28] Es muss allerdings spätestens an dieser Stelle einschränkend festgehalten werden, dass es weder *die* Politik gibt noch *die* Politikwissenschaft, *die* politikwissenschaftliche Korruptionsforschung oder *die* Forschung über politische Korruption.

Zentrale Themen

Die Politikwissenschaft ist ein heterogenes Fach mit einem Pluralismus an Erkenntnisinteressen, Methoden und Theorien. Dies spiegelt sich auch in der politikwissenschaftlichen Korruptionsforschung wider.[29] Es gibt keine genuin politikwissenschaftlichen Methoden oder Theorien der Korruptionsforschung. PolitologInnen arbeiten zum Forschungsgegenstand Korruption etwa aus dem Blickwinkel der vergleichenden Regierungslehre, der Policy-Forschung, der Internationalen Beziehungen oder der politischen Theorie. Sie verwenden hierbei jeweils in der Regel analytische Ansätze, mit denen sie auch andere Phänomene bzw. Politikfelder in ähnlicher Weise bearbeiten könnten. Es lassen sich – wie in den anderen Sozialwissenschaften auch – grundsätzlich normative und empirische, qualitative und quantitative, theorieorientierte und theorielose Analysen sowie diverse Mischformen unterscheiden. Zahlreiche Untersuchungen sind inhaltlich und methodisch an Schnittstellen zu benachbarten Disziplinen zu verorten, insbesondere der Geschichtswissenschaft, der Philosophie, der Psychologie, der Rechtswissenschaft, der Soziologie, der Verwaltungswissenschaft und der Wirtschaftswissenschaft

Methodischer und erkenntnistheoretischer Pluralismus

---

28 Bemerkenswert ist daher beispielsweise die umfassende Studie von von Alemann et al. (2007) zu Antikorruptionsinstrumenten und -strategien in 25 EU-Mitgliedstaaten. Zum Agenda setting und ausgewählten Akteurskonstellationen im Rahmen der internationalisierten Antikorruptionspolitik in Deutschland siehe etwa Wolf (2007).
29 Vgl. beispielsweise die jeweilige Vielfalt der Beiträge in von Alemann (2005b); de Graaf/von Maravić/Wagenaar (2010); Schmidt-Pfister/Moroff (2010); de Sousa/Larmour/Hindess (2009).

(vgl. 2.6.1). Drei Typen der politikwissenschaftlichen Korruptionsforschung sind in den letzten ca. 20 Jahren von besonderer Bedeutung gewesen:

Theoretisch-konzep-
tionelle Arbeiten

1. theoretisch-konzeptionelle Arbeiten, die sich beispielsweise mit dem Korruptionsbegriff oder unterschiedlichen Formen politischer Korruption relativ abstrakt auseinandersetzen;

Qualitative Studien

2. qualitative Studien, die häufig ausgewählte Aspekte der politischen Korruption und/oder Korruptionsbekämpfung in einem oder wenigen politischen Systemen oder Teilbereichen intensiv untersuchen (etwa auf der Grundlage von Feldstudien, Dokumentenanalysen, Experteninterviews etc.);

Quantitative
Analysen

3. quantitative Analysen, die sich auf einem vergleichsweise hohen Abstraktionsniveau meist unter Verwendung aggregierter Daten (sehr oft dem CPI) etwa mit Ursachen oder Folgen politischer Korruption in einer Vielzahl von Ländern und/oder Institutionen beschäftigen.

Austausch
zwischen den
Forschungssträngen

Der intra- und interdisziplinäre Austausch zwischen diesen Forschungssträngen ist unterschiedlich. Die theoretisch-konzeptionellen Arbeiten liefern gewisse Grundlagen für die empirischen Analysen und können auch von benachbarten Disziplinen vergleichsweise gut diskutiert werden. Demgegenüber handelt es sich bei den sehr zahlreichen qualitativen Untersuchungen um recht heterogene Arbeiten, die aufgrund ihrer unterschiedlichen Erkenntnisinteressen, Forschungsobjekte und methodischen Herangehensweisen zwar einen beachtlichen Pool an vielfältigen Informationen bereitstellen, die zusammenzutragen und systematisch auszuwerten aber eine anspruchsvolle Aufgabe darstellt. Die durchschnittlich etwas jüngeren quantitativen Studien zeichnen sich im Kontrast dazu dadurch aus, dass sich ihre Vertreter aufgrund relativ homogener Fragestellungen und Methoden vergleichsweise gut untereinander und mit bestimmten benachbarten Fächern (etwa der Ökonomie) verständigen können. Insgesamt werden die fachliche Kommunikation und letztlich auch der kollektive Erkenntnisgewinn – wie in anderen Sozialwissenschaften wohl auch – dadurch erschwert, dass in bestimmten Foren (Fachzeitschriften, Communities, Netzwerken, Zitierkartellen) beispielsweise qualitative Ansätze dominieren, während davon mehr oder weniger abgeschottet, etwa Foren mit quantitativer Präferenz friedlich koexistieren.

Unterschiedliche
theoretische Ansätze

Je nach Erkenntnisinteresse und fachinternem Teilgebiet wenden politikwissenschaftliche KorruptionsforscherInnen unterschiedliche Theorien an, so beispielsweise verschiedene Demokratie- oder Parteientheorien (Vergleichende Regierungslehre; z. B. Manow 2002, 2003; Peters 2010), akteurszentrierte Ansätze oder Implementationstheorien (Policy-Forschung; z. B. Neuhann 2005; Warner 2007), Theorien zwischenstaatlicher Politik (Internationale Beziehungen; z. B. Jakobi 2010; Moroff 2005; Wolf 2007) oder Ansätze namhafter politischer Theoretiker (Politische Theorie und Ideengeschichte; z. B. die Beiträge in Bluhm/ Fischer 2002).

Mögliche Ursachen
für höhere
Korruptionsniveaus

Im Hinblick auf die am Anfang dieses Abschnitts zitierte Frage nach den Ursachen für höhere Korruptionsniveaus in bestimmten Ländern werden übrigens unter anderem Faktoren wie wirtschaftlicher Entwicklungsstand, außenwirtschaftliche Öffnung, Demokratisierungsgrad, Formen und Intensität des politischen Wettbewerbs, Anzahl institutioneller Vetospieler, Dezentralisierung, Typus des

Regierungssystems, Größe des öffentlichen Sektors, Regulierungsintensität, Besoldung im öffentlichen Dienst, Transparenzregelungen, Pressefreiheit und Partizipationsmöglichkeiten sowie Religions- und Geschlechteraspekte als mehr oder weniger maßgeblich diskutiert.[30] Die Erkenntnisse sind hier und bei anderen Forschungsfragen wohl vor allem aufgrund unterschiedlicher Datengrundlagen und Operationalisierungen teilweise widersprüchlich.

2.7 Korruptionsbekämpfung als Politikfeld

Die folgenden Abschnitte geben einen Überblick zur Antikorruptionspolitik in Deutschland aus der Perspektive der Politikfeldanalyse bzw. Policy-Forschung. „Politikfeldanalyse fragt danach, was politische Akteure tun, warum sie es tun und was sie letztlich bewirken" (Schneider/Janning 2006: 11). Hier steht „die inhaltliche Dimension von Politik" im Mittelpunkt (Schneider/Janning 2006: 48). Zuerst werden wichtige Akteure und Strukturen der Korruptionsbekämpfung erläutert (2.7.1). Anschließend wird auf zentrale Steuerungsinstrumente eingegangen (2.7.2). Interessenkonflikte, Akteurskonstellationen und Policy-Netzwerke stehen daraufhin im Fokus (2.7.3). Die Inhalte der einführenden Abschnitte werden durch zwei Fallstudien exemplarisch vertieft (2.7.4 und 2.7.5).

2.7.1 Akteure und Strukturen

Die Antikorruptionspolitik in Deutschland wird – wie viele andere Politikfelder auch – durch zahlreiche öffentliche und private Akteure auf unterschiedlichen Ebenen geprägt.[31] Es scheint sinnvoll, zunächst die unterschiedlichen Handlungsebenen kurz darzustellen und dann wichtige kollektive Akteure zu skizzieren:

Antikorruptionspolitik findet auf allen Ebenen statt

- Die internationale Ebene hat lange Zeit praktisch keine Rolle bei der Korruptionsbekämpfung gespielt. Seit etwa Mitte der 1990er Jahre wurden im Rahmen verschiedener internationaler Organisationen allerdings zahlreiche Antikorruptionsnormen erlassen, welche die einschlägigen nationalen Politiken zunehmend prägen (siehe Kapitel 4).
- Die Bundesebene hat in Deutschland die Gesetzgebungskompetenz für etliche korruptionsrelevante Materien (vgl. 2.7.2). Auch haben Diskurse über Korruption und Korruptionsbekämpfung häufig eine bundesweite Dimension.
- Die Landesebene verfügt nur über begrenzte Gesetzgebungskompetenzen (auch) bei korruptionsspezifischen Angelegenheiten. Da Verwaltungstätigkeiten und Strafverfolgung in Deutschland jedoch schwerpunktmäßig Aufgaben der Länder sind, spielen auch sie eine wichtige Rolle bei der Korruptionseindämmung.

---

30 Siehe beispielsweise von Alemann (2005a) sowie Manow (2003) und Peters (2010) für zahlreiche Nachweise und weiterführende Literatur.
31 Für einen detaillierten Überblick über die wichtigsten Akteure des politischen Systems der Bundesrepublik Deutschland siehe etwa Rudzio (2011).

- Auf kommunaler Ebene findet ein Großteil der besonders korruptionsanfälligen öffentlichen Auftragsvergaben statt, und es besteht häufig eine höhere Gefahr von Interessenkonflikten. Die Kommunen dürfen nicht zuletzt aus diesen Gründen im Rahmen von Antikorruptionskonzepten nicht übersehen werden.

Wichtige Akteure   Im Folgenden werden nun in Anlehnung an das klassische Schema der horizontalen Gewaltenteilung für die Korruptionsbekämpfung wichtige öffentliche Akteure benannt:

Exekutive
- Die Exekutive in Form der Regierungen auf Bundes- und Landesebene hat zum einen eine wichtige Initiativfunktion. Die meisten Vorstöße für Antikorruptionsgesetze und andere einschlägige Maßnahmen stammen aus der Exekutive mit ihrem administrativen Unterbau. Häufig übernimmt sie auch Implementations- und Überwachungsfunktionen für nachgelagerte Verwaltungsebenen. Auf Bundesebene kommt dem Bundesjustizministerium eine zentrale Rolle zu. Es ist beispielsweise für die Weiterentwicklung des Strafrechts und anderer einschlägiger Materien sowie die Zusammenarbeit mit den internationalen Antikorruptionsregimen verantwortlich.[32] Die Innenministerien des Bundes und der Länder initiieren und überwachen häufig Antikorruptionsmaßnahmen für ihre jeweiligen Verwaltungsbereiche (vgl. 3.4). Innerhalb vieler Ministerien und nachgelagerter Behörden gibt es Ansprechpartner für Korruptionsfragen, oder es existieren Antikorruptionsbeauftragte mit der Zuständigkeit für mehrere Institutionen.

Legislative
- Die Legislative in Form der Parlamente auf Bundes- und Landesebene hat keine zentrale Funktion bei der Korruptionsbekämpfung in Deutschland. Die Volksvertretungen haben zwar einschlägige Gesetze zu beschließen – was mehr den Bundestag betrifft als die Landtage –, aber mit den meisten Antikorruptionsmaßnahmen unterhalb der Gesetzesebene haben sie nichts oder nur wenig zu tun. Wichtig sind die Parlamente allerdings im Bereich der Korruptionsbekämpfung in eigener Sache, also etwa bei Fragen der Parteien-, Abgeordneten-, Fraktions- und politischen Stiftungsfinanzierung, bei Nebentätigkeits- und Transparenzregelungen – und nicht zuletzt bei der Kriminalisierung der Abgeordnetenbestechung (siehe 2.7.4). Außerdem kommt den Parlamentariern eine nicht zu unterschätzende Öffentlichkeits- und Vorbildfunktion in Sachen Korruptionsprävention zu.

---

32 Hinsichtlich der Antikorruptionspolitik der OECD arbeiten Bundesjustizministerium und Bundeswirtschaftsministerium zusammen, da OECD-Angelegenheiten normalerweise in der Zuständigkeit des Bundeswirtschaftsministeriums liegen. In den wichtigsten Antikorruptionsgremien von OECD (Working Group on Bribery in International Business Transactions) und Europarat (GRECO) spielen Ministerialbeamte eine maßgebliche Rolle, denn sie besetzen die jeweiligen Organe mit Plenumsfunktion. Sie sind auch beim „peer review" im Rahmen der Evaluierungsverfahren (siehe 4.1.3) formell die Hauptakteure. Hier sind jedoch auch internationale Beamte aus den Sekretariaten von OECD und Europarat von großer Bedeutung, obwohl sie offiziell nur vorbereitende und begleitende Aufgaben haben. Zur Bürokratisierung der Korruptionsbekämpfung durch Internationalisierung siehe 3.4.1.

- Die Judikative in Form der Gerichte hat unter anderem die Aufgabe, Judikative
Antikorruptionsvorschriften im konkreten Einzel- und Streitfall durchzusetzen. Strafrechtlich relevante Taten werden von der Polizei und den Staatsanwaltschaften der Länder verfolgt und in begründeten Fällen vor Gericht gebracht. Die Strafverfolgungsbehörden stehen vor dem Problem, angesichts personeller Knappheiten sowie organisationaler und rechtlicher Restriktionen komplexe Korruptionsfälle häufig nur mit Schwierigkeiten aufklären und sanktionieren zu können.[33] Aber nicht nur die Strafgerichte sind für die Korruptionsbekämpfung von Bedeutung, sondern beispielsweise auch Zivilgerichte (etwa bei Fragen der Gültigkeit von durch Korruption beeinflussten Verträgen), Arbeitsgerichte (z. B. bei Kündigungen von Hinweisgebern) oder Verwaltungsgerichte (etwa bei Konflikten im Rahmen der Anwendung von Informationsfreiheitsgesetzen).
- Rechnungshöfe auf Bundes- und Landesebene haben bislang keine prominente Rolle bei der Korruptionsbekämpfung gespielt. Sie haben jedoch Rechnungshöfe grundsätzlich die Möglichkeit, Bereiche zu benennen und zu prüfen, wo es aufgrund von Missbrauchsrisiken, mangelhafter Organisationsstrukturen oder defizitärer Rechtsgrundlagen zur unsachgemäßen Verwendung öffentlicher Mittel zum partikularen Vorteil kam oder kommen kann.

Nun werden ausgewählte intermediäre Akteure angesprochen, die mit den eben Intermediäre Akteure dargestellten institutionellen Akteuren teilweise in engem Austausch (auch) in Korruptionsfragen stehen (vgl. 2.7.3).

- Parteien streben nach der Besetzung politischer Ämter und prägen die politi- Parteien sche Willensbildung. Sie werden von der deutschen Bevölkerung als besonders korrupt angesehen (vgl. 2.5.2), was möglicherweise maßgeblich mit dem Umstand zusammenhängt, dass Parteivertreter in politischen Ämtern über zahlreiche wichtige Angelegenheiten in eigener Sache entscheiden dürfen und müssen, was mit besonderen Gefahren (z. B. ungerechtfertigte Selbstbedienung und Ämterpatronage) verbunden ist. Grundsätzlich haben Parteien aber ein Eigeninteresse, zumindest möglichst korruptionsfrei zu wirken und Korruption in anderen Gesellschaftsbereichen zu bekämpfen, um WählerInnen anzusprechen. Nicht zuletzt deshalb fordern Parteien – vor allem, wenn sie sich gerade in der Oppositionsrolle befinden – auch gelegentlich bestimmte Antikorruptionsmaßnahmen und bringen Initiativen über ihre Fraktionen ein. Vorwürfe von Korruption (oder zumindest Klientelpolitik etc.) gegenüber dem politischen Gegner gehören zur politischen Tagesordnung.

---

33 Korruptionsfälle zeichnen sich üblicherweise durch ein „Schweigekartell" aus, weil keiner der direkt Beteiligten ein Interesse an der Aufklärung hat (zur Problematik des „opferlosen Delikts" vgl. 2.5.1). Ausführlicher zu diesem Phänomen und innovativen Lösungsvorschlägen Nell (2009). Grenzüberschreitende Korruptionsfälle sind in der Regel nur sehr schwer aufzuklären, weil sie die tatkräftige Mithilfe ausländischer Behörden erfordern, die internationale Rechtshilfe in Strafsachen aber häufig kaum funktioniert. In Fällen, in denen die konkreten kriminellen Vorgänge (insbesondere Unrechtsvereinbarungen) kaum nachweisbar sind, kommen Beschuldigte häufig mit Geldauflagen davon oder werden beispielsweise wegen Untreue (aufgrund des Führens schwarzer Kassen) und/oder Steuerhinterziehung, aber nicht wegen Bestechung verurteilt.

Interessenverbände

- Was die organisierte Interessenvermittlung in Deutschland anbelangt, so spielen die üblichen größeren und kleineren Vereinigungen (vor allem Arbeitgeber-, Arbeitnehmer-, Sozial-, Freizeitverbände) bei Korruptionsfragen in der Regel nur eine untergeordnete Rolle. Einzelne Wirtschaftsverbände oder Verbände öffentlicher Gebietskörperschaften greifen das Thema noch am ehesten auf. Es existieren verschiedene spezialisierte Nichtregierungsorganisationen, die sich der Eindämmung von Korruption und benachbarten Themen verschrieben haben (insbesondere Transparency International Deutschland, LobbyControl, Abgeordnetenwatch, Business Crime Control, Pro Honore, Sport Transparency, MEZIS und das Whistleblower-Netzwerk).

Medien

- Die Medien spielen eine wichtige Rolle in der Antikorruptionspolitik. Sie berichten in der Regel fallbezogen über einzelne von ihnen als solche identifizierte Missstände und deren (Nicht-) Behandlung durch die betreffenden politischen und privaten Akteure. Bei der Aufdeckung und künftigen Vermeidung von Korruptionsfällen kommt ihnen eine nicht zu unterschätzende Bedeutung zu, die durch die wachsende Medienkonzentration und einen möglichen Rückgang des investigativen Journalismus – gerade auch auf lokaler und regionaler Ebene – zunehmend gefährdet sein könnte. Grundsätzlich greifen die Medien Korruptionsfälle nur selektiv auf, vor allem bei Beteiligung prominenter Personen. Die häufig gewählte Form der medialen Skandalisierung hat möglicherweise nicht nur positive Effekte bei der Korruptionsbekämpfung, sondern kann auch zur Politikverdrossenheit beitragen mit etwaigen nachteiligen Folgen für die Integrität der Gesellschaft und die diffuse Unterstützung des Regierungssystems bzw. generell der Demokratie.

Wirtschaftsprüfungs-
gesellschaften und
Unternehmens-
beratungen

- Wirtschaftsprüfungsgesellschaften sind gesetzlich verpflichtet, bei Unternehmensprüfungen auftauchende Korruptionsverdachtsfälle den zuständigen Behörden zu melden. Allerdings haben sie ein Eigeninteresse daran, insbesondere die lukrativen Prüfaufträge in und von größeren Betrieben nicht zu verlieren. Vergleichbare Eigeninteressen verfolgen auch die großen Unternehmensberatungen, die zunehmend als wichtige Akteure im Antikorruptionssektor agieren. Sie erstellen regelmäßig diverse Studien, die meist massive Korruptionsgefahren beschreiben[34], und bieten gleichzeitig Lösungskonzepte und Beratungsdienstleistungen an.

Einzelne
Unternehmen

- Zunehmend sind auch Wirtschaftsakteure außer Unternehmensberatungen und Wirtschaftsprüfungsgesellschaften bei der Korruptionsbekämpfung von Bedeutung. Grundsätzlich ist jede Firma (bzw. ihre Führungsgremien) für die Einhaltung der Gesetze durch die einzelnen Mitarbeiter mitverantwortlich. Nach verschiedenen Korruptionsskandalen haben insbesondere große und international agierende Unternehmen ihre Korruptionsbekämpfungsmaßnahmen deutlich verstärkt (z. B. strengere und detailliertere Antikorruptionsrichtlinien, besser ausgestattete Innenrevisions- bzw. Complianceabteilungen, Ansprechpartner für Korruptionsverdachtsfälle, unternehmensinterne

---

34 Siehe beispielsweise Ernst & Young (2008); KPMG (2010); PWC/Universität Halle-Wittenberg (2009).

Anreize für regelkonformes Handeln und das Aufdecken von korruptiven Handlungen). So hat sich etwa der Siemens-Konzern nach einer in der deutschen Wirtschaftsgeschichte einzigartigen Korruptionsaffäre (Fallbeispiel II, siehe 2.7.5) zu einem Vorreiter in Sachen Korruptionsprävention gemausert (hierzu kritisch abwägend Graeff/Wolf 2011). In einzelnen Fällen ist es auch schon vorgekommen, dass Wirtschaftsvertreter Lobbying für stärkere Antikorruptionsgesetze betreiben (vgl. 2.7.4).

- Die Wissenschaft spielt bislang bei der Korruptionsbekämpfung eine eher   *Wissenschaft*
bescheidene Rolle. Während die Strafrechtswissenschaft noch am ehesten beispielsweise das Für und Wider bestimmter korruptionsrelevanter Strafrechtsvorschriften diskutiert, sind Vertreter anderer Wissenschaftsdisziplinen zumindest im universitären Kontext recht zurückhaltend, was das Propagieren konkreter Antikorruptionsmaßnahmen betrifft (zur geringen Praxisorientierung der politikwissenschaftlichen Korruptionsforschung siehe 3.5.1).

2.7.2 Steuerungsinstrumente

In diesem Abschnitt sollen nicht jene Faktoren diskutiert werden, die sich mehr   *Primär korruptions-*
oder weniger indirekt auf das Korruptionsniveau in einem Land auswirken können,   *bezogene Instrumente*
wie beispielsweise Demokratisierungsgrad, Staatstätigkeit, Steuersystem oder Regelungsdichte (vgl. 2.6.2.2). Stattdessen stehen politische Steuerungsinstrumente im Fokus, die vorrangig der Korruptionsbekämpfung dienen.[35] Um andere Gesellschaftssysteme zu beeinflussen, hat das politische System primär die Mittel Recht und Geld zur Verfügung. Dies gilt auch für die Antikorruptionspolitik:

Die rechtlichen Möglichkeiten zur Korruptionsbekämpfung beschrän-   *Recht*
ken sich bei weitem nicht auf das Strafrecht und Strafprozessrecht (vgl. 3.4.1). Wichtige andere Rechtsbereiche sind das Zivilrecht (z. B. Wirksamkeit von durch Korruption zustande gekommenen Verträgen, Schadensersatzregelungen), das Dienst- und Arbeitsrecht (Sanktionen bei korruptem Verhalten am Arbeitsplatz, Schutzregelungen für Hinweisgeber), das Wettbewerbsrecht (Ausschluss unlauterer Maßnahmen wie Korruption) und das Verwaltungsrecht (etwa Informationsfreiheitsregelungen) sowie verwaltungsinterne Vorschriften (etwa organisatorische und prozessuale Vorgaben zur Korruptionsprävention). Unterhalb der Schwelle des verbindlichen Rechts sind beispielsweise auch Richtlinien oder Empfehlungen möglich.

Mit finanziellen Mitteln kann die Politik etwa die Strafverfolgungsbehörden   *Finanzielle Mittel*
besser ausstatten (um z. B. mehr Schwerpunktstaatsanwaltschaften zu ermöglichen), Informationskampagnen und Schulungsveranstaltungen über Korruption und Korruptionsbekämpfung finanzieren, die Korruptionsforschung fördern oder zivilgesellschaftliche und internationale Antikorruptionsinitiativen unterstützen.

---

35 Für spezifische Maßnahmen zur Korruptionsbekämpfung in der öffentlichen Verwaltung siehe 3.4.1.

Diskurs über
Korruption

Jenseits dieser Instrumente ist auch der öffentliche Diskurs über Korruption und Korruptionsbekämpfung von Bedeutung. Es geht nicht nur um die Frage, ob und wie viel überhaupt über Korruption gesprochen wird, sondern in welcher Form Korruption von wem, wann und warum thematisiert oder „geframt" wird (z. B. fall- oder strukturbezogen; Verurteilung oder Legitimierung bestimmter korrupter Praktiken; Nutzen oder Schädlichkeit spezifischer Antikorruptionsmaßnahmen; vorbildliches oder negatives Verhalten bestimmter Akteure; moralische oder sachlich-funktionale Argumente).[36] Die oben (2.7.1) benannten öffentlichen und privaten Akteure versuchen in der Regel nicht nur im Bereich der Antikorruptionspolitik bestimmte rechtliche oder finanzielle Maßnahmen zu erreichen, zu verändern oder zu verhindern. Häufig streben sie auch danach, öffentliche Diskurse oder sektorspezifische Debatten über Korruption und Korruptionsbekämpfung in ihrem Sinne zu beeinflussen.

2.7.3 Akteurskonstellationen und Netzwerke

Grundkonsens und
Interessenkonflikte

Wie in jedem anderen Politikfeld gibt es auch in der Antikorruptionspolitik Interessenkonflikte und entsprechende Akteurskonstellationen. Ein Unterschied zu manchen Themen ist freilich, dass sich in Politik, Wirtschaft und Zivilgesellschaft grundsätzlich eigentlich niemand offen für Korruption ausspricht.[37] Die Meinungsunterschiede beginnen meist bei der Einschätzung, wie schwerwiegend die Korruptionsproblematik in einem bestimmten Sektor ist (oder ob überhaupt von einem Korruptionsproblem gesprochen werden kann). Am heftigsten umstritten ist schließlich die Frage, ob und welche spezifischen Antikorruptionsmaßnahmen (vgl. 2.7.2) ergriffen werden sollten.

Koalitionen

Die unterschiedlichen Akteure im Antikorruptionsbereich (siehe 2.7.1) bilden untereinander oder mit Akteuren aus benachbarten Sektoren des Öfteren kurzfristige oder längerfristige Allianzen, um ihre Interessen wirksamer zu artikulieren. So versucht Transparency International Deutschland beispielsweise fast ständig die Aufmerksamkeit der Medien zu gewinnen und etwa unterstützende Zeitungs- und Zeitschriftartikel zu generieren. Gelegentlich lanciert man gemeinsam mit anderen NGOs eine Kampagne oder spricht sich öffentlich für eine einschlägige Initiative einer (in der Regel oppositionellen) Bundestagsfraktion aus. Umgekehrt berufen sich Politiker, Medien, NGOs oder Wirtschaftsvertreter gern dann auf die Forderungen von Transparency International, wenn sie die eigene Position unterstützen. Die Akteure sind aber in diesem Politikfeld nicht so ab-

---

36 Zur Bedeutung von „policy frames" siehe Schneider/Janning (2006: 176-180).

37 Wer sich dennoch öffentlich zur Korruption bekennt wie etwa der Mittelständler Eginhard Vietz im Jahr 2010, der freimütig zugab, schon öfters ausländische Beamte bestochen zu haben, um Aufträge zu erlangen, erhält in der Regel in der Öffentlichkeit keinen Zuspruch, auch wenn er die wohl gängigste Legitimationsfigur benutzt. („In manchen Ländern geht es gar nicht anders; andere machen es doch auch; ich will die Arbeitsplätze in Deutschland erhalten.") Vgl. Abschnitt 2.3.2 zu dieser konservativen Rechtfertigungshaltung. Das „Handelsblatt"-Interview mit Vietz ist abrufbar unter: http://www.handelsblatt.com/unternehmen/mittelstand/der-kampf-gegen-schmiergeld-ist-reine-heuchelei/3512132.html (letzter Zugriff: 22.05.2013).

hängig voneinander, dass sie notwendigerweise auf Koalitionen angewiesen sind. Auch autonome politische Antikorruptionsaktivitäten sind häufig zu beobachten.

Akteure im Bereich der Antikorruptionspolitik beziehen sich nicht nur dann aufeinander oder arbeiten zusammen, wenn sie exakt die gleichen Einschätzungen vertreten. Der grundsätzliche Antikorruptionskonsens hilft, über Meinungsunterschiede im Detail hinweg Netzwerke zu pflegen. So unterhält Transparency International Deutschland beispielsweise gute Kontakte zum Bundesjustizministerium, obwohl die Bundesregierung (nahezu unabhängig von ihrer parteilichen Zusammensetzung) viele Forderungen der NGO nicht teilt. Von einem wechselseitigen Informations- und Meinungsaustausch in begrenztem Umfang profitieren aber offenbar beide Seiten. Generell werden – wie in anderen Politikfeldern wohl auch – Netzwerke nur dann aktiv betrieben, wenn sie Vorteile für die Beteiligten mit sich bringen. Transparency International Deutschland kooperiert zum Beispiel trotz seiner offiziellen Koalitionsphilosophie nicht oder nur selten mit einigen kleineren NGOs im Antikorruptionssektor, weil man diese Vereinigungen vermutlich eher als Konkurrenz betrachtet oder sich von einer Zusammenarbeit jedenfalls keine nennenswerten Vorteile verspricht.

Netzwerke

2.7.4 Fallbeispiel I: Kriminalisierung der Abgeordnetenbestechung[38]

Die folgenden Fallbeispiele sollen anhand zweier langjähriger und in den Medien präsenter Akteurs- und Problemkonstellationen die vorigen überblicksartigen Ausführungen zum Politikfeld Korruptionsbekämpfung exemplarisch und anschaulich vertiefen. Es werden unter anderem wichtige rechtspolitische Themen und Spannungslinien des Politikfelds beleuchtet.

Seit Jahren andauernder rechtspolitischer Konflikt

Die Geschichte der Kriminalisierung oder Pönalisierung (das heißt des Unter-Strafe-Stellens) der Abgeordnetenbestechung ist lang und kurvenreich. Über 40 Jahre lang war Abgeordnetenbestechung in der Bundesrepublik Deutschland trotz verschiedener Gesetzesinitiativen überhaupt nicht unter Strafe gestellt (Epp 1997; Möhrenschlager 2004). Eine Hauptursache hierfür waren die „Schwierigkeiten, durch deskriptive Merkmale zu einer genauen Abgrenzung zwischen straflosem und strafbarem Verhalten zu gelangen" (Möhrenschlager 2004: 222).

Erst Ende 1993 beschloss der Bundestag die Einführung eines neuen § 108e in das Strafgesetzbuch (Text siehe 6.5). Diese Vorschrift stellt lediglich den zukunftsgerichteten Kauf und Verkauf von Stimmen bei Wahlen und Abstimmungen in Volksvertretungen und Ausschüssen unter Strafe. Die wesentlich schärferen Bestimmungen über Amtsträger (§§ 331 ff. StGB) (siehe 6.5), die unter anderem bereits Gewährung und Annahme von Vorteilen für eine pflichtgemäße Dienstausübung verbieten, finden auf Abgeordnete keine Anwendung. Stimmenkauf und Stimmenverkauf stellen jedoch nur einen kleinen Ausschnitt aus der möglichen Palette abgeordnetenspezifischer Korruptionsdelikte dar. Parlamentarier haben jenseits des konkreten Abstimmungsverhaltens im Plenum und in den Ausschüs-

Schwächen des geltenden Straftatbestands der Abgeordnetenbestechung

---

38 Dieser Abschnitt wurde überwiegend Wolf (2008) entnommen und für die vorliegende Publikation aktualisiert.

sen zahlreiche Möglichkeiten, im Vorfeld auf einen Gesetzentwurf Einfluss zu nehmen, beispielsweise in den Fraktionen (van Aaken 2005: 425). Der geltende Straftatbestand der Abgeordnetenbestechung erfasst weder nachträgliche Zuwendungen für in der Vergangenheit liegendes Stimmverhalten (sogenannte „Dankeschön-Spenden") noch die „politische Landschaftspflege", also die Gewährung von Vorteilen dafür, dass der Abgeordnete allgemein bei Ausübung seines Mandats die Interessen des Zuwenders berücksichtigt (Dzikowski 2006: 46). Die geltende Regelung ist daher als „symbolische Gesetzgebung" kritisiert worden (Barton 1994: 1100; von Arnim 2006a: 252). In der Tat ist bisher kaum eine rechtskräftige Verurteilung nach § 108e StGB bekannt geworden.[39]

Ungleichbehandlung von ausländischen und inländischen Abgeordneten bei der Korruptionsbekämpfung

Demgegenüber stellt Art. 2 § 2 des Internationalen Bestechungsgesetzes deutlich umfassender die Bestechung eines ausländischen Abgeordneten oder eines Mitglieds einer parlamentarischen Versammlung einer internationalen Organisation unter Strafe (Text siehe 6.5). Die autonome, auch Abgeordnete umfassende Amtsträgerdefinition des von Deutschland ratifizierten OECD-Übereinkommens zur Bestechung ausländischer Amtsträger im internationalen Geschäftsverkehr (hierzu Pieth 2007) machte diesen schärferen Straftatbestand erforderlich. § 108e StGB blieb in der Folge aber unverändert. Während das Kriminalisierungsniveau des deutschen Strafrechts bei korruptiven Handlungen inländischer Beamter höher ist als bei ausländischen Amtsträgern, verhält sich dies bei Abgeordneten genau umgekehrt: Die Strafbarkeit der Bestechung ausländischer Abgeordneter oder Mitglieder internationaler parlamentarischer Organe ist im Gegensatz zum inländischen Kontext nicht auf den Stimmenkauf beschränkt (Dzikowski 2006: 47). Für diesen Regulierungsunterschied zwischen inländischen und ausländischen bzw. internationalen Parlamentariern liegen keine sachlichen Gründe vor (Dölling 2000: 354). Es erscheint überdies grotesk, dass in Bezug auf die Bestechung ein und desselben Bundestagsabgeordneten unter Umständen Straftatbestände mit unterschiedlicher Reichweite Anwendung finden, je nachdem, ob der Parlamentarier gerade im Bundestag oder als Delegierter etwa in der parlamentarischen Versammlung des Europarats tätig ist (Schubert 2004: 719).

Handlungsbedarf durch die UN-Konvention gegen Korruption

Unter den mittlerweile zahlreichen Antikorruptionsübereinkommen (vgl. 6.7) schafft erst die UN-Konvention gegen Korruption für Deutschland eine zwingende internationale Vorgabe zur schärferen Kriminalisierung der inländischen Abgeordnetenkorruption. Die EU-Bestechungsübereinkommen und die UN-Konvention gegen grenzüberschreitende organisierte Kriminalität verweisen in ihren einschlägigen Bestimmungen lediglich auf die jeweilige nationale Amtsträgerdefinition, und gegen die betreffende Vorschrift des Strafrechtsübereinkommens

---

39 Ein Beispiel und die wohl erste rechtskräftige Verurteilung nach § 108e StGB ist das Urteil des Landgerichts Neuruppin vom 2.4.2007 (Verurteilung eines Stadtverordneten wegen Abgeordnetenbestechung im Zusammenhang mit der Entscheidung über eine Ausfallbürgschaft der Stadt Neuruppin für ein Unternehmen). Barton (1994: 1098) hat mit seiner Vermutung, dass „wohl niemals ein Abgeordneter oder Lobbyist nach dieser Vorschrift bestraft werden wird", immerhin 13 Jahre lang recht behalten. Als zutreffend hat sich seine Prognose erwiesen, dass § 108e StGB noch am ehesten bei Mitgliedern kommunaler Vertretungsorgane zur Anwendung kommen könnte (Barton 1994: 1100). Die Verurteilung eines Landtags- oder Bundestagsabgeordneten nach § 108e StGB ist bisher nicht bekannt geworden.

über Korruption des Europarats kann ein Vorbehalt eingelegt werden (Wolf 2007: 52-53). Der derzeitige Straftatbestand der Abgeordnetenbestechung mit seiner Beschränkung auf den Kauf und Verkauf von Stimmen bei Wahlen und Abstimmungen entspricht nicht den Anforderungen des Art. 15 der UN-Konvention gegen Korruption.[40] Die autonome Konventionsdefinition des inländischen Amtsträgers schließt explizit auch Abgeordnete mit ein. Anne van Aaken (2005: 430) konstatiert folgenden Änderungsbedarf: „Die Tathandlung muss ausgedehnt werden auf alle Handlungen und Unterlassungen, die bei Wahrnehmung des Mandats erfolgen." Eine deutliche Verschärfung des Straftatbestands der Abgeordnetenbestechung als Konsequenz aus den Vorgaben der UN-Konvention wäre – nach vielen Jahren der Straflosigkeit und symbolischen Gesetzgebung – ein Paradigmenwechsel im deutschen Antikorruptionsstrafrecht. Ein solcher Politikwechsel ist aber noch nicht in Sicht.

Bei den Verhandlungen zu den internationalen Antikorruptionsübereinkommen auf EU-, OECD-, Europarats- und UN-Ebene versuchte die Bundesregierung stets Ergebnisse zu erreichen, die möglichst wenige Änderungen des deutschen Rechts erforderten (Wolf 2007: 65-66). Im Vorfeld der Verhandlungen zur UN-Konvention gegen Korruption wirkten mehrere Bundestagsabgeordnete massiv auf die Regierung ein, um eine Einbeziehung von Parlamentariern in die autonome Amtsträgerdefinition des Übereinkommens zu verhindern. Die Verhandlungsdelegation der rot-grünen Bundesregierung sah sich in einer Minderheiten- und Außenseiterposition und wurde auch von Vertretern anderer Staaten bedrängt, ihre restriktive Haltung aufzugeben.

Die Entscheidung der damaligen Bundesregierung auf der Regierungskonferenz

> *„Trotz erheblicher Einwände verschiedener Bundestagsabgeordneter (insbesondere seitens der Opposition) in Deutschland nahm [.] – auch unter dem Druck kritischer Äußerungen in den Medien – die Bundesrepublik Deutschland ihren Vorbehalt in der vorletzten Sitzung im Sommer 2003 zurück, wie dies das Bundesministerium der Justiz bereits im Frühjahr vorgeschlagen hatte." (Möhrenschlager 2004: 230)*

Die Regierung hoffte in der Folge, die über die internationale Ebene getroffene Entscheidung für eine Verschärfung des Straftatbestands der Abgeordnetenbestechung – die auch in den Regierungsfraktionen nicht unumstritten war – mithilfe ihrer parlamentarischen Mehrheit durchsetzen zu können. So erarbeitete die SPD-Bundestagsfraktion im Frühjahr 2005 einen Entwurf zur Einfügung eines neuen § 108f StGB, der jedoch aufgrund der vorzeitigen Auflösung des Bundestags nicht mehr in das Gesetzgebungsverfahren eingebracht wurde.[41] Nachdem SPD und Bündnis 90/Die Grünen durch die Neuwahl ihre Mehrheit im Bundestag verloren hatten, wurde das Projekt zunächst nicht mehr aufgegriffen. Schließlich kündigte der rechtspolitische Sprecher der SPD-Bundestagsfraktion Joachim Stünker am

Keine Reform unter den rot-grünen und schwarz-roten Regierungen

---

40 Der Text der Konvention und zahlreiche weitere Informationen (etwa zu den Vertragsstaaten und dem Monitoringmechanismus) sind abrufbar unter: http://www.unodc.org/unodc/en/treaties/CAC/index.html.

41 So Stünker (2006: 597). Nach seiner Auffassung erfasste der vorgeschlagene Straftatbestand auch die Stimmabgabe in Fraktionen und Arbeitskreisen, ebenso unter anderem die korruptive Weitergabe von Insiderinformationen sowie „unzulässige Beeinflussungen des Rederechts, des Rechts auf Antragstellung oder des Rechts, Anfragen zu stellen […] Nicht erfasst wird die politische Einflussnahme außerhalb des parlamentarischen Bereichs." (Stünker 2006: 602)

5. September 2006 in einer Rede vor dem Parlament an, dass sich der Rechtsausschuss des Bundestags noch im Herbst 2006 mit der Frage der Neuregelung
des Straftatbestands der Abgeordnetenbestechung befassen werde. Bis zum Ende
der großen Koalition im Jahr 2009 wurden die Mehrheitsfraktionen in dieser Sache aber nicht spürbar aktiv. Auch kritische Fernsehberichte und kontinuierliches
Drängen der Zivilgesellschaft[42] brachten keine greifbaren Fortschritte. In der
schwarz-roten Koalition konnte sich die SPD mit ihrer Haltung nicht durchsetzen.

Das Scheitern verschiedener Gesetzentwürfe

Die Bundesregierung verabschiedete Ende Mai 2007 einen Entwurf für ein
Strafrechtsänderungsgesetz, der verschiedene Vorgaben des Strafrechtsübereinkommens über Korruption des Europarats, der UN-Konvention gegen Korruption und des EU-Rahmenbeschlusses zur Bekämpfung der Bestechung im privaten
Sektor aufgriff.[43] Da es der Bundestag als wichtiges Parlamentsrecht ansieht, die
Strafbarkeit der Abgeordnetenbestechung selbst zu regeln, verzichtete der Gesetzentwurf der Regierung auf einen Vorschlag zur Umsetzung der internationalen
Vorgaben betreffend die Kriminalisierung der Abgeordnetenkorruption auf allen
parlamentarischen Ebenen. Die oppositionellen Fraktionen Bündnis 90/Die Grünen und Die LINKE brachten jeweils eigene Gesetzentwürfe zur Verschärfung von
§ 108e StGB ein, die – wenig überraschend – keine Mehrheiten im Bundestag
fanden. Der Gesetzentwurf der Bundesregierung wurde vom Bundestag nicht
abschließend behandelt, weil er (was weder rechtlich noch funktional zwingend
notwendig war) nicht ohne ein paralleles Gesetz zur Abgeordnetenbestechung
verabschiedet werden sollte. So verfiel der Gesetzentwurf am Ende der Legislaturperiode.

Gefahr der Kriminalisierung sozialadäquaten Verhaltens?

Zahlreiche Parlamentarier befürchten offenbar, eine zu weite Fassung des
Straftatbestands der Abgeordnetenbestechung könne die Freiheit eines Mandats-
trägers unverhältnismäßig einschränken. Beispielhaft sei die Argumentation des
FDP-Politikers Max Stadler angeführt:

> *„Der enge Tatbestand der Abgeordnetenbestechung, der nur die Abstimmung im Parlament*
> *unter Strafe stellt, nicht aber die vorgeschaltete Willensbildung, schützt den Abgeordneten vor*
> *unlauteren Einflussnahmen und stützt gleichzeitig seine Unabhängigkeit als frei gewählter Ab-*
> *geordneter. Eine zu weite Fassung des Tatbestands bringt die Gefahr mit sich, dass auch po-*
> *litisch übliches und sozialadäquates Verhalten kriminalisiert wird [...] In Deutschland ist [...]*
> *der Amtsträger oder der Beamte im öffentlichen Dienst mit dem Abgeordneten in keiner Weise*
> *gleichzusetzen. Amtsträger im engeren Sinne haben dem Gemeinwohl zu dienen. Abgeordnete*
> *können aber auch Partikularinteressen vertreten. Man kann von Abgeordneten nicht verlangen,*
> *dass sie – wie Beamte – stets unparteiisch und frei von unsachlichen Einflüssen ihr Mandat*
> *ausüben. Dies wäre mit dem Verfassungsgrundsatz des freien Mandats nicht vereinbar." (Stad-*
> *ler 2004)*

---

42 Vgl. beispielhaft die Pressemitteilung von Transparency International Deutschland vom 6.2.2008
(abrufbar unter: http://www.transparency.de/2008-02-06-UNCAC.1127.0.html). Transparency International Deutschland fordert seit einigen Jahren unablässig die Ratifikation der UN-Konvention und die
Verschärfung des Straftatbestands der Abgeordnetenbestechung.
43 Der Gesetzentwurf schlug im Wesentlichen folgende Neuerungen vor: (a) eine Überführung des mit
dem Internationalen Bestechungsgesetz und dem EU-Bestechungsgesetz geschaffenen Nebenstrafrechts
in das Strafgesetzbuch; (b) eine Ausweitung bestimmter Straftatbestände für Bestechung und
Bestechlichkeit ausländischer und internationaler Amtsträger; (c) eine Verschärfung des Straftatbestands
der Bestechung im privaten Sektor (eindeutige Einführung des „Geschäftsherrenmodells", hierzu kritisch Rönnau/Golombek 2007).

Das noch immer nicht befriedigend gelöste Problem einer einigermaßen eindeutigen Abgrenzung von sozialadäquatem und strafwürdigem Verhalten von Parlamentariern ist der maßgebliche Grund dafür, dass Abgeordnetenbestechung in Deutschland jahrzehntelang nicht unter Strafe stand. Auch im Rahmen des Gesetzgebungsprozesses, der 1993/94 zu der heute gültigen Regelung führte, wurde diese Frage ausführlich erörtert:

> *„So gehören Versuche, Einfluss auf Entscheidungen von Abgeordneten zu nehmen, auch im Zusammenhang mit Abstimmungen in den Parlamenten zum alltäglichen politischen Geschäft und sind von sich aus nicht verwerflich. Die üblichen parlamentarischen und außerparlamentarischen Kontakte des Abgeordneten dürfen aber nicht in die Nähe einer Strafbarkeit gerückt werden. Dies könnte nämlich auch dazu führen, dass gezielte Verdächtigungen und Anzeigen insbesondere in Wahlkampfzeiten zu einem Mittel der politischen Auseinandersetzung werden."*[44]

Abgeordnete haben im Unterschied zu Amtsträgern zwar keine mehr oder weniger genau umschriebenen Dienstpflichten, doch die freie Willensbildung des Parlaments ist im Hinblick auf das Gemeinwohl zweifellos ein schützenswertes Gut, das zumindest in gewissem Maß mit dem Grundsatz des freien Abgeordnetenmandats rechtspolitisch abzuwägen ist. Daran bestand bereits in den 1990er Jahren im Bundestag kein Zweifel. In vielen anderen Rechtsordnungen gelten für die Strafbarkeit der Abgeordnetenbestechung dieselben oder ähnliche Regelungen wie für Beamte und andere Amtsträger (Stünker 2006: 595). Gelegentlich werden diese Vorschriften durch gewisse Einschränkungen (z. B. Immunitätsregelungen) relativiert. Trotzdem zeigt nicht zuletzt der Rechtsvergleich, dass es juristische Wege gibt, mittels normativer Begriffe die „Tatbestände auf wirklich strafwürdige Verhaltensweisen zu beschränken" (Möhrenschlager 2004: 232). So kann sozialadäquates Verhalten wie etwa die Annahme von Parteispenden ohne Unrechtsvereinbarung transparent geregelt und trotzdem der mit der UN-Konvention gegen Korruption geschaffene globale Mindeststandard bei der Kriminalisierung der Abgeordnetenbestechung erreicht werden. Je länger der Bundestag die völkerrechtlich gebotene Neuregelung des § 108e StGB jedoch herauszögert, desto mehr entsteht der Eindruck, dass hier Abgeordnete absichtlich untätig bleiben, weil sie in eigener Sache entscheiden dürfen (von Arnim/Heiny/Ittner 2006: 34). Freilich kann die Kompetenz, in eigener Sache zu entscheiden, auch eine nicht zu unterschätzende Bürde sein – gerade im Bereich der Korruptionsbekämpfung.

Rechtsvergleich zeigt mögliche Lösungen auf

Der Umstand, dass die Bundesregierung zwar auf internationaler Ebene die Wichtigkeit der UN-Konvention gegen Korruption stets beteuert, Deutschland das Übereinkommen aber trotzdem seit Jahren nicht vollständig umsetzt und anschließend ratifiziert, kann von korruptionsbelasteten Entwicklungsländern zunehmend als Vorwand verwendet werden, um die Umsetzung des Abkommens im eigenen Land immer weiter hinauszuzögern (Richter 2008). Die Untätigkeit des deutschen Gesetzgebers im Hinblick auf die nötige Neuregelung des Straftatbestands der Abgeordnetenbestechung ist sicherlich nicht darauf zurückzuführen, dass die Parlamentarier hierfür „aufgrund so vieler anderer wichtiger Gesetzesvorhaben bisher

Weiterhin keine politische Mehrheit für eine Reform

---

44 Wortgleich Bundestags-Drucksache 12/1630, S. 5 (Gesetzentwurf der SPD), und Bundestags-Drucksache 12/5927, S. 4 f. (Gesetzentwurf von CDU/CSU und FDP). Die beiden Entwürfe wurden später zusammengeführt.

nicht die Zeit gefunden haben" (so aber Weigend 2007: 753). Für eine Reform gibt
es auch und erst recht nach der Bundestagswahl 2009 keine politische Mehrheit
im Bundestag. CDU/CSU und FDP haben sich in der Vergangenheit wiederholt
gegen eine Ausweitung des Straftatbestands ausgesprochen (Wolf 2007: 68-69).
Die fortwährenden Forderungen von Transparency International Deutschland und
anderen NGOs, ein mahnendes Urteil des Bundesgerichtshofs, Kritik aus der Wissenschaft, neue oppositionelle Gesetzentwürfe und gelegentliche kritische Medi-
enberichte scheinen die Abgeordneten der schwarz-gelben Mehrheitsfraktionen
bislang nicht nennenswert zu beeindrucken.

Machbare Lösungen
liegen vor

Der gesetzgeberische Spielraum hinsichtlich einer Regelung, welche die Anforderungen der UN-Konvention gegen Korruption erfüllt, ist begrenzt, wie nicht
zuletzt auch die inhaltlich in weiten Teilen überlappenden einschlägigen Gesetzentwürfe von SPD, Bündnis 90/Die Grünen und Die LINKE in der 17. Legislaturperiode zeigen (zu den einzelnen Entwürfen siehe Hoven 2013). Eine Neuregelung wäre auch ausgehend von den bestehenden Vorschriften für ausländische
Abgeordnete und Parlamentarier internationaler Versammlungen (siehe oben) relativ leicht möglich (Möhrenschlager 2004: 232). Nach einigen Jahren könnte man
dann evaluieren, ob der verschärfte Straftatbestand tatsächlich zu einer unverhältnismäßigen Einschränkung der Handlungsfreiheit von Mandatsträgern geführt hat
oder gar als politisches Kampfmittel missbraucht wurde. Bisher haben aber weder
die Befürworter noch die Kritiker einer Ausweitung des § 108e StGB eine systematische prospektive oder retrospektive Gesetzesfolgenabschätzung (vgl. Böhret/
Konzendorf 2004) ins Spiel gebracht.

Neuere
Entwicklungen

Gegen Ende der 17. Legislaturperiode spitzte sich der Streit um die Kriminalisierung der Abgeordnetenbestechung nochmals zu. Selbst zahlreiche Spitzen-
manager von DAX-Unternehmen forderten die Bundestagsabgeordneten nun auf,
endlich die UN-Konvention gegen Korruption zu ratifizieren und die dafür nötigen
Gesetzesänderungen vorzunehmen. Die Staatengruppe des Europarats gegen Korruption (GRECO) kritisierte die Bundesrepublik wiederholt scharf wegen des sehr
begrenzten deutschen Straftatbestands der Abgeordnetenbestechung (siehe 4.2.1).
In einer Sachverständigenanhörung vor dem Rechtsausschuss des Bundestags
lieferten die von CDU/CSU und FDP einerseits und den Oppositionsfraktionen
andererseits eingeladenen Experten jeweils Argumente für die ihnen nahestehen-
de Seite. Gegner der Gesetzentwürfe monierten u. a. eine unzulässige Einschränkung des freien Abgeordnetenmandats, eine grundgesetzwidrige Rechtsunsicher-
heit und die Möglichkeit zum (partei-) politischen Missbrauch eines verschärften
Straftatbestands. Befürworter wiesen die Einwände als unbegründet zurück und
bewerteten die Vorlagen – bei einzelnen Kritikpunkten – als notwendig, verhältnismäßig und zulässig. Überraschenderweise präsentierte der CDU-Rechtspoli-
tiker Siegfried Kauder im März 2013 einen gemeinsamen Reformvorschlag mit
Abgeordneten von SPD, Bündnis 90/Die Grünen und Die LINKE (SZ 27./28.4.13:
6). Aufgrund von Bedenken in den FDP- und Unionsfraktionen ist dieser Vorstoß
aber vermutlich ebenso chancenlos wie ein von der nordrhein-westfälischen Lan-
desregierung ausgearbeiteter und vom Bundesrat beschlossener Gesetzentwurf
(vgl. Das Parlament vom 29.4.13: 4). Erst veränderte Mehrheitsverhältnisse im

Bundestag werden voraussichtlich zu einem Politikwechsel in der Frage der Kriminialisierung der Abgeordnetenbestechung führen.

Wenn allgemein bekannt wäre, dass der Bundestag im Jahr 1999 die Bestechung ausländischer Abgeordneter in wesentlich größerem Umfang untersagte als die Korruption bei deutschen Parlamentariern und sich seitdem gegen eine Rechtsangleichung sträubt, dürfte dies nicht gerade zur Verbesserung des Ansehens des Parlaments und der Parteien in der Bevölkerung in Sachen Korruption (vgl. 2.5.2) beitragen. Um der Politikverdrossenheit nicht Vorschub zu leisten, sollten sich die Bundestagsabgeordneten in einer gründlichen Auseinandersetzung mit den internationalen Antikorruptionsnormen endlich der Grundsatzfrage stellen, was bei der Annahme von Vorteilen im Rahmen der Mandatstätigkeit nun „politisch adäquates Verhalten inhaltlich ausmacht" (Barton 1994: 1101). In diesem Zusammenhang könnte auch überlegt werden, ob die bestehenden Maßnahmen gegen korruptive Parteienfinanzierung – u. a. das Verbot von „Einflusspenden" (Gegenleistungen für konkrete Vorteile), die Publizitätsgrenze von 10.000 Euro pro Jahr (Veröffentlichung der Spendernamen) sowie die Kontrolle und Sanktionierung durch den Bundestagspräsidenten – ausreichend sind. Das ist jedoch ein anderes, nicht minder komplexes Thema (zur Kritik von GRECO an den deutschen Regelungen zur Transparenz der Parteienfinanzierung siehe 4.2.1).

Ohne eine Reform könnte das Ansehen des Parlaments Schaden nehmen

2.7.5 Fallbeispiel II: Der Korruptionsfall Siemens und die Politik[45]

Die facettenreichen und vielfältigen Straftaten innerhalb des noch immer nicht völlig aufgearbeiteten Siemens-Korruptionskomplexes umfassen unter anderem sowohl Bestechung im privaten Sektor als auch Amtsträgerkorruption, jeweils in ihrer transnationalen Form.[46] Mit der Bestechung ausländischer Regierungsmitglieder, hoher Beamter und politischer Parteien ist eindeutig auch der Bereich der politischen Korruption betroffen. Diese politische Korruption im engeren Sinn soll im Folgenden aber nur am Rand behandelt werden. Es wird auch nicht auf die gesonderte Siemens-AUB-Korruptionsaffäre eingegangen (siehe z. B. Leyendecker 2007: 86-89, 111-122). Im Mittelpunkt der folgenden Ausführungen steht vielmehr das politische Umfeld, das die exorbitante Auslandskorruption des Siemens-Konzerns ermöglichte bzw. tolerierte, wenn nicht gar förderte. Da es keine allgemein akzeptierte Korruptionsdefinition gibt, sondern diverse Korruptionsbegriffe (vgl. 2.1.2, 2.2), empfiehlt sich gleich zu Beginn eine Erläuterung des in diesem Abschnitt verwendeten Begriffsverständnisses. Unter „Korruption" wird im Folgenden vorrangig Bestechung im internationalen Geschäftsverkehr zur Erlangung von Aufträgen verstanden, mit Privatunternehmen auf der Geberseite und öffentlichen Institutionen oder auch Privatunternehmen auf der Nehmerseite.

Der Siemens-Korruptionsfall umfasst auch politische Korruption, vor allem Bestechung im internationalen Geschäftsverkehr

---

45 Dieser Abschnitt ist überwiegend Wolf (2009) entnommen und wurde für die vorliegende Publikation aktualisiert.
46 Für chronologische Überblicksdarstellungen zum Siemens-Korruptionsfall und zahlreiche Analysen aus Wissenschaft und Praxis siehe die verschiedenen Beiträge in Graeff/Schröder/Wolf (2009) und Weidenfeld (2011).

Korruption bei
Siemens als
abhängige Variable,
politisches Umfeld
als unabhängige
Variable

Ein wichtiger Beitrag der Politikwissenschaft zur Erklärung des Siemens-Korruptionsfalls dürfte in einer Beschreibung und Analyse der einschlägigen politischen Rahmenbedingungen liegen. Eine derartige Untersuchung der deutschen und punktuell auch der internationalen Politik wird hier zumindest kursorisch versucht, wenn auch nicht mit dem Anspruch einer systematischen Politikfeldanalyse (vgl. Schneider/Janning 2006). Aus einem solchen Blickwinkel erscheint das Korruptionsphänomen des Siemens-Konzerns tendenziell als abhängige Variable, während das politische Umfeld primär als (eine) unabhängige Variable (unter mehreren) betrachtet wird. Eine strikte Unterscheidung zwischen abhängigen und unabhängigen Variablen ist angesichts der zahlreichen Interdependenzen zwischen Politik und Wirtschaft in diesem Fall allerdings wenig zielführend. Es wird von der These ausgegangen, dass die deutsche Politik im Hinblick auf die Behandlung der Thematik Auslandskorruption trotz einiger Wandlungen eine hohe Kontinuität bzw. Pfadabhängigkeit (vgl. Pierson 2000) aufweist, nämlich eine interessengeleitete zurückhaltende Einstellung zur Bekämpfung von Auslandsbestechung. Diese These ist forschungsleitend für die folgenden, überwiegend chronologisch angeordneten Erörterungen.

Auslandsbestechung
war jahrzehntelang
legal

Im Zuge der Aufdeckung des Siemens-Korruptionsskandals wird immer mehr publik, dass die Bestechung ausländischer Amtsträger, Abgeordneter und Geschäftspartner im internationalen Geschäftsverkehr jahrzehntelang in Deutschland nicht verboten war. Deutschland stellt hier allerdings keinen Einzelfall dar: Die meisten westlichen Staaten pönalisierten zwar Korruption insbesondere im inländischen öffentlichen Sektor, Bestechung im Ausland war jedoch legal (Androulakis 2007: 65-116). Aufwendungen für Auslandskorruption konnten in der Regel von der Steuer als „nützliche Ausgaben" abgesetzt werden, transnationale Bestechung wurde also staatlich gefördert (Leyendecker 2007: 15; vgl. BT-Drs. 13/642: 5). Diese Praxis wurde laut Rügemer (2003) durch das NS-Regime im ersten Jahressteuergesetz 1934 eingeführt und nach dem Krieg von den wechselnden Regierungen der Bundesrepublik beibehalten. Auch die staatlichen Exportkreditgarantien („Hermes-Kredite") können als eine jahrzehntelange indirekte Förderung korrupter Auftragsakquisition durch deutsche Unternehmen im Ausland angesehen werden (Rügemer 2003), denn sie sahen sehr lange keine Antikorruptionsbestimmungen vor und erleichterten es so auch korrupten deutschen Exportfirmen, im Ausland wirtschaftlich tätig zu sein.

Kriminalisierung der
Auslandsbestechung
lange Zeit nicht
mehrheitsfähig im
Bundestag

Ob deutsche Spitzenpolitiker jener Tage Korruption in Entwicklungs- und Schwellenländern als mehr oder weniger notwendiges Nebenprodukt der Modernisierung ansahen (so etwa Huntington 2002 [1968]) oder schlicht zur Förderung des Exportstandorts Deutschland billigend in Kauf nahmen, dass deutsche Firmen zur Auftragsbeschaffung Schmiergelder im Ausland zahlten, kann und braucht hier nicht näher untersucht zu werden: Die diesbezügliche Untätigkeit der Bundespolitik spricht für sich. Auch als das deutsche Antikorruptionsstrafrecht 1997 mit dem Gesetz zur Bekämpfung der Korruption umfassend novelliert und verschärft wurde (Korte 1999), ließ man die Auslandsbestechung außen vor, obwohl bereits auf OECD-Ebene einschlägige Empfehlungen zur Bekämpfung der transnationalen Korruption verabschiedet worden waren. Mehrere Initiativen der

Bundestagsfraktionen von SPD und Bündnis 90/Die Grünen aus dem Jahr 1995 zur Abschaffung der steuerlichen Absetzbarkeit von Bestechungsgeldern, zur Kriminalisierung der Auslandsbestechung und zu anderen Korruptionsbekämpfungsmaßnahmen (BT-Drs. 13/617, 13/742, 13/1717) wurden von der damaligen CDU/FDP-Bundestagsmehrheit abgelehnt.

Auf eine Kleine Anfrage der Bundestagsfraktion Bündnis 90/Die Grünen antwortete die Bundesregierung 1995, man sehe Bestechung im internationalen Geschäftsverkehr durch deutsche Unternehmen nicht als „Förderung deutscher Wirtschaftsinteressen im Ausland" (BT-Drs. 13/642: 1). Eine Ausdehnung der Bestechungsstraftatbestände müsse aber „auf jeden Fall multilateral abgestimmt" werden (BT-Drs. 13/642: 5). Damit wurde deutlich, dass Deutschland im Gegensatz zu den USA, die bereits 1977 mit dem Foreign Corrupt Practices Act die Bestechung ausländischer Amtsträger im internationalen Geschäftsverkehr weltweit erstmalig unter Strafe stellten (Androulakis 2007: 118-178; Nagel 2007: 71-109), nicht von sich aus tätig werden wird. Diese Untätigkeit wurde offiziell damit begründet, Maßnahmen zur Bekämpfung der transnationalen Korruption könnten „nachhaltig und erfolgversprechend nur im multilateralen Rahmen ergriffen werden" (BT-Drs. 13/642: 6). So sehr dieser Argumentation grundsätzlich zuzustimmen ist, spricht doch einiges dafür, die wahren Beweggründe für die politische Zurückhaltung in befürchteten Wettbewerbsnachteilen für die deutsche Wirtschaft zu sehen (Windsor/Getz 2000: 767).

> Kein deutsches Handeln ohne multilaterale Antikorruptionsaktivitäten?

Die seinerzeitige politische Mehrheitsmeinung in Deutschland kam nicht von ungefähr: In den USA wurde jahrelang heftig diskutiert, ob der FCPA für die US-amerikanische Wirtschaft signifikante Wettbewerbsnachteile im internationalen Geschäftsverkehr mit sich bringe (Androulakis 2007: 166-167). Die Vereinigten Staaten versuchten daher lange Zeit auf bilateraler und multilateraler Ebene ohne Erfolg, andere Industriestaaten ebenfalls zur Pönalisierung der Auslandsbestechung zu bewegen. Schließlich wurde der FCPA in einigen Punkten abgeschwächt bzw. modifiziert (Androulakis 2007: 207-214; Nagel 2007: 94-101). Zudem sind signifikante Unterschiede bei der Durchsetzung und Anwendung des Gesetzes unter den verschiedenen US-Regierungen zu beobachten. Die bisherige Empirie spricht für tendenziell weniger FCPA-Ermittlungen unter republikanischen Präsidenten. Außerdem sind Unternehmen, die etwa mit der CIA oder der Drug Enforcement Agency zusammenarbeiten, einem geringeren Risiko strafrechtlicher Verfolgung ausgesetzt (Nagel 2007: 102-107). Dennoch weisen die Vereinigten Staaten immer noch die weltweit höchste Anzahl an Verurteilungen wegen Bestechung ausländischer Amtsträger auf.

> USA waren Vorreiter bei der Pönalisierung der transnationalen Korruption

Aus eigener Kraft schaffte die bundesrepublikanische Politik die günstigen Rahmenbedingungen für Auslandsbestechung nicht ab. Erst das 1997 maßgeblich auf Druck der USA geschlossene OECD-Übereinkommen zur Bekämpfung der Bestechung ausländischer Amtsträger im internationalen Geschäftsverkehr (vgl. Wolf 2006: 28-30) führte zur völligen Abschaffung der steuerlichen Abzugsfähigkeit von Schmiergeldern und zu einer begrenzten Kriminalisierung der Auslandskorruption im deutschen Strafrecht (Gesetz zur Bekämpfung internationaler Bestechung – IntBestG; siehe 6.5 und 6.6). Nicht zufällig einigten sich die

> OECD-Bestechungsübereinkommen brachte den rechtlichen Wandel in Deutschland

Mitgliedstaaten der Europäischen Union erst im zeitlichen Zusammenhang auf ein eigenes Bestechungsübereinkommen, das parallel mit der Implementationsgesetzgebung zur OECD-Konvention in deutsches Recht umgesetzt wurde (EU-Bestechungsgesetz – EUBestG; siehe 6.5 und 6.6). Die europäischen Regierungen, unter anderen die deutsche, hatten sich zuvor jahrelang derartigen Regelungen widersetzt. Sie beugten sich schließlich dem Druck der USA, der Zivilgesellschaft und der Öffentlichkeit (Abbott/Snidal 2002a: 167-168). Windsor/Getz (2000: 762-763) unterscheiden zwischen moralischen Regimen, die auf intrinsischer Überzeugung beruhen, und normativen Regimen, die lediglich Zustimmung zu bestimmtem Verhalten voraussetzen; das OECD-Übereinkommen ordnen sie der zweitgenannten Kategorie zu.

Auch bei Exportgarantien erst Wandel durch OECD-Aktivitäten

Auch im Bereich der staatlichen Exportkreditgarantien führten erst OECD-Regelungen zu einer Trendwende in der deutschen Antikorruptionspolitik. Im Jahr 2003 nahm die OECD Working Party on Export Credits and Credit Guarantees einen Aufruf zum Verbot von Bestechung bei durch öffentliche Exportkredite unterstützten internationalen Geschäften an (Wolf 2006: 27). Doch erst nachdem der Ministerrat der OECD Ende 2006 eine entsprechende Empfehlung beschlossen hatte, entschied die Bundesregierung, dass Antragsteller für „Hermes-Kredite" seit 2007 zumindest eine „Erklärung zur Korruptionsprävention im Rahmen der Exportkreditgarantien des Bundes" abgeben müssen (Euler Hermes 2008: 27).

Lediglich Implementation der Minimalvorgaben des OECD-Übereinkommens

Die deutsche Politik nutzte 1998 die Pflicht zur Umsetzung des OECD-Bestechungsübereinkommens nicht für eine umfassende Reform des Korruptionsstrafrechts, sondern setzte lediglich die völkerrechtlichen Minimalvorgaben um. So erstreckt sich der neugeschaffene Straftatbestand nur auf die zukunftsgerichtete aktive Bestechung ausländischer und internationaler Amtsträger und Parlamentarier im internationalen Geschäftsverkehr. Bestechlichkeit wird ebenso wenig erfasst wie Vorteilsgewährung- oder Vorteilsannahme, Schmiergeldzahlungen für zurückliegende Handlungen oder Bestechungsakte ohne Bezug zum internationalen Geschäftsverkehr. Die entsprechenden Vorschriften des Internationalen Bestechungsgesetzes wurden – wie auch die Regelungen zur Implementation der EU-Bestechungsübereinkommen (vgl. Wolf 2006: 5-6) – nicht gut sichtbar im Strafgesetzbuch verankert, wie man es wohl machen würde, wenn der Rechtsanwender problemlos davon Kenntnis erlangen soll (vgl. BT-Drs. 16/6558: 9), sondern im Nebenstrafrecht „versteckt" (Wolf 2007: 67). Die neue Gesetzgebung trat auch erst – als wolle man sie möglichst lange hinauszögern – mit dem Inkrafttreten des OECD-Übereinkommens 1999 in Kraft.

Zersplitterung des deutschen Korruptionsstrafrechts

In der bloßen Umsetzung der völkerrechtlichen Minimalvorgaben zeigte sich der politische Wille, die alte Rechtslage so wenig wie möglich zu ändern. Diese pfadabhängige Politik führte zu einer unübersichtlichen und unsystematischen Zersplitterung des deutschen Korruptionsstrafrechts. So wird die Bestechung inländischer Amtsträger umfassender unter Strafe gestellt als die Bestechung ausländischer Amtsträger; andererseits sind die Straftatbestände für die Bestechung ausländischer und internationaler Parlamentarier schärfer als die entsprechenden Regelungen für deutsche Abgeordnete (vgl. 2.7.4). Zudem wurde zwischen Korruptionshandlungen bei EU-Ausländern und sonstigen Ausländern unterschieden:

Nur in Bezug auf die erstgenannte Gruppe wurden auch Bestechung für zurückliegende Handlungen und Bestechlichkeit unter Strafe gestellt. Geht man von der
Unteilbarkeit von Antikorruptionswerten aus (vgl. Abbott/Snidal 2002a: 168), so
erscheint eine derartige Diskriminierung recht bedenklich.

Da die Bundesregierung in der Folge anscheinend wenig Anstrengungen un-
ternahm, die veränderte Rechtslage in der Wirtschaft bekannt zu machen, wundert
es nicht, dass manche Siemens-Manager die neue Situation offenbar nicht gleich
registrierten (Leyendecker 2007: 131). So empfahl die OECD Working Group on
Bribery im Jahr 2003 unter anderem auch, Deutschland solle seine Bemühungen
zur Erhöhung der Bekanntheit des Straftatbestands der Auslandsbestechung inten-
sivieren. Im Jahr 2005 versuchte die Bundesregierung zu belegen, dass sie diesbezüglich diverse Maßnahmen durchgeführt bzw. eingeleitet hatte. Das Monitoringgremium der OECD zeigte sich aber nur teilweise zufrieden (Working Group
2005a: 3-4). Während es in den ersten Jahren nach Inkrafttreten des Internationalen Bestechungsgesetzes nur wenige Ermittlungen und keine Urteile gab – was potenzielle Täter wohl tendenziell ermutigt haben könnte, alte Korruptionspraktiken
weiterzuführen –, steht die Bundesrepublik mittlerweile hinsichtlich strafrechtlicher Untersuchungen und Gerichtsverfahren wegen Auslandsbestechung hinter
den USA an zweiter Stelle (BT-Drs. 16/8463: 2), allerdings auf insgesamt niedrigem Niveau. Nach Ansicht des Vorsitzenden der OECD Working Group on Bribery bewegt sich Deutschland bei der Umsetzung des Übereinkommens etwa „im
Mittelfeld: Die Gesetze sind insgesamt tauglich, es gibt inzwischen auch einige
Strafverfolgungen, andererseits sind auch Fälle mit erheblichem Anfangsverdacht
zum Teil aus nicht sachgemäßen Gründen eingestellt worden" (Pieth 2008: 6).

Fünf Jahre nach Inkrafttreten des OECD-Bestechungsübereinkommens
konstatierte Tarullo (2004: 683) angesichts ausbleibender Strafverfahren wegen
Auslandsbestechung, „that OECD members lack either the will or the capacity
to meet their obligations", und argumentierte anhand spieltheoretischer Überlegungen, die Vertragsparteien hätten zu wenige Anreize, korruptive Handlungen
ihrer Bürger und Unternehmen im internationalen Geschäftsverkehr entschieden
zu unterbinden. Trotz einiger realer Verbesserungen in den letzten Jahren hat diese
Argumentation auch in Bezug auf Deutschland wohl nicht ihre ganze Erklärungskraft eingebüßt.

Bemerkenswert ist der Diskurs über Korruption im Zusammenhang mit dem
OECD-Übereinkommen und seiner Umsetzung. Im Unterschied zu Policy-Dis-
kursen (vgl. Schneider/Janning 2006: 180-182) über Inlandskorruption wurde hier
nicht etwa die Lauterkeit des öffentlichen Dienstes oder die Sachlichkeit staatlicher
Entscheidungen thematisiert, sondern die Fairness des internationalen Wettbewerbs
(Nagel 2007: 198). Während die Präambel des OECD-Übereinkommens immerhin
noch zuerst darauf hinweist, dass Bestechung im internationalen Geschäftsverkehr
„gute Regierungsführung und wirtschaftliche Entwicklung untergräbt", bevor auf
die Verzerrung der Wettbewerbsbedingungen Bezug genommen wird, ist die Ziel-
setzung des Internationalen Bestechungsgesetzes allein der „Schutz offener und
wettbewerblich strukturierter Märkte vor den negativen Auswirkungen der Korruption" (BT-Drs. 13/10428: 1; vgl. Weigend 2007: 763). Hier findet sich kein Wort zu

Geringe Bekanntheit
des neuen
Straftatbestands, doch
inzwischen mehr
Strafverfolgung

Spieltheorie:
wenige Anreize für
OECD-Staaten,
transnationale
Korruption
tatsächlich zu
verfolgen

Policy-Diskurs:
Transnationale
Korruption als Wett-
bewerbsproblem

den fatalen Folgen von Korruption für die demokratischen und rechtsstaatlichen Institutionen in Entwicklungs- und Schwellenländern, obwohl die deutsche und internationale Entwicklungshilfepolitik jährlich beträchtliche Summen für den Aufbau
entsprechender „Good-Governance"-Strukturen aufwendet. Transnationale Korruption erscheint aus diesem Blickwinkel allein als ein Wettbewerbsproblem. Somit
unterscheidet sich der Policy-Diskurs ab Ende der 90er Jahre nicht grundlegend von
jenem Diskurs in den Jahren zuvor; auch damals wurde grenzüberschreitende Korruption überwiegend unter Wettbewerbsaspekten betrachtet. Diese Pfadabhängigkeit prägt auch die nun zu diskutierende dritte Phase.

Siemens-Korruptions-
affäre wurde 2006
öffentlich

Die Siemens-Korruptionsaffäre kam öffentlich ins Rollen, als Mitte November 2006 Hunderte Fahnder von Polizei und Staatsanwaltschaft zentrale Verwal-
tungsgebäude des Konzerns durchsuchten. Angesichts der Dimensionen des Falls
– Siemens-Mitarbeiter sollen mehr als 1,3 Milliarden Euro an Bestechungsgeldern
im Ausland gezahlt haben – ist es auffällig, wie wenig der Skandal von der deutschen Politik seitdem thematisiert wurde. Dies überrascht den Betrachter, der die
lange Geschichte der transnationalen Korruption und ihrer zögerlichen Bekämpfung nicht kennt, umso mehr, als sich die Bundesregierung regelmäßig für eine
entschiedene Antikorruptionspolitik gerade auch im internationalen Rahmen ausspricht, etwa auf dem G8-Gipfel 2007 in Heiligendamm und den nachfolgenden
G8-Gipfeltreffen.

Wenig
Thematisierung des
Siemens-Korrup-
tionsfalls in der Bun-
despolitik

In der Bundespolitik wurde lediglich mit Blick auf Heinrich von Pierer kurz
und folgenlos diskutiert, den direkten Wechsel vom Vorstandsvorsitz in den Aufsichtsratsvorsitz eines Unternehmens zu verbieten (SZ 22. 12. 2006: 19; 24. 5.
2007: 27). Die Regierungskommission Deutscher Corporate Governance Kodex
empfiehlt diesbezüglich bereits seit 2005 unverbindlich, dass der Wechsel eines
Vorstandsmitglieds in wichtige Positionen des Aufsichtsrats nicht die Regel sein
sollte. Die Bundeswehr erteilte ausgerechnet dem besonders belasteten Informa-
tions- und Kommunikationsbereich des Siemens-Konzerns Ende 2006 trotz der
laufenden Ermittlungen den größten Auftrag, den das Unternehmen bis dahin offenbar jemals erhalten hatte (SZ 29. 12. 2006: 17). Nach von Pierers Rücktritt vom
Aufsichtsratsvorsitz gab es vereinzelte Forderungen aus FDP und SPD, er solle
auch seine Tätigkeit als führender Wirtschaftsberater der Bundeskanzlerin beenden.
Die Bundesregierung hielt jedoch weiter an Heinrich von Pierer fest (SZ 23.
4. 2007: 19; 5./6. 4. 2008: 25). Erst als die Vorwürfe gegen den ehemaligen „Mr.
Siemens" immer lauter wurden, trennte sich die Regierung relativ elegant von
ihm, indem sie den Innovationsrat, das von ihm geleitete Beratergremium, einfach
auflöste und dessen Aufgaben einer anderen Institution übertrug (Die Welt 18. 4.
2008). Von Pierer hatte in der Vergangenheit stets bestritten, dass Schmiergelder
zur Geschäftspolitik von Siemens gehörten (Leyendecker 2007: 59-60). Andererseits lehnte er Auftragssperren für korrupte Unternehmen ab, da diese Arbeitsplätze gefährden würden (SPIEGEL 14. 4. 2008: 88).

Gesetzentwurf der
Bundesregierung
zur internationalen
Korruptions-
bekämpfung scheitert

Im Oktober 2007 brachte die Bundesregierung einen Gesetzentwurf zur
Umsetzung verschiedener Vorgaben der UN-Konvention gegen Korruption, des
Strafrechtsübereinkommens des Europarats über Korruption und des EU-Rah-
menbeschlusses zur Bekämpfung der Korruption im privaten Sektor im Bundes-

tag ein (BT-Drs. 16/6558; vgl. 2.7.4). Dieser Entwurf ist insoweit bemerkenswert, als er im Unterschied zur früheren Implementationsgesetzgebung erstmals über einige internationale Mindestvorgaben hinausging. So wurde unter anderem vorgeschlagen, auch Bestechlichkeit im Rahmen transnationaler Korruptionshandlungen unter Strafe zu stellen und die Beschränkung des Straftatbestands auf den internationalen Geschäftsverkehr abzuschaffen (vgl. Wolf 2007: 67, 107-108). Diese Gesetzesinitiative war seit Jahren überfällig und entstand nicht vor dem Hintergrund des Siemens-Korruptionsfalls. Aufgrund der Unfähigkeit der Bundestagsabgeordneten, hinsichtlich einer Verschärfung des Straftatbestands der Abgeordnetenbestechung eine Einigung zu erzielen, wurde der Gesetzentwurf der Bundesregierung nicht abschließend behandelt und verfiel am Ende der 16. Legislaturperiode (vgl. 2.7.4). Daher kann auch in Bezug auf diese Gesetzesinitiative nicht von einem politischen Paradigmenwechsel in Sachen Bekämpfung der Auslandskorruption gesprochen werden.

Zwischenzeitlich kamen sogar Befürchtungen auf, die deutsche Politik ziehe nicht nur keine Konsequenzen aus der Siemens-Korruptionsaffäre („Aussitzen"), sondern nehme womöglich Einfluss auf die staatsanwaltschaftlichen Ermittlungen, indem sie Schwachstellen in der Unabhängigkeit der deutschen Staatsanwaltschaft (vgl. Maier 2003) ausnutze. Es wurde bekannt, dass sich Heinrich von Pierer nach Beginn der Untersuchungen mit dem damaligen Innenminister Günter Beckstein in Verbindung gesetzt hatte (SZ 3. 4. 2008: 22). In der Folge wurde in Pressekreisen spekuliert, die bayerische Regierung dränge auf einen baldigen Abschluss der Ermittlungen oder eine Schonung des Siemens-Zentralvorstands. Zwar stritten der zuständige Generalstaatsanwalt und die Staatsregierung jegliche Einflussnahme ab (SZ 3. 4. 2008: 19), doch der Journalist Klaus Ott vertrat zeitweise die Auffassung, die Münchener Staatsanwaltschaft habe „davon abgesehen, den vielen und zuletzt immer deutlicheren Hinweisen auf eine Verstrickung des einstigen Managements konsequent nachzugehen. Entweder in vorauseilendem Gehorsam gegenüber der CSU-Regierung oder aufgrund politischer Einflussnahmen" (SZ 5./6. 4. 2008: 25). Die meisten gegen ehemalige Vorstandsmitglieder eingeleiteten Verfahren wurden inzwischen gegen Zahlung von Geldauflagen eingestellt. Die Tatsache, dass Ende 2006 überhaupt so umfangreiche Ermittlungen gegen das bayerische Vorzeigeunternehmen Siemens aufgenommen wurden, führt Leyendecker (2007: 72) unter anderem auf den Umstand zurück, dass die Staatsregierung seinerzeit wegen der BenQ-Pleite schlecht auf Siemens zu sprechen war.

Ein Antrag der oppositionellen Bundestagsfraktion von Bündnis 90/Die Grünen zur Korruptionsbekämpfung (BT-Drs. 16/4459) war offenbar die einzige direkte und greifbare Reaktion in der Bundespolitik auf die Siemens-Korruptionsaffäre. Dieser Vorstoß enthielt zahlreiche auch von Transparency International Deutschland geforderte Maßnahmen, etwa die Einführung eines bundesweiten Registers für korrupte Unternehmen, den arbeitsrechtlichen Schutz von Whistleblowern (vgl. 3.4.2) und die durchgängige Einrichtung von Schwerpunktstaatsanwaltschaften auf Länderebene. Wenig überraschend wurde der Antrag mit den Stimmen der Regierungsfraktionen Ende Mai 2008 im Parlament abgelehnt, sogar ohne Aussprache (kritisch Martiny 2008). Der Abgeordnete Georg Nüßlein (CDU)

Politische Einflussnahme auf die staatsanwaltschaftlichen Ermittlungen?

Oppositionelle Initiative zur Korruptionsbekämpfung scheitert

formulierte in diesem Zusammenhang die klassische konservative Kritik an inländischen Regelungen zur Bekämpfung der transnationalen Bestechung: „Mit
einer Verschärfung der nationalen gesetzlichen Vorschriften erreichen wir hier
aber nichts als Entmündigung und Benachteiligung deutscher Unternehmen im
globalen Wettbewerb" (BT-Plenarprotokoll 16/163: 17264). Diese althergebrachte
Position (vgl. 2.3.2) nimmt korruptionsbedingte Missstände in Politik, Verwaltung und Wirtschaft von Empfängerländern billigend in Kauf, wenn Bestechungshandlungen nur dem Wirtschaftsstandort Deutschland dienen. Sie zeigt, dass das
Wettbewerbsargument im Policy-Diskurs über Auslandsbestechung weiterhin von
Bedeutung ist, obwohl beispielsweise die nach dem OECD-Abkommen geschlossenen Antikorruptionskonventionen, insbesondere das Strafrechtsübereinkommen
über Korruption des Europarats (vgl. Wolf 2006: 19-21) und die UN-Konvention
gegen Korruption (vgl. Wolf 2006: 33-37), recht eindeutig den Schwerpunkt auf
die politischen und sozialen Folgen transnationaler Korruption legen.[47] Leyendecker spricht angesichts dieser politischen Mentalität in Deutschland von Heuche-
lei: „Mal ehrlich: Müsste man dann nicht klarer und konsequenter sein und sich
offen zur globalen Korruption bekennen? ‚Made in Germany – Wir schmieren
sicher.'" (SZ 2./3. 12. 2006: 25)

Belege für die These
einer pfadabhängigen
Zurückhaltung bei
der Bekämpfung der
Auslandsbestechung

Eingangs wurde die These formuliert, dass die deutsche Politik hinsichtlich
des Themas Auslandskorruption trotz einiger Wandlungen eine hohe Kontinuität
aufweist. In der Folge konnten etliche Belege für eine pfadabhängige politische
Zurückhaltung bei der Bekämpfung der transnationalen Korruption angeführt
werden. Viele Jahre gab es keinerlei strafrechtliche Maßnahmen, und durch die
steuerliche Abzugsfähigkeit wurde Auslandsbestechung sogar staatlich gefördert.
Externe Impulse wie das OECD-Bestechungsübereinkommen oder OECD-Empfehlungen zur Vermeidung von Korruption im Zusammenhang mit staatlichen Exportkreditgarantien wurden zunächst nur restriktiv implementiert, wohl um den als
exportförderlich angesehenen Status quo so wenig wie möglich zu verändern. Die
deutsche Politik hat auf die Siemens-Korruptionsaffäre kaum reagiert und damit
mehr oder weniger deutlich zu erkennen gegeben, dass Auslandsbestechung in
Deutschland offenbar noch immer ein politisches „non-issue" ist.

Politik wird durch
Framing von
Auslandsbestechung
im Policy-Diskurs
gestützt

Politik entsteht bekanntlich nicht im luftleeren Raum. Es spricht einiges
dafür, dass die skizzierte kontinuierliche Politik der Zurückhaltung gegenüber
transnationaler Korruption durch einen viele Gesellschaftsbereiche dominierenden Policy-Diskurs gestützt wird, der Auslandskorruption als etwas qualitativ anderes beschreibt als Inlandskorruption. Das „Framing" von Auslandsbestechung
im bundesrepublikanischen Policy-Diskurs ist immer noch stark auf den Aspekt
des (Standort-) Wettbewerbs im internationalen Geschäftsverkehr beschränkt. Es

---

47 Dies erschließt sich bereits aus den Präambeln der einschlägigen Übereinkommen: „[…] dass die
Korruption eine Bedrohung der Rechtsstaatlichkeit, der Demokratie und der Menschenrechte darstellt" (Strafrechtsübereinkommen des Europarats über Korruption); „die […] korruptionsbedingten
Probleme und Gefahren […] untergraben die demokratischen Einrichtungen und Werte […]
und die Rechtsstaatlichkeit" (UN-Konvention gegen Korruption). Im Unterschied zum OECD-
Übereinkommen beschränkt etwa die Europaratskonvention den Straftatbestand der Bestechung
ausländischer Amtsträger nicht auf Handlungen im internationalen Geschäftsverkehr.

würde den Rahmen dieses Beitrags sprengen, aus den unterschiedlichsten Gesellschaftsbereichen jeweils zahlreiche Belege im Zeitverlauf zur Stützung dieser These zusammenzutragen. Stattdessen sollen im Folgenden lediglich einige jüngere Beispiele aus Bevölkerung, Wissenschaft und Kultur angeführt werden.

Nimmt man etwa die in der Süddeutschen Zeitung abgedruckten Leserbriefe (z. B. vom 15. 1. 2007: 33) zur Siemens-Korruptionsaffäre als einen – freilich nicht repräsentativen – Indikator, so besteht in der Bevölkerung offenbar ein nicht unerhebliches Verständnis für Bestechung im Ausland, wenn sie nur der Akquirierung von Aufträgen und damit der Sicherung oder Schaffung von Arbeitsplätzen in Deutschland dient (Wolf 2007: 114). Bemerkenswert ist auch der anonyme Whistleblower-Brief von Siemens-Mitarbeitern, der die strafrechtlichen Ermittlungen mit auslöste. Er beklagt die hohen Vergütungen für mutmaßlich illegal handelnde Manager des Unternehmens selbst nach deren vorzeitigem Ausscheiden, während zahlreiche einfache Mitarbeiter perspektivlos entlassen würden (SZ 19./20. 4. 2008: 34). Die Verwerflichkeit von Korruptionshandlungen an sich erscheint hier eher zweitrangig; vielmehr dienten die Vorwürfe offenbar primär dem Zweck, dem (beneideten) Führungszirkel des Unternehmens eins auszuwischen.

Verständnis für Auslandskorruption in der Bevölkerung

Auch in der deutschen Wissenschaft gibt es Stimmen, die eine zögerliche Politik gegen transnationale Korruption tendenziell fördern. So kritisiert etwa Schünemann (2003: 309) das OECD-Übereinkommen als „ein geradezu klassisches Abkommen zur Etablierung eines imperialistischen globalen Strafrechts" und übersieht dabei offenbar, dass die Konvention lediglich zur Kriminalisierung der aktiven Auslandsbestechung verpflichtet, die in der Regel von Unternehmen in den Vertragsstaaten (Industrieländern) ausgeht. An anderer Stelle wird international(isiert)e Korruptionsbekämpfung als „Lösung ohne Problem" bezeichnet, weil Korruption nur individuell vor Ort eingedämmt werden könne und internationale Vorgaben somit keinerlei Mehrwert brächten (Weigend 2007: 764). Hier wird unter anderem trotz der Weiterentwicklung des internationalen Antikorruptionsrechts der in dieser Form nur für das OECD-Übereinkommen zutreffende Standpunkt vorgebracht, das Schutzgut der grenzüberschreitenden Korruptionsbekämpfung stelle allein der internationale Wirtschaftswettbewerb dar, und die „Lauterkeit des öffentlichen Dienstes in anderen Staaten [...] als solche [ist] für die deutsche Justiz nicht von gesteigertem Interesse" (Weigend 2007: 762).

Kritik an der internationalen Antikorruptionspolitik in der deutschen Strafrechtswissenschaft

Wenig Interesse an den durch transnationale Korruption in den nicht selten unterentwickelten Empfängerländern verursachten Missständen zeigte auch der Schriftsteller Martin Walser, als er die Zahlung von Bestechungsgeldern zur Erlangung von Aufträgen in vielen Staaten als notwendig rechtfertigte und die diesbezügliche Anprangerung von Managern hierzulande – erkennbar ohne jedes Wissen der ausländischen und internationalen Regelungen – als „deutsch, deutsch bis ins Mark" geißelte (kritisch SPIEGEL 28. 7. 2008: 138; SZ 25. 7. 2008: 13).

Verständnis für Auslandskorruption im kulturellen Sektor

Diese punktuellen Beispiele aus Bevölkerung, Rechtswissenschaft und Kultur können zwar nicht umfassend belegen, dass die oben skizzierte Politik der Zurückhaltung gegenüber transnationaler Korruption durch einen viele Gesellschaftsbereiche dominierenden Policy-Diskurs gestützt wird, der maßgeblich vom Leitbild des (Standort-) Wettbewerbs geprägt ist. Sie zeigen allerdings, dass die

Bundespolitik steht in ihrer Haltung nicht isoliert da

Politik in ihrer Haltung keineswegs isoliert dasteht. Die Forschung sollte künftig einerseits verstärkt die Einstellungen verschiedener Gesellschaftsbereiche zur Auslandskorruption untersuchen und andererseits die divergierenden Ansichten unterschiedlicher politischer Akteure vor allem auf der Bundesebene analysieren.

Für eine Antikorruptions-NGO wie Transparency International Deutschland stellt diese Konstellation politischer Einstellungen kein einfaches Umfeld dar. Sie könnte sich verstärkt der Aufgabe widmen, auf ausgeblendete Aspekte in dem oft recht einseitigen Policy-Diskurs über Bestechung im internationalen Geschäftsverkehr hinzuweisen. So wird immer noch eher selten thematisiert, dass die – früher sogar steuerlich geförderte – Auslandskorruption demokratische und rechtsstaatliche Institutionen in Entwicklungs- und Schwellenländern aushöhlt. Sie steht damit im Widerspruch zur „Good-Governance"-orientierten Entwicklungshilfepolitik, für die beträchtliche Steuermittel aufgewendet werden. Dem Vorteil durch Bestechung erlangter Aufträge für die heimische Wirtschaft könnte beispielsweise gegenübergestellt werden, dass in den Händen eines Militärdiktators wie des Nigerianers Abacha aus deutschem „Schmiergeld Blutgeld" wird (SPIEGEL 14. 4. 2008: 82). Möglich wäre auch, verstärkt das normative Leitbild des „ehrbaren Händlers" zu bemühen, der Wettbewerbsfähigkeit durch hervorragende Produkte und nicht durch Bestechungsgelder erreicht. Um das Standardargument „Wenn wir nicht bestechen, tun es eben andere" zu entkräften, könnte noch häufiger hervorgehoben werden, dass Auslandsbestechung mittlerweile auch in fast allen anderen Ländern, vor allem den Industriestaaten, verboten ist; von isoliertem deutschen Aktionismus kann daher keine Rede sein. Es existiert gerade im OECD-Rahmen ein „kollektiv-unilateraler" Ansatz zur Austrocknung der Geberseite bei Bestechung im internationalen Geschäftsverkehr (Aiolfi/Pieth 2002: 350). Dennoch dürfte es Transparency International Deutschland beim Thema Auslandskorruption deutlich schwerer als sonst fallen, Koalitionen zu bilden und Verständnis zu finden, denn die NGO kann sich hier wohl nicht auf den allgemeinen Konsens stützen, dass „Korruption grundsätzlich verwerflich ist".

Trotzdem stehen die Zeichen für einen strukturellen Wandel in Deutschland derzeit vergleichsweise günstig. Die pfadabhängige Zurückhaltung hinsichtlich der Bekämpfung der transnationalen Korruption scheint allmählich zu bröckeln; sie ist offenbar nicht mit einer großen politischen Reformmaßnahme, sondern – wenn überhaupt – nur inkrementell mit vielen kleinen Schritten über einen langen Zeitraum hinweg zu überwinden. So wurden nach der Änderung des internationalen Umfelds Ende der 1990er Jahre zwar die gesetzlichen Grundlagen zur Bekämpfung der Auslandsbestechung geschaffen, doch in der Praxis änderte sich zunächst kaum etwas. Bis zu den ersten Verurteilungen vergingen etliche Jahre. Nun kommt es im Zuge der Siemens-Korruptionsaffäre rund 10 Jahre nach Inkrafttreten des OECD-Bestechungsübereinkommens zu einem wahren Boom an Compliance-Programmen in deutschen Unternehmen (vgl. Handelsblatt 26. 2. 2008: 1-2). Irgendwann könnte diese Entwicklung auch zu einem echten Bewusstseinswandel (intrinsischer Antikorruptionsüberzeugung) in den global operierenden Konzernen führen, also zu einem schleichenden Wandel von einem normativen zu einem moralischen Regime, wenn man die Typologie von Windsor/Getz (2000: 762-763) auf Privatunternehmen überträgt.

Nachhaltige Verhaltensänderungen in der Privatwirtschaft im Hinblick auf Auslandsbestechung sind nach einschlägigen Erfahrungen in den USA frühestens mit einer neuen Managergeneration zu erwarten (Heidenheimer/Moroff 2002: 953). Solange ein kollektiver Bewusstseinswandel noch nicht stattgefunden hat, ist von solchen Verhaltensänderungen allerdings realistischerweise vor allem dann auszugehen, wenn die Konzerne entweder zu der Überzeugung gelangen, dass Auslandsbestechung der Reputation des Unternehmens oder seinem internen Betrieb erheblich schadet oder dass die Gefahr der Entdeckung und Sanktionierung die kalkulierten Vorteile korruptiver Handlungen übersteigt (Tarullo 2004: 686). Was den Reputationsaspekt anbelangt, so können zivilgesellschaftliche Organisationen wie Transparency International auf eine entsprechende Sensibilisierung der Bevölkerung hinarbeiten. Um die Entdeckungswahrscheinlichkeit und die abschreckende Wirkung von Sanktionen zu erhöhen, bedarf es einschlägiger Maßnahmen der Politik und nachgelagerter Behörden. Die bisherige Zurückhaltung der politischen Entscheidungsträger in Deutschland beim Thema Auslandskorruption wird indes trotz vollmundiger Ankündigungen auf internationaler Ebene nur schwer zu überwinden sein. Vielmehr dürfte auch in den nächsten Jahren „verbale Aufgeschlossenheit bei gleichzeitiger Verhaltensstarre" (Beck/Beck-Gernsheim 1990: 31) vorherrschen, um ein bekanntes Zitat aus einem anderen Kontext zu bemühen. Ängste vor einer möglichen Benachteiligung der deutschen Wirtschaft im internationalen Geschäftsverkehr sind gerade auch in der Politik immer noch weit verbreitet, und um ein wahlkampfrelevantes Thema handelt es sich bei der Bekämpfung der Bestechung ausländischer und internationaler Akteure eher nicht. Es steht zu befürchten, dass sich daran auch mit einer neuen Politikergeneration kaum etwas ändern wird.

Politik und Bekämpfung der Auslandskorruption: „verbale Aufgeschlossenheit bei gleichzeitiger Verhaltensstarre"

2.8 Vor- und Nachteile von Korruptionsbekämpfungsmaßnahmen

Aufgrund der Multikausalität und Vielgestaltigkeit von Korruption, der Vielfalt etablierter Regierungs- und Rechtssysteme sowie divergierender Bewertungsmaßstäbe hinsichtlich sozialadäquaten Verhaltens „kann es keinen Königsweg der Bekämpfung von Korruption geben" (von Alemann 2005a: 40). Jenseits der teilweise recht allgemein gehaltenen internationalen Antikorruptionsregelungen (siehe Kapitel 4) müssen für einzelne Länder und Organisationen kontextabhängig spezifische Programme zur Korruptionsbekämpfung (weiter-) entwickelt und erprobt werden. Eine bereits vorhandene oder zumindest anzustrebende Stärke der (Politik-) Wissenschaft dürfte hierbei das Abwägen möglicher Vor- und Nachteile einzelner Maßnahmen sein. Während insbesondere Medienvertreter, Beratungsunternehmen und zivilgesellschaftliche Organisationen zumindest gelegentlich eher unreflektierte und aktionistisch anmutende Kataloge zur Korruptionseindämmung aufstellen und diese Politik und Wirtschaft zur Übernahme empfehlen, sollte die

Aufgabe der (Politik-) Wissenschaft: kritisches Abwägen von Antikorruptionsinstrumenten

Wissenschaft wohl die Funktion haben, gerade auch angesichts des immer noch recht begrenzten Wissens über Korruption gut begründete Abwägungen anzustellen, denn kein Antikorruptionsinstrument dürfte nur mit Vorteilen verbunden sein. Beispielhaft werden im Folgenden – ohne jeden Anspruch auf Vollständigkeit oder Repräsentativität – zehn häufig genannte Maßnahmen zur Bekämpfung von Korruption im politisch-administrativen System im Hinblick auf mögliche Vor- und Nachteile andiskutiert.

Sensibilisierung für die Formen und Schäden von Korruption

1. Fraglos sind Informationskampagnen, die auf die Erscheinungsformen, Mechanismen und Schäden von Korruption hinweisen, unabdingbare Elemente umfassender Präventionsstrategien. Bei einer Überdosierung können diese Aufklärungsmaßnahmen allerdings im ungünstigsten Fall zu Übersensibilisierung führen, das heißt, die Bürger oder Organisationsmitglieder schätzen Verbreitung und negative Auswirkungen von Korruption unter Umständen als zu hoch ein (Lugon-Moulin 2010) und neigen zu nicht-intendierten, destruktiven Reaktionen.

Umfassende Transparenzregelungen

2. Transparenzregelungen wie beispielsweise Informationsfreiheitsgesetze können möglicherweise eine korruptionspräventive Wirkung entfalten und die Wahrscheinlichkeit der Entdeckung korrupter Handlungen erhöhen. Allerdings ist die Formel „Transparenz statt Korruption"[48] eindeutig simplifizierend, und zu weit gehende Transparenzvorschriften drohen mit Datenschutzprinzipien und anderen Rechtsgütern in Konflikt zu geraten.

Detaillierte Verhaltensrichtlinien

3. Verhaltensrichtlinien, etwa in Form von Codes of conduct (Behnke 2011) oder Good-Governance-Regelungen, stellen wichtige Eckpfeiler etablierter Antikorruptionskonzepte dar. Sind die Vorgaben jedoch zu eng, können sie nicht beabsichtigte Auswirkungen auf Handlungsspielraum und Motivation der betroffenen Organisationsmitglieder haben und womöglich auch erwünschte Verhaltensweisen unterbinden.

Weitreichender Hinweisgeberschutz

4. Ein weitreichender Schutz von HinweisgeberInnen („Whistleblower") verspricht die Entdeckungswahrscheinlichkeit bei Korruptionstaten zu erhöhen (vgl. 3.4.2). Hier stellt sich aber möglicherweise das Problem, dass unter Umständen auch bloße Querulanten oder Denunzianten mit substanzlosen oder gar heimtückischen Anliegen zu unbegründeten (aber schädlichen) Anzeigen ermutigt und/oder vor Sanktionen geschützt werden.

Umfassend ausgerüstete Kontrollinstitutionen

5. Staatliche Strafverfolgungsorgane und Kontrollinstitutionen in privaten Organisationen (etwa Compliance-Abteilungen) mit umfassender Ausstattung, gut ausgebildetem Personal und weitreichenden Prüfungsbefugnissen dürften ebenfalls zur Erhöhung der Entdeckungswahrscheinlichkeit beitragen. In diesem Zusammenhang müssen allerdings Kosten-Nutzen-Überlegungen angestellt werden, denn eventuell übersteigen die Kosten solcher Einrichtungen die potenziellen Vorteile (Klitgaard 1988), und zu intensive und häufige Kontrollen können nicht intendierte Folgen haben, z. B. Motivationsverlust der Mitarbeiter.

---

48 So ein Slogan der Piratenpartei im baden-württembergischen Landtagswahlkampf 2011.

6. Von Strafrechtsvorschriften, die eine Vielzahl potenziell korrupter Handlungen erfassen und hohe Strafen androhen, erhofft man sich regelmäßig eine signifikante Abschreckung und angemessene Sanktionierung. Hier besteht allerdings die Gefahr, dass eventuell auch sozialadäquate und kaum korrupte Verhaltensweisen kriminalisiert werden (vgl. Killias 1998). Außerdem können allzu umfassende Strafrechtsnormen in der Praxis möglicherweise nur bruchstückhaft durchgesetzt werden und verkommen zu „symbolischem" Strafrecht.

Breite strafrechtliche Kriminalisierung

7. Die Überlegung, Abgeordneten bestimmte Entscheidungen – etwa zur Höhe ihrer Diäten oder der staatlichen Parteienfinanzierung – zu entziehen, zielt auf eine Reduzierung von Einfallstoren für ungerechtfertigte Selbstbegünstigung ab. Allerdings verfügen alternative Beschlussorgane unter Umständen nur über eine geringe demokratische Legitimation.

Reduzierung des Einflusses von Parteipolitikern auf Entscheidungen in eigener Sache

8. Regelungen, die InhaberInnen politischer Ämter von bestimmten Tätigkeiten oder Mitgliedschaften ausschließen oder entsprechende Unvereinbarkeiten nach dem Ausscheiden aus dem Amt temporär festlegen, können potentiell korruptionsanfällige Interessenkonflikte verringern. Bei zu weit reichenden Vorschriften sind jedoch zu starke Einschränkungen der Berufs- oder allgemeinen Handlungsfreiheit der betroffenen Personen möglich (vgl. Korte 2007: 328-329).

Strenge Inkompatibilitäts- und Karenzregelungen

9. Eine Verringerung der Regulierungsdichte dürfte zu weniger Anlässen und Anreizen für korrupte Handlungen führen, die auf eine Umgehung belastender Regelungen abzielen (Tanzi 1998). Die politischen Organe schränken hier allerdings möglicherweise ihren vor dem Hintergrund anderer gemeinwohlorientierter Zielsetzungen notwendigen Handlungsspielraum zu weit ein.

Reduzierung der Regulierungsdichte

10. Durch Autonomieregelungen können politisch-administrative Institutionen vor unsachlichen (partei-) politischen Einflüssen geschützt werden (vgl. Wewer 1992: 321). Dies führt jedoch unter Umständen zu einer Reduzierung ihrer demokratischen Legitimation. Außerdem ist auch ein gewisses neues Korruptionsrisiko aufgrund des Wegfalls externer politischer Kontrollen denkbar (vgl. 3.2).

Unabhängige politisch-administrative Institutionen

Tab. 17: Vor- und Nachteile ausgewählter Antikorruptionsmaßnahmen

Antikorruptionsmaß-nahme	Intendierte Vorteile	Potenzielle Nachteile
Sensibilisierung für die Formen und Schäden von Korruption	Schaffung eines Bewusst-seins für die Korruptions-problematik	Übersensibilisierung, Überbe-wertung
Umfassende Transpa-renzregelungen	Information, Prävention, Erhöhung der Entde-ckungswahrscheinlichkeit	Verletzung von Datenschutz-prinzipien und anderen Rechten
Detaillierte Verhaltens-richtlinien	Vorgaben für sozialad-äquate und unzulässige Handlungen	Zu starke Einengung des Handlungsspielraums
Weitreichender Hinweis-geberschutz	Erhöhung der Entde-ckungswahrscheinlichkeit	Schutz von unbegründeten und schädlichen Denunzia-tionen
Umfassend ausgerüstete Kontrollinstitutionen	Erhöhung der Entde-ckungswahrscheinlichkeit	Unverhältnismäßige Kosten und Einengung durch zu viele Kontrollen
Breite strafrechtliche Kriminalisierung	Abschreckung, angemesse-ne Sanktionierung	Kriminalisierung sozialad-äquater Handlungen, Proble-me der Durchsetzbarkeit
Reduzierung des Einflus-ses von Parteipolitikern auf Entscheidungen in eigener Sache	Weniger Möglichkeiten für ungerechtfertigte Selbst-begünstigung (Autokor-ruption)	Eventuell schwache demokra-tische Legitimation alternati-ver Regelungen
Strenge Inkompatibili-täts- und Karenzrege-lungen	Reduzierung möglicher Interessenkonflikte	Begrenzung der Berufs- und Handlungsfreiheit
Reduzierung der Regu-lierungsdichte	Weniger Anlässe bzw. Ein-fallstore für Korruption	Möglicherweise politische Steuerungseinbußen
Unabhängige politisch-administrative Institu-tionen	Geringere Möglichkeiten für unsachliche (partei-) politische Einflüsse	Schwache demokratische Le-gitimation, Korruptionsrisiko wegen fehlender politischer Kontrolle

Quelle: Eigene Zusammenstellung.

3 Korruption und öffentliche Verwaltung: ein Überblick

Dieses Kapitel bietet eine Einführung in die Themen Korruption und Korruptionsbekämpfung in der öffentlichen Verwaltung aus primär politik- bzw. sozialwissenschaftlicher Perspektive.

3.1 Korruption als Gegenpol zu verschiedenen Verwaltungsmodellen

Verwaltung kann in unterschiedlicher Weise idealtypisch modelliert oder annäherungsweise realistisch beschrieben und analysiert werden. Egal, welchen Begriff oder welches Bild von Verwaltung man heranzieht, Korruption gilt nach nahezu einhelliger Meinung in Gesellschaft und Wissenschaft grundsätzlich als eine Außerachtlassung, Schädigung, Schwächung oder gar Pervertierung der jeweiligen Verwaltungsprinzipien (vgl. auch 2.3.1). Hierbei wird freilich davon ausgegangen, dass korruptives Verhalten nicht offiziell zu einer Verwaltungsnorm erhoben wird bzw. erhoben werden kann, weil partikulare Werte (die jedes korruptive Handeln kennzeichnen) im Widerspruch zum universalistischen Anspruch *öffentlicher* Verwaltungen stehen. Selbst Administrationen, in denen systemische Korruption grassiert – etwa Regime, die umgangssprachlich als Kleptokratien bezeichnet werden –, dürften Machtmissbrauch zum privaten Vorteil, Vetternwirtschaft, Bestechlichkeit, Unterschlagung anvertrauter Mittel, Klientelismus usw. wohl nicht einfach als übergeordnete Verwaltungsleitlinien bezeichnen, sondern gemeinwohlorientierte Prinzipien als offiziellen Maßstab ihres Handelns angeben (und wenn auch nur aus strategischem Kalkül). Im Folgenden wird überblicksartig darauf eingegangen, wie Korruption verschiedene Modelle von Verwaltung unterminieren kann und somit einen Gegenpol zu recht unterschiedlichen Verwaltungskonzepten darstellt. Zunächst werden Max Webers Idealtypen legitimer Herrschaft unter Korruptionsgesichtspunkten behandelt. Im Anschluss wird auf von Jörg Bogumil und Werner Jann herausgearbeitete normative Bilder von Verwaltung aus der Perspektive von Korruption eingegangen. Den Abschluss bildet eine Beschäftigung mit Renate Mayntz' realistischen Beschreibungen von Verwaltungen aus soziologischer Sicht, wieder unter Berücksichtigung korruptiven Handelns.

> Korruption unterminiert verschiedene Verwaltungskonzepte

Max Weber (1864-1920[49]) gilt als einer der Begründer der Soziologie in Deutschland und auch als ein Vordenker der Verwaltungswissenschaft. Zu seinen bekanntesten Arbeiten zählen seine drei Idealtypen legitimer Herrschaft (Weber 1980: 122-142): (1) legale Herrschaft mit bürokratischem Verwaltungsstab, (2) traditionale Herrschaft und (3) charismatische Herrschaft (vgl. auch Rubinstein/ von Maravić 2010: 29). Die folgenden Absätze behandeln diese drei Idealtypen in

> Webers Idealtypen legitimer Herrschaft

---

49 Für einen kurzen biographischen Abriss siehe Bogumil/Jann (2009: 136-137).

der genannten Reihenfolge aus Korruptionsgesichtspunkten. Moderne öffentliche Verwaltungen in liberalen, rechtsstaatlich organisierten Demokratien orientieren sich mehr oder weniger an dem erstgenannten Idealtyp („legitime Herrschaft rationalen Charakters"). Für Weber ist diese Form der Verwaltung am leistungsfähigsten:

> *„Die rein bureaukratische, also: die bureaukratisch-monokratische aktenmäßige Verwaltung ist nach allen Erfahrungen die an Präzision, Stetigkeit, Disziplin, Straffheit und Verläßlichkeit, also: Berechenbarkeit für den Herrn wie für die Interessenten, Intensität und Extensität der Leistung, formal universeller Anwendbarkeit auf alle Aufgaben, rein technisch zum Höchstmaß der Leistung vervollkommenbare, in all diesen Bedeutungen: formal rationalste, Form der Herrschaftsausübung." (Weber 1980: 128)*

Legale Herrschaft mit bürokratischem Verwaltungsstab

Korruption im politisch-administrativen System – verstanden in einem weiten Sinne als der Missbrauch öffentlicher Macht zum privaten Nutzen (vgl. 2.1.2) – unterminiert diese und weitere Vorzüge bürokratisch organisierter Verwaltung. Dies soll im Folgenden in Bezug auf die einzelnen Merkmale gezeigt werden, die Weber dem Beamten im Rahmen seines Idealtyps rational-bürokratischer Verwaltungsorganisation zuschreibt (Weber 1980: 126-127). Die Übersicht wird durch zwei ergänzende Charakteristika bürokratischer Behördenorganisation (Weber 1980: 126) komplettiert.[50]

Tab. 16: Bürokratische Verwaltungsmerkmale und Korruption

Merkmale idealtypisch rational-büro-kratischer Verwaltungsorganisation nach Max Weber	Beispiele für die Unterminierung dieser Merkmale durch Korruption bzw. korruptionsnahe Handlungen
Der Beamte gehorcht nur sachlichen Amtspflichten	Unsachliches und/oder parteiliches Handeln
Der Beamte befindet sich in einer festen Amtshierarchie	Umgehung der Amtshierarchie
Der Beamte verfügt über feste Amtskompetenzen	Verletzung der festgelegten Kompetenzen
Der Beamte wird aufgrund von Fachqualifikation angestellt	Anstellung unzureichend qualifizierter Personen
Der Beamte bezieht ein festes Gehalt gemäß seiner Stellung	Zusätzliches Einkommen durch Missbrauch des Amtes
Der Beamte behandelt sein Amt als Hauptberuf	Missbrauch des Amtes für lukrative Nebentätigkeit
Der Beamte rückt nach Amtsalter und/oder Leistung auf	Nicht durch Amtsalter und/oder Leistung gerechtfertigte Karriere

---

50 Bei Webers Idealtyp der legalen bzw. rationalen Herrschaft handelt es sich nicht um eine Verherrlichung oder normative Festschreibung deutscher Verwaltungsvorstellungen oder -institutionen, sondern um Abstraktion und die Schaffung eines „reinen" Modells, das beispielsweise Vergleiche mit realen Verwaltungen ermöglicht, aber nicht unbedingt stets optimale Prozesse und Ergebnisse gewährleistet. Zu den Möglichkeiten und Schwächen der bürokratischen Verwaltungsorganisation nach Weber aus der Perspektive der Verwaltungssoziologie siehe Mayntz (1985: 109-121) und die letzten Absätze dieses Abschnitts.

Merkmale idealtypisch rational-bürokratischer Verwaltungsorganisation nach Max Weber	Beispiele für die Unterminierung dieser Merkmale durch Korruption bzw. korruptionsnahe Handlungen
Der Beamte eignet sich die ihm anvertrauten Verwaltungsmittel nicht an	Unterschlagung oder Aneignung anvertrauter Mittel
Der Beamte unterliegt einer einheitlichen Amtsdisziplin und Kontrolle	Verletzung der Amtsdisziplin und Umgehung der Kontrolle
Der Beamte arbeitet regelgebunden	Verletzung der einschlägigen Regeln
Der Beamte orientiert sich am Prinzip der Aktenmäßigkeit	Missachtung des Prinzips der Aktenmäßigkeit

Quelle: *Eigene Zusammenstellung, linke Spalte in Anlehnung an Weber (1980: 126-127).*

Die Übersicht macht deutlich, wie Amtsmissbrauch zum partikularen Vorteil (nicht notwendigerweise im Zusammenhang mit Bestechungshandlungen) die idealtypische Funktionsfähigkeit bürokratisch organisierter Verwaltungen beeinträchtigen kann. Eine völlige Durchsetzung bürokratischer Prinzipien sollte aus Webers Perspektive korrupte Handlungen der Verwaltungsmitarbeiter weitgehend unterbinden: „corruption occurs when the system of legal-rational dominance is not yet complete; loopholes remain for the bureaucrat's private motives" (Rubinstein/von Maravić 2010: 34).

Bürokratische Prinzipien als Korruptionsprävention

Der Idealtyp der traditionalen Herrschaft nach Weber basiert „auf dem Alltagsglauben an die Heiligkeit von jeher geltender Traditionen und die Legitimität der durch sie zur Autorität Berufenen" (Weber 1980: 124). Die zentrale Gemeinwohlorientierung in der traditionalen Herrschaft zielt auf den Herrscher (Monarchen): Schädigung der durch ihn repräsentierten, auf Tradition beruhenden Ordnung zum partikularen Vorteil ist Korruption. Nach der entsprechenden Systemlogik kann aber auch der Herrscher korrupt handeln, wenn er die Macht, die ihm das traditionelle Normensystem verleiht, aus egoistischen Motiven missbraucht und er somit das legitimierende Ordnungsgefüge verlässt. Korruption war für Weber eher ein Phänomen traditionaler Herrschaftsformen (vgl. Weber 1980: 139). Aus historischer Sicht zeichnete sich die Diskussion über Korruption insbesondere in der frühen Neuzeit durch eine zunehmende Abkehr vom traditionalen bzw. patrimonialen Gemeinwohlverständnis hin zu rational-bürokratischen Gemeinwohlprinzipien mit längeren überlappenden Perioden aus, die durch Normenkonkurrenz geprägt waren (Grüne/Tölle 2013). Traditionale Administrationen verfügen idealtypisch nicht über einen rational-bürokratisch organisierten Verwaltungsstab.[51] Die Folge ist bzw. war häufig Willkürherrschaft der Verwaltungsmitarbeiter auf unterschiedlichen Ebenen zum privaten Vorteil. „Grundsätzlich anders steht es nur, wo der Patrimonialherr im eigenen Macht- und Finanzinteresse zu

Traditionale Herrschaft

---

51 „Es fehlt dem Verwaltungsstab der traditionalen Herrschaft im reinen Typus: a) die feste ‚Kompetenz' nach sachlicher Regel, b) die feste rationale Hierarchie, c) die geregelte Anstellung durch freien Kontrakt und das geregelte Aufrücken, d) die Fachgeschultheit (als Norm), e) (oft) das feste und (noch öfter) das in Geld gezahlte Gehalt." (Weber 1980: 131)

rationaler Verwaltung mit Fachbeamtentum greift." (Weber 1980: 139), es also zu einer Mischung aus traditionaler und legal-bürokratischer Herrschaft kommt.

Charismatische Herrschaft

Idealtypische charismatische Herrschaft nach Weber beruht „auf der außeralltäglichen Hingabe an die Heiligkeit oder die Heldenkraft oder die Vorbildlichkeit einer Person und der durch sie offenbarten oder geschaffenen Ordnungen" (Weber 1980: 124). Für die zum volatilen Herrschaftsverband gehörenden Mitarbeiter – eine auf Dauer eingerichtete Organisationsstruktur existiert hier in der Regel nicht – besteht vor allem eine Pflicht zur Befolgung der durch den charismatischen Herrscher (in der Regel ad hoc und fallweise) geschaffenen Normen (Weber 1980: 140). Als Korruption kann man vor diesem Hintergrund eine spezifische Pflichtverletzung zum persönlichen Vorteil ansehen – etwa eine egoistische Ausnützung der charismatischen Herrschaftsordnung, die deren Grundwerte bzw. den Glauben daran unterminiert. Auch in dieser Herrschaftsform kann der monokratische Herrscher korrupt handeln, etwa wenn er durch eigennützige Handlungen seine exzeptionelle Vorbildlichkeit aufs Spiel setzt oder die output-Legitimation seiner Herrschaftsordnung untergräbt: „bringt seine Führung kein Wohlergehen für die Beherrschten, so hat die charismatische Autorität die Chance, zu schwinden" (Weber 1980: 140).

Jann/Bogumils normative Bilder der Verwaltung

Im Hinblick auf die reale Vielfalt rechtsstaatlich organisierter Administrationen, die sich mehr oder weniger an Webers Idealtyp der legalen Herrschaft mit bürokratischem Verwaltungsstab orientieren, lassen sich abstrahierend verschiedene Verwaltungsmodelle unterscheiden. Hier soll beispielhaft auf die vier von Jann/ Bogumil (2009: 199-206) idealtypisch herausgearbeiteten „normativen Bilder der Verwaltung" eingegangen werden: autonome Verwaltung, hierarchische Verwaltung, kooperative Verwaltung und responsive Verwaltung. Im Folgenden wird skizziert, in welcher Art und Weise Korruption diese Verwaltungskonzepte jeweils unterminieren kann.

Autonome Verwaltung

Im Zentrum des Idealtyps der autonomen Verwaltung steht eine neutrale Bürokratie, deren Aufgabe es ist, auf der Grundlage ihrer professionellen Ausbildung, Praxiserfahrung und Sozialisation das Gemeinwohl zu erkennen und in Form adäquater Maßnahmen zu realisieren. Externe Einflüsse (z. B. Politiker, Interessenorganisationen, Bürger) werden hier als potentiell partikularistische und schädliche Umwelteinwirkungen auf den administrativen Willensbildungs- und Implementationsprozess gesehen (Jann/Bogumil 2009: 199-200, 203-206). Korruption kann in diesem Bild von Verwaltung zum einen von innen heraus entstehen, etwa wenn sich ein Beamter nicht an Amtspflichten, Amtskompetenzen oder Regelungen hält, um sich selbst Vorteile zu verschaffen. Korruptives Handeln ist hier zum anderen aber auch möglich, wenn ein externer Akteur einen illegitimen Einfluss auf die Verwaltungsarbeit nehmen möchte und entsprechend erfolgreich auf Verwaltungsmitarbeiter einwirkt, d. h. die autonome Gemeinwohlorientierung unterminiert.

Hierarchische Verwaltung

Dem normativen Bild der hierarchischen Verwaltung liegt das Leitbild des liberalen und repräsentativ-demokratisch gesteuerten Rechtsstaats zugrunde (es ist daher nicht mit dem hierarchischen Governancemodus in Verwaltungen gleichzusetzen). Die Bürger wählen direkt oder mittelbar politische Repräsentanten (Parlament und Regierung), welche die Verwaltung steuern und überwachen. Der Bürokratie kommt hier eine rein exekutierende Funktion zu: Ihre Aufgabe ist es, im Rahmen demokratischer Verfahren zustande gekommene Entscheidungen und Programme effektiv und neutral umzusetzen (Jann/Bogumil 2009: 199, 201, 203-206). Ein Ansatzpunkt für Korruption in diesem Modell befindet sich auf der politischen Ebene, etwa bei der Verzerrung des politischen Wettbewerbs oder der politischen Chancengleichheit im Vorfeld von Wahlen oder parlamentarischen Abstimmungen durch illegitime Transfers von Vorteilen (vgl. 2.1.1). Im administrativen Bereich kann Korruption hier insbesondere bedeuten, dass demokratisch legitimierte Politiken auf der Implementationsebene nach den partikularistischen Vorstellungen der korrupt Handelnden verfälscht werden.

Der Idealtyp der kooperativen Verwaltung sieht Bürokratien als Partner von primär Politikern und Vertretern organisierter Interessen mit dem Ziel, adäquate Lösungen für kollektive Probleme in hochdifferenzierten Politikfeldern zu finden. Verwaltungseinheiten agieren hier ausgleichend, koordinierend, vermittelnd und strukturierend zwischen verschiedenen betroffenen und kompetenten, häufig in Netzwerken organisierten Akteuren (Jann/Bogumil 2009: 199, 201-206). Korruption sabotiert etwa die in diesem Modell bestehende Verwaltungsrolle als kooperativer Verhandlungspartner und problemlösungsorientierter Netzwerkakteur. So kann korruptives Verhalten etwa dazu führen, dass Verwaltungsmitarbeiter aus unsachlichen Gründen bestimmte Akteure in Netzwerken bevorzugen, Fachinformationen einseitig zu ihren Gunsten oder zugunsten ihrer korrupten Partner einsetzen oder Verhandlungsprozesse nicht ergebnisoffen moderieren, sondern eine bestimmte, Partikularinteressen begünstigende Entscheidung ansteuern.

Kooperative Verwaltung

Das normative Bild der responsiven Verwaltung beschreibt administrative Organisationen als Dienstleister, die im Wettbewerb mit anderen „Anbietern" um eine möglichst effiziente Erfüllung der Bedürfnisse ihrer Kunden (Bürger) bemüht sind. Die Bürger als Klienten und Konsumenten öffentlicher Dienstleistungen sind hier stark und direkt an der Formulierung politisch-administrativer Maßnahmen beteiligt, Bürokraten agieren als öffentliche Manager und Entrepreneure (Jann/ Bogumil 2009: 199, 202-206). Korruption unterminiert die dieses Modell prägende partizipative Dienstleistungsphilosophie der Verwaltung. So kommt es beispielsweise nicht oder nur teilweise zur Orientierung an den Präferenzen der Bürger, wenn Verwaltungsmitarbeiter ihre Gestaltungsspielräume zum eigenen Vorteil missbrauchen.

Responsive Verwaltung

Die sozialwissenschaftliche Verwaltungsforschung hat zum einen darauf hingewiesen, dass Verwaltungen in liberalen, demokratisch verfassten Rechtsstaaten nur zum Teil Webers legalem Herrschaftstypus mit bürokratischem Verwaltungsstab entsprechen. Sie bewertet diesen Umstand zum anderen zumindest partiell als positiv, weil sich die Elemente bürokratischer Organisation in der Praxis unter Umständen nachteilig auswirken können. Diese Befunde sind auch aus Sicht der Korruptionsforschung von Interesse. Mayntz (1985: 112-113) betont, dass die Realität vieler Behörden durch Modifizierungen hierarchischer Governance und informelle Beziehungen geprägt ist. Letztere haben oftmals ihren Ursprung in den persönlichen Interessen der Organisationsmitglieder. Zu rigide Regelbindung, zu

Mayntz: Realität bürokratischer Organisation

eng umrissene feste Zuständigkeiten und zu starke hierarchische Abhängigkeiten könnten zu defizitärer „Anpassungsfähigkeit und Innovationsschwäche" führen (Mayntz 1985: 118).

Bei all den Vorzügen, die Weber der bürokratischen Organisationsform zuschreibt (siehe oben), haben empirisch arbeitende Verwaltungswissenschaftler sie

> *„als starr, langsam und ineffektiv kritisiert. Dabei sind die Mängel der bürokratischen Organisation nicht etwa die vermeidbare Entartung eines eigentlich positiven Prinzips. Vorzüge und Mängel bürokratischer Organisation sind vielmehr zwei Seiten der gleichen Medaille, d. h. sie folgen beide aus den gleichen Strukturprinzipien."* *(Mayntz 1985: 115)*

Ein punktuelles Umgehen der Amtshierarchie (etwa für eine zweckmäßige Koordinierung mit bestimmten Mitarbeitern anderer Ämter) oder eine gegebenenfalls flexible Auslegung einer Vorschrift (z. B. um ein klares Organisationsziel erreichen zu können) ist – zumindest aus teleologischer Sicht – meist nicht als Dysfunktionalität zu werten, vor allem nicht als intentionaler Missbrauch zum partikularen Vorteil. Derartige Handlungen hat Niklas Luhmann als „brauchbare Illegalität" bezeichnet (Luhmann zitiert in Mayntz 1985: 114). Korruption liegt demgegenüber eindeutig bei einer klaren Verletzung von Amtspflichten (im Sinne anvertrauter öffentlicher Macht) zum privaten Nutzen vor. Eine solche Verhaltensweise ist in der Regel nicht funktional, sondern bedeutet eine Schädigung von Organisations- und/oder Gemeinwohlinteressen (vgl. 2.3.1).

In Kontexten, die nach anpassungsfähigen und innovativen Verwaltungseinheiten verlangen, kann das sogenannte professionell-teamartige Organisationsmodell der bürokratischen Organisation überlegen sein. Es zeichnet sich unter anderem durch professionelle Spezialisten, eine geringe Regelungsdichte, flexible Aufgabenbereiche, netzartige Kommunikations- und Kontrollstrukturen sowie fachliche Autorität anstelle von Amtsautorität aus (Mayntz 1985: 120-121). Dieses Organisationsmodell mag aus funktionaler Sicht manche Vorteile mit sich bringen – wenn auch nicht in Bereichen, die lediglich zuverlässige, schematische Routinetätigkeiten erfordern (Mayntz 1985: 121) –, es beinhaltet allerdings auch beachtliche Einfallstore für Korruption. So wirken Regelgebundenheit, feste Zuständigkeiten und hierarchische Kontrollstrukturen jenseits potentieller Schwächen oftmals korruptionspräventiv. Von den Restriktionen bürokratischer Organisation befreit, kann man gegebenenfalls motivierter, flexibler und innovativer arbeiten, aber korrupte Handlungen lassen sich theoretisch auch leichter anbahnen, durchführen und vertuschen. Aus funktionaler Perspektive resümiert Mayntz (1985: 121):

> *„Die Webersche These von der überlegenen Zweckmäßigkeit bürokratischer Organisation ist nicht entweder richtig oder falsch, sondern sie gilt – aber nur unter bestimmten Voraussetzungen. Dasselbe trifft für die professionell-teamartige Organisationsform zu, die ebenfalls kein allgemeines Ideal ist, aber unter bestimmten Bedingungen zweckmäßiger als eine bürokratische Organisation arbeitet."*

3.2   Ursachen für Korruption in der Verwaltung

Grundsätzlich gilt auch hinsichtlich der öffentlichen Verwaltung, dass die Ursachen für Korruption auf der gesamtgesellschaftlichen Ebene, der institutionellen Ebene und der individuellen Ebene angesiedelt sind. Die in Abschnitt 2.4 genannten, allgemeinen korruptionsbegünstigenden Elemente treffen häufig auch auf die öffentliche Verwaltung zu. Für die unterschiedlichen Ebenen können in Bezug auf die Verwaltung aber im Folgenden noch spezifischere Faktoren benannt werden (vgl. etwa Dölling 2007a; Tanzi 1998; Wewer 1992):

Korruptionsursachen auf verschiedenen Ebenen

- Auf der gesamtgesellschaftlichen Ebene sind Rahmenbedingungen wie beispielsweise Besoldungs- und Karriereregelungen für den öffentlichen Dienst von Bedeutung. Verwaltungsmitarbeiter, die das Gefühl haben, nicht entsprechend ihrer Leistung entlohnt zu werden, oder keinerlei Aufstiegschancen sehen, dürften tendenziell eher zu korrupten Handlungen neigen. Von Bedeutung sind wohl auch das allgemeine Ansehen des öffentlichen Dienstes, kollektive Werte wie Pflichtgefühl gegenüber dem Gemeinwesen und das Verhalten hochrangiger Personen im politisch-administrativen System. Hier können entsprechende Defizite (geringschätziges Bild der öffentlichen Verwaltung, kaum positive Werte gegenüber dem Gemeinwesen, schlechte Vorbilder) korruptionsfördernd wirken. Aus dem Blickwinkel der Geberseite wird etwa einer hohen Regelungsdichte sowie einer großen Steuer- und Abgabenbelastung nachgesagt, die Anreize für Bestechungszahlungen an Mitarbeiter der öffentlichen Verwaltung zu erhöhen. Nachteilige gesellschaftliche Werte (etwa eine Neigung zu informellem Handeln) und negative Vorbilder haben vermutlich eine ähnliche Wirkung.

Ursachen auf gesamtgesellschaftlicher Ebene

- Im Hinblick auf die institutionelle Ebene spielen z. B. die von Klitgaard (1988: 75; siehe 2.4) und anderen Autoren betonten organisationalen Rahmenbedingungen eine wichtige Rolle. Verwaltungsbereiche, in denen ein einzelner Mitarbeiter wichtige Entscheidungen trifft, dabei über einen weiten Ermessensspielraum verfügt und kaum Kontrollen unterliegt, sind aus dieser Perspektive vergleichsweise stark korruptionsgefährdet. Als korruptionsfördernd gilt etwa auch, wenn keine klaren Antikorruptionsvorschriften existieren, kein integres Verhalten von der Behördenspitze vorgelebt wird, Hinweisgeber mit Nachteilen rechnen müssen, Sanktionen nicht abschreckend wirken und ungünstige Arbeitsbedingungen herrschen, welche die Identifikation mit den gemeinwohlorientierten Organisationszielen beeinträchtigen. Besonders nachteilig ist es, wenn sich über Jahre hinweg netzwerkartige korruptive Strukturen in einzelnen Abteilungen etablieren, die in der Lage sind, neue Mitarbeiter im Wege der Sozialisierung schrittweise an korrupte Handlungen heranzuführen und sie immer mehr in solche einzubinden.

Ursachen auf institutioneller Ebene

- Was die individuelle Ebene anbelangt, neigen Verwaltungsmitarbeiter wohl grundsätzlich eher zu korrupten Handlungen, wenn sie mit ihrer beruflichen Situation unzufrieden sind, etwa weil sie sich unzureichend bezahlt oder generell zu wenig wertgeschätzt fühlen (insbesondere im Vergleich mit

Ursachen auf individueller Ebene

statusähnlichen Werktätigen in der freien Wirtschaft), keine Karrierechancen sehen, wenig motivierende oder ihnen eher sinnlos erscheinende Tätigkeiten erledigen müssen, kaum Mitspracherechte besitzen oder an ihrem spezifischen Arbeitsumfeld wenig Freude haben. Derartige Faktoren können dazu beitragen, dass sich Verwaltungsangestellte wenig(er) mit dem Ziel ihrer Behörde identifizieren, dem Gemeinwesen zu dienen. Auch persönliche Faktoren wie finanzielle Schulden, ein starkes Streben nach Geld- und Statusgewinn oder eine gewisse Betrügermentalität dürften von Bedeutung sein (vgl. Bannenberg 2002). Nicht wenige korrupt handelnde Verwaltungsmitarbeiter begehen sonst keine kriminellen Taten; dies deutet auch darauf hin, dass sie zumindest teilweise ihre korrupten Aktivitäten rationalisieren, also mithilfe gewisser Legitimationsfiguren rechtfertigen, um moralischen Bedenken entgegenzuwirken (vgl. 2.4).

Göttrik Wewer (1992) hat – teilweise ergänzend, teilweise überlappend im Hinblick auf die bisher dargestellten Faktoren – verschiedene bemerkenswerte Hypothesen zur Entstehung von Korruption in der öffentlichen Verwaltung entwickelt, die an Aktualität nichts eingebüßt haben (aber weiterhin überwiegend empirisch kaum überprüfbar sind). Sie werden im Folgenden zitiert, kurz erläutert und auch stichpunktartig kritisch hinterfragt:

Wachstum des öffent-   •   *„Wenn sich die Zahl der Beschäftigten im öffentlichen Dienst in vierzig Jah-*
lichen Dienstes   *ren Bundesrepublik nahezu verdreifacht hat, dann läßt sich allein schon aus*
                              dieser quantitativen Ausdehnung der Verwaltung ein höheres Maß an Kor-
                              ruption ableiten.“ (Wewer 1992: 304) Der Staat kann bei der Auswahl des
                              Personals unter Umständen nicht mehr so selektiv vorgehen und stellt daher womöglich auch weniger integre Persönlichkeiten ein. Zudem sinken
                              in großen Behörden tendenziell die Kontrollintensitäten und -möglichkeiten gegenüber dem einzelnen Verwaltungsmitarbeiter. Gegen diese These
                              spricht, dass man einer erhöhten Korruptionsgefahr durch verstärkte präventive und repressive Antikorruptionsmaßnahmen (vgl. 3.4) entgegenwirken
                              kann – ein kleiner Teil der neu eingestellten Verwaltungsmitarbeiter kann
                              ja sogar explizit ganz oder teilweise mit der Eindämmung von Korruption
                              befasst werden. Eine geringe Zahl von Beamten und Angestellten im öffentlichen Dienst bedeutet nicht automatisch ein niedriges Korruptionsniveau:
                              Unter ungünstigen Bedingungen (vgl. oben und 2.4) kann hier eine wesentlich größere Korruptionsbelastung vorliegen als bei einer deutlich höheren
                              Anzahl von Beschäftigten.

Zunahme der   •   *„Wenn die Regelungsdichte im Verwaltungsstaat beständig zunimmt, dann*
Regelungsdichte   *läßt sich auch daraus ganz allgemein ein Anwachsen der Korruption in der*
                           Bürokratie ableiten.“ (Wewer 1992: 307) Dieses klassische Argument wurde bereits mehrfach erwähnt (vgl. 2.3.2, 2.6.2.2). Mit zunehmender Regulierungsintensität wachsen grundsätzlich die Anreize für private Akteure,
                           belastende Vorschriften notfalls mittels krimineller Methoden zu umgehen.
                           Trotzdem kann diese recht allgemein gehaltene These in der Theorie kritisch beleuchtet werden. Sie bedarf gegebenenfalls der Qualifizierung bzw.
                           Präzisierung, denn Regelungen sind in unterschiedlichem Maße korrupti-

onsanfällig. Vorschriften, die den Zugang zu knappen Gütern regeln, dürften eher Anlass zu deviantem Handeln bieten als Normen, die jedermann zugängliche Güter regulieren (vgl. Korte 2007: 295). Außerdem können Regelungen auch korruptionseindämmend wirken: Keine oder sehr begrenzte rechtliche Vorgaben bedeuten – abgesehen von etwaigen funktionalen Nachteilen – tendenziell weite Entscheidungsspielräume, die Beschäftigte im öffentlichen Sektor unter Umständen zum eigenen Vorteil missbrauchen können (vgl. Klitgaard 1988: 75). Nicht nur eine sehr hohe Regelungsdichte, sondern auch eine sehr niedrige Regelungsdichte bei knappen Gütern dürfte ein größeres Korruptionsrisiko bedeuten. Es ist natürlich nicht leicht, in der Rechtsetzungspraxis den richtigen regulativen Mittelweg zu finden (der möglicherweise aus funktionalen bzw. politischen Gesichtspunkten nur suboptimal erscheint).

- *„Wenn sich in der Gesellschaft insgesamt ein Trend zum Eigennutz durchsetzt, dann ist schwer zu verstehen, warum davon ausgerechnet die Verwaltung nicht erfaßt sein sollte."* (Wewer 1992: 308) Verwaltungsmitarbeiter leben nicht isoliert von der Gesellschaft. Vollzieht sich ein genereller Wertewandel in Richtung Profitstreben zulasten gemeinwohlorientierter Einstellungen, dürfte dies auch früher oder später Auswirkungen auf die öffentliche Verwaltung haben. Gegen diese Annahme kann zunächst eingewendet werden, dass eine eigennützige Einstellung bei Verwaltungsmitarbeitern nicht notwendigerweise zu korruptivem Verhalten führt. Unter gewissen Rahmenbedingungen kann es sogar im wohlverstandenen Eigeninteresse sein, seine dienstlichen Aufgaben korrekt zu erfüllen. Außerdem ist hier kritisch anzumerken, dass man einem nachteiligen Wandel von Einstellungen oder Werten durch adäquate Antikorruptionsmaßnahmen entgegenwirken kann und das Korruptionsniveau in der öffentlichen Verwaltung als abhängige Variable folglich nicht quasi-automatisch ansteigen muss. Als wichtige Elemente in diesem Zusammenhang lassen sich anführen: eine sorgfältige Personalpolitik (Auswahl möglichst integrer Persönlichkeiten), eine Sensibilisierung für Korruptionsgefahren, Antikorruptionsschulungen sowie attraktive Arbeitsbedingungen (beispielsweise gute Bezahlung, Arbeitsplatzsicherheit, Aufstiegschancen, Mitspracherechte, sinnvolle Tätigkeiten, angenehmes Arbeitsplatzumfeld, Wertschätzung und Einbindung durch KollegInnen und Vorgesetzte).

Gesellschaftlicher Trend zum Eigennutz

- *„Wenn die politische Führung der Verwaltung selbst den Eindruck erweckt, es mit gesetzlichen Beschränkungen nicht allzu genau zu nehmen, dann ist allgemein zu vermuten, daß diese schlechten Vorbilder über kurz oder lang auch auf die niederen Ränge der Beamtenschaft abstrahlen."* (Wewer 1992: 310) Auf die mit negativen Vorbildern verbundenen potenziell demoralisierenden Auswirkungen wurde bereits hingewiesen (siehe oben). Auch entsprechende Rationalisierungsfiguren können die Folge sein („Wenn selbst die da oben das machen, mache ich es auch."). Andererseits ist es möglich, dass Verwaltungsmitarbeiter aufgrund von Ausbildung und Sozialisation ein weitgehend legalistisch-bürokratisch geprägtes Amtsverständnis

Schlechte Vorbilder in der politischen Führung

und eine professionelle Arbeitsethik im Sinne Max Webers (vgl. 3.1) entwickeln und sich bei im Übrigen günstigen Kontextbedingungen bewusst von Politikern und deren unter Umständen regelwidrigen Handlungen abgrenzen („Politiker mögen so handeln, wir Beamte verhalten uns anders."). Zudem gelten für Beamte und Angestellte im öffentlichen Sektor häufig strengere bzw. andere Regelungen als für (Partei-) Politiker, etwa Neutralitäts- und Sachlichkeitsgebote. Auch schärfere Kontrollen (Amtshierarchie) und strengere Sanktionsdrohungen (Disziplinarrecht) können das etwaige Abstrahlen negativer Verhaltensweisen auf Verwaltungsmitarbeiter in mittleren und unteren Positionen abschwächen.

Relevanz des Geldes   •   *„Korruption ist immer dort wahrscheinlich, wo viel Geld auf dem Spiel steht."* (Wewer 1992: 316) Diese Hypothese ist fast selbsterklärend: Wo es um viel Geld geht (etwa bei der öffentlichen Auftragsvergabe), sind private Akteure in Konkurrenzsituationen tendenziell eher bereit, Verwaltungsmitarbeiter mittels korrupter Praktiken zu Entscheidungen zu ihren Gunsten zu bewegen. Beamte und Angestellte ihrerseits sind einer größeren Versuchung ausgesetzt, Unterschlagungs- oder Veruntreuungsdelikte zu begehen. Diese These ist zwar sehr plausibel, sie vernachlässigt jedoch, dass Geld nicht das einzige knappe Gut ist, das ein erhöhtes Korruptionsrisiko mit sich bringt. So können etwa schwierig zu erlangende amtliche Genehmigungen oder Bescheinigungen ebenfalls eine größere Korruptionsgefahr bedeuten (vgl. Korte 2007: 295). Außerdem übersieht der Fokus auf grand corruption, dass petty corruption (vgl. 2.2) möglicherweise auch deshalb unter Umständen systemische Ausmaße annehmen kann, weil gerade bei untergeordneten, massenhaften und routinemäßigen Entscheidungen in der öffentlichen Verwaltung die Kontrolldichte mitunter besonders niedrig ist.

Extreme   •   *„Korruption ist immer dort wahrscheinlich, wo extreme Abhängigkeiten*
Abhängigkeiten   *bestehen."* (Wewer 1992: 318) Wenn staatliche Stellen über Entscheidungs oder Finanzierungsmonopole verfügen und ein privater Akteur nur von einer bestimmten Behörde eine für ihn sehr wichtige Bewilligung oder Förderung bekommen kann, besteht gegebenenfalls der Anreiz, durch Korruption einen positiven Bescheid zu erreichen. Auch starke persönliche Abhängigkeiten können das Korruptionsrisiko erhöhen. So kann eine administrative Führungskraft unter Umständen von ihr abhängige Verwaltungsmitarbeiter dazu bringen, deviante Handlungen zum privaten Vorteil des Vorgesetzten zu dulden oder zu begehen. Allerdings bergen nicht nur extreme Abhängigkeiten im Sinne von Entscheidungsmonopolen Korruptionsgefahren. Auch kompetitive Kontexte mit einer Vielzahl an Entscheidungsträgern können Anreize für regelwidriges Verhalten schaffen (Kontingenzreduzierung durch Wettbewerbsverzerrung mithilfe von Korruption; vgl. 2.2).

Eingeschränkte Kon-   •   *„Korruption ist immer dort wahrscheinlich, wo die gewöhnlichen Kontroll-*
trollmechanismen   *mechanismen innerhalb der Verwaltung stark eingeschränkt sind."* (Wewer 1992: 319) Insbesondere in intransparenten Bereichen, die von internen und externen Kontrollinstitutionen kaum erreicht werden und trotzdem angesichts knapper Güter ein gewisses Missbrauchspotenzial bieten, steigt die

Korruptionsgefahr. Hier besteht im Sinne des Schemas von Klitgaard (1988: 75) ein erhöhtes Risiko, dass vor dem Hintergrund verringerter Verantwortlichkeit Entscheidungsmonopole und/oder Ermessensspielräume missbräuchlich zum partikularen Vorteil genutzt werden. Manche Verwaltungsbereiche, in denen eher geringe Kontrollen bestehen, könnten allerdings kaum ohne unverhältnismäßigen Aufwand wesentlich kontrollintensiver ausgestaltet werden (etwa die Standardsituation zweier Polizisten auf regelmäßiger Streife). Es gibt jedoch auch Situationen (z. B. Notfälle oder Krisen), in denen es sinnvoll erscheint, zur Erreichung politischer Ziele übliche Kontrollmechanismen einzuschränken. Beispielhaft kann diesbezüglich die Hochsetzung der Schwellenwerte bei der öffentlichen Auftragsvergabe während der Finanz- und Wirtschaftskrise vor einigen Jahren zur Erleichterung der Erteilung von öffentlichen Aufträgen mit der Absicht der Stimulierung der Wirtschaft genannt werden. Die Korruptionsgefahr wird in solchen Fällen erhöht (was den politisch-administrativen Entscheidungsträgern nicht immer bewusst ist), um – durchaus gemeinwohlorientierte – politische Ziele zu erreichen.

- *„Korruption ist immer dort wahrscheinlich, wo Politik und Parteien in die Entscheidungen der Verwaltungen eingreifen können."* (Wewer 1992: 321) Zwar ist eine von parteipolitischen Einflüssen isolierte Verwaltung nicht notwendigerweise korruptionsfrei, doch bereits das webersche Bürokratiemodell ist maßgeblich von dem Grundgedanken geprägt, dass ein lebenslang angestellter und gut alimentierter, fachlich qualifizierter Beamter, der in eine feste Amtshierarchie, Kontroll- und Kompetenzstruktur eingebunden ist und regelorientiert zu arbeiten hat, primär sachliche und nicht parteiliche Entscheidungen trifft (vgl. 3.1). Dieser Ansatz ist beispielsweise dort gefährdet, wo die parteipolitisch besetzte Spitze von Ministerien versucht, durch einseitige, unsachliche oder gar willkürliche Anordnungen gegenüber der weisungsgebundenen Verwaltung illegitime eigene Ziele zu verwirklichen, scien es politische Programme (Klientelpolitik) oder Personalentscheidungen (Patronage/Vetternwirtschaft). Es lässt sich allerdings fragen, ob eine weitgehend autonome Verwaltung (zum Idealtyp siehe Jann/Bogumil 2009: 199-200, 203-206; 3.1), die von der These indirekt idealisiert oder verklärt wird, notwendigerweise und in jedem Fall korruptionsresistenter ist. Wie oben bereits herausgearbeitet wurde, gibt es auch bei autonom ausgestalteten Verwaltungseinheiten verschiedene Einfallstore für Korruption (siehe 3.1). So soll eine gemeinwohlabträgliche Verselbständigung administrativer Organisationen ja auch im Sinne des normativen Bildes der hierarchischen Verwaltung (siehe Jann/Bogumil 2009: 199, 201, 203-206; 3.1) durch politisch besetztes, im Zuge von Wahlen legitimiertes Führungspersonal verhindert werden. Außerdem soll diese Führungsspitze ihre somit demokratisch legitimierten politischen Programme mithilfe der Verwaltung umsetzen. Die Frage scheint also weniger, ob „Politik und Parteien" in Entscheidungsbereiche von Verwaltungsorganisationen eingreifen dürfen, sondern *bis zu welcher Entscheidungstiefe* administratives Handeln politisiert werden soll-

Parteipolitischer
Einfluss

te. Rechtsstaatliche und auch funktionale Erwägungen sprechen dafür, den Handlungsspielraum der politischen Führungsspitze auf gewisse abstraktere Entscheidungen im Rahmen von Gesetzen und Verfassung sowie die Personalselektion auf den höheren Hierarchieebenen zu begrenzen.

Prämissen verschiedener theoretischer Ansätze

Abschließend ist noch zu bemerken, dass verschiedene Theorien zur Erklärung bzw. Erforschung von Korruptionsphänomenen in der öffentlichen Verwaltung von unterschiedlichen Prämissen ausgehen. Ökonomische Ansätze basieren häufig primär auf der Annahme eines Eigeninteresses von Verwaltungsmitarbeitern an der persönlichen und/oder teilorganisationalen Profitmaximierung (vgl. Niskanen 1971; Downs 1967). Eine an Max Weber orientierte verwaltungstheoretische Perspektive erklärt Korruptionsphänomene mit der unvollständigen Umsetzung rational-bürokratischer Verwaltungsorganisationsprinzipien (Rubinstein/von Maravić 2010). Für einen kulturwissenschaftlich-soziologischen Ansatz sind persönliche Einstellungen – etwa im Hinblick auf informelles Handeln – von besonderer Wichtigkeit (z. B. Grødeland 2010). Ein systemtheoretischer Zugang versteht Korruption als „die Verletzung eines spezifischen Handlungsprogramms, welches für die Mitglieder eines ausdifferenzierten gesellschaftlichen Teilsystems steht" (Morlok 2005: 136; vgl. auch Aderhold/Döring 2010; Hiller 2010). Hier kann ein Bogen zum Anfang dieses Abschnitts geschlagen werden, denn ein wesentlicher Unterschied zwischen den genannten theoretischen Ansätzen besteht in der Ebene, der jeweils zentrale analytische Bedeutung bei der Erforschung von Korruptionsursachen beigemessen wird: gesamtgesellschaftliche bzw. systemische Ebene, institutionelle bzw. organisationale Ebene oder individuelle bzw. persönliche Ebene.

3.3   Welche Verwaltungsbereiche sind besonders betroffen?

Bereiche mit Anreizen für korruptes Handeln

„Herrschaft ist im Alltag primär: Verwaltung" (Weber 1980: 126). Analog zu diesem bekannten Zitat lässt sich postulieren: „Korruption im öffentlichen Sektor ist im Alltag primär: Unterminierung der Verwaltung" (vgl. 3.1). Wo administrative Tätigkeiten keine oder kaum Anreize für Verwaltungsmitarbeiter bieten, anvertraute Macht zu missbrauchen, besteht ein eher geringes Korruptionsrisiko. Dasselbe gilt für Verwaltungsaktivitäten, die für Externe wenige Anreize schaffen, auf einen Missbrauch anvertrauter Macht hinzuwirken. In den umgekehrten Fällen ist von einer erhöhten Korruptionswahrscheinlichkeit auszugehen. Hierzu zählen generell Bereiche, *„wo viel Geld auf dem Spiel steht"* (Wewer 1992: 316) und *„wo extreme Abhängigkeiten bestehen"* (Wewer 1992: 318) (vgl. 3.2).

Vergabe finanzieller Mittel, Erteilung von Genehmigungen, vertrauliche Informationen

Nach Korte (2007: 295) gehören zu solchen korruptionsgefährdeten Arbeitsgebieten[52]

> *„alle Aufgaben im Bereich der* **Vergabe** *von* **Aufträgen, Subventionen, Zuwendungen** *und sonstigen* **Fördermitteln**, *der* **Erteilung** *von* **Genehmigungen, Lizenzen** *und Konzessionen sowie der* **Erhebung** *und* **Festsetzung** *von* **Steuern, Abgaben** *und* **Gebühren**. *Betroffen sind zudem häufig Arbeitsbereiche, in denen* **vertrauliche behördeninterne Informationen** *zugänglich sind. Nach den Empfehlungen zur Richtlinie der Bundesregierung zur Korrup-*

---

52 Hervorhebungen durch den Autor. Vgl. auch Bücker-Gärtner (2011: 474).

tionsprävention ist ein Arbeitsgebiet korruptionsgefährdet, wenn durch das Verhalten oder die Entscheidung der Behördenmitarbeiter **Außenstehende materielle oder immaterielle Vorteile** *erhalten oder* **Nachteile von ihnen abgewendet** *werden und die Außenstehenden* **den Behördenmitarbeitern Vorteile zuwenden** *können, auf die diese keinen Anspruch haben. Bei den besonders korruptionsgefährdeten Arbeitsbereichen muss zur Korruptionsanfälligkeit des Bereichs noch hinzukommen, dass es um bedeutende Vorteile oder um die Abwendung erheblicher Nachteile für den Korrumpierenden gehen kann. Zu den besonders korruptionsanfälligen Bereichen sollen neben den bereits oben genannten Arbeitsbereichen auch Tätigkeiten gehören, die mit* **häufigen Außenkontakten** *verbunden sind, und solche, deren Aufgabe das* **Bewirtschaften von Haushaltsmitteln im größeren Umfang** *ist.* "

Diese Zusammenstellung wird beispielsweise durch einige der oben (2.5.2) dargestellten empirischen Daten gestützt. So zielten mehr als die Hälfte der 2009 polizeilich erfassten Bestechungsfälle auf die Erlangung von Aufträgen oder behördlichen Genehmigungen ab (vgl. Tabelle 14). In Kommunalbehörden – die in großem Umfang für öffentliche Auftragsvergaben und die Erteilung von Genehmigungen zuständig sind – gibt es wesentlich mehr Fälle von Bestechlichkeit als in Bundes- und Landesbehörden, die nach den oben genannten Kriterien auch tendenziell weniger korruptionsgefährdet sind (vgl. Tabelle 11). In den folgenden Absätzen und Unterabschnitten wird auf die Korruptionsanfälligkeit einiger ausgewählter Verwaltungsbereiche exemplarisch eingegangen: Polizei, Universitäten (Promotionswesen), Gesundheitssektor und Kommunen. *(margin: Empirische Belege)*

Die deutsche Polizei war in den letzten Jahren sowohl in der Wahrnehmung der Bürger und der Medienberichterstattung als auch nach der polizeilichen Kriminalstatistik kein Brennpunkt der Korruption (vgl. die Tabellen 9-11). Dabei ist die Eingriffsverwaltung mit häufigen Außenkontakten in teilweise schwierigen Milieus besonders korruptionsgefährdet. Einerseits können Polizisten leicht das Ziel situativer Bestechungsversuche werden. Hier wird oft das Beispiel eines Mannes bemüht, der von einem Polizisten auf frischer Tat beim Überfahren einer roten Ampel ertappt wird und ihm spontan 100,- Euro in bar anbietet, damit der Beamte ihn einfach weiterfahren lässt. Andererseits besteht auch die Gefahr langfristiger korruptiver Beziehungen. So gab es beispielsweise in der Vergangenheit einige Fälle, in denen Polizisten Personen aus dem Rotlichtmilieu, mit denen sie früher schon öfters in Kontakt standen, vor Razzien der Kriminalpolizei warnten und dafür mit kostenlosen Bordellbesuchen belohnt wurden. Die Aufdeckung und Aufklärung von Straftaten bei der Polizei erweist sich mitunter als besonders schwierig, weil ein ausgeprägter Korps- und Kameradschaftsgeist die Beamten nicht selten davon abhält, intensiv gegen ihre Kollegen zu ermitteln und diese zu belasten. *(margin: Beispiel Polizei)*

Nicht nur die Bewilligung von Lizenzen und Genehmigungen bietet Angriffsflächen für Korruption in der Verwaltung, auch die Erteilung von Schul- und Hochschulabschlüssen. Die meist öffentlichen Bildungseinrichtungen verfügen hier über Beurteilungsprivilegien, die vor allem bei jenen Begehrlichkeiten wecken können, die sich von einem bestimmten Abschluss viel versprechen, diesen aber auf legalem Wege zu erreichen nicht in der Lage sind. Der Bildungssektor gilt in Deutschland zwar als wenig korrupt (vgl. Tabelle 9), in den vergangenen Jahren sind dennoch einige spektakuläre Korruptionsfälle bekannt geworden. Als anfällig hat sich etwa das Promotionswesen an deutschen Universitäten erwiesen *(margin: Beispiel Promotionswesen)*

(Wolf 2013). Der Doktortitel genießt in der Bundesrepublik eine hohe Reputation; promovierte Personen verdienen im Durchschnitt mehr als andere Berufstätige. Die in der letzten Zeit aufgedeckten Plagiatsfälle bekannter Politiker und die damit verbundenen Aberkennungen von Doktortiteln lassen zwar Fragen zu Struktur und Qualität mancher Promotionsverfahren und zur akademischen Integrität mancher (ehemaliger) Doktoranden aufkommen, stellen jedoch keine Korruption im engeren Sinne dar, sondern wissenschaftliches Fehlverhalten. Anders gelagert war beispielsweise der Fall eines Promotionsberatungsunternehmens, das Dutzenden von Universitätsdozenten mindestens vierstellige Summen für die Annahme und Betreuung von Doktoranden zahlte. Hier lag korruptives Verhalten zur Erlangung von Doktortiteln vor (Fallbeispiel III, siehe 3.3.1).

Beispiel Gesundheitssektor

Das Gesundheitswesen ist seit längerem als besonders korruptionsanfällig in der Diskussion (vgl. Tabelle 11). Insbesondere folgende Faktoren führen zu einer hohen Korruptionsgefahr: großes Finanzvolumen, komplexe Akteursstruktur und hohe Regulierungsdichte. Der deutsche Gesundheitssektor gehört zu den teuersten der Welt und bietet schon deshalb große Anreize für deviante Verhaltensweisen zur Erlangung oder Sicherung partikularer Vorteile. Die Akteursstruktur in diesem Sektor ist selbst für Experten kaum überschaubar und umfasst unter anderem 17 Bundes- und Landesministerien, zahlreiche öffentlich-rechtliche Körperschaften, kassenärztliche Vereinigungen, gesetzliche und private Krankenkassen, diverse (Spitzen-) Verbände, sonstige Gruppierungen und einzelne Unternehmen (Transparency Deutschland 2013), jeweils mit divergierenden Interessen. Die vielen zum Teil schwer zu kontrollierenden Detailregelungen im Gesundheitsbereich sind ein Einfallstor für illegales Verhalten mit dem Ziel der Regelumgehung. Andererseits bestehen Regulierungslücken. So war z. B. die Bestechung niedergelassener, selbständiger Ärzte (etwa durch Vertreter von Pharmafirmen) bis 2013 nicht verboten. Transparency Deutschland (2013) sieht unter Integritätsgesichtspunkten folgende Hauptmängel im Gesundheitssektor:

- *„Fehlallokation von Versorgungsleistungen durch falsche oder korruptive Anreize*
- *Kommerzielle Vorherrschaft der Anbieterinteressen vor den gesundheitsrelevanten Patienten- und Versicherteninteressen*
- *Mehrfacher Aufwand des Pharma-Marketings (auch mit zweifelhaften Methoden) vor dem Forschungsaufwand für Pharmazeutika*
- *Korruption bei der Auftragsvergabe, auch unter Ärzten verschiedener Fachrichtungen*
- *Abrechnungsbetrug (durch Ärzte, Apotheker, Versicherte und Pharmaindustrie)*
- *Manipulation medizinischer Sachverständiger, auch durch Korruption."*

Beispiel Kommunen

Auf kommunaler Ebene besteht durch das Zusammenspiel verschiedener ungünstiger Faktoren eine besonders große Anfälligkeit für Korruption. Dies zeigt sich empirisch (vgl. Tabelle 11), ist aber bereits aus theoretischer Sicht naheliegend:

„In deutschen Kommunen ist das Korruptionspotential besonders groß, weil hier das Schwergewicht der Verwaltung und der größte Teil der öffentlichen Investitionen (einschließlich Bautätigkeit) liegt. Die Kleinteiligkeit und Übersichtlichkeit der Kommune, die Nähe von Verwaltung und Wirtschaft bilden zudem einen geeigneten ‚Nährboden' für dauerhafte Netzwerke zwischen Politik, Wirtschaft und Medien, die auch korrupten Praktiken Vorschub leisten." (von Arnim/Heiny/Ittner 2006: 41)

Die Kontrolle der Kommunen durch die Aufsichtsbehörden der Länder ist begrenzt, und investigativer Journalismus ist in den meisten Städten und Gemeinden aufgrund der starken Konzentrationsprozesse und Abhängigkeiten im Mediensektor kaum noch vorhanden. Kommunalpolitik und -verwaltung haben ein grundsätzliches Interesse an der Beschäftigung und Förderung lokaler Firmen, was in einem Spannungsverhältnis zu den Vorgaben und Zielsetzungen des öffentlichen Vergaberechts steht. Verschiedene kommunale Korruptionskomplexe in der Vergangenheit haben gezeigt, dass sich über längere Zeiträume in Städten und Gemeinden sehr leicht Verfilzungen in Form krimineller Netzwerke zwischen parteipolitischen Akteuren, Verwaltungsmitarbeitern und Unternehmern herausbilden können, die regelwidrig für einen engen Kreis Involvierter private Vorteile zulasten der Allgemeinheit produzieren. Das prominenteste Beispiel der letzten Jahre ist sicherlich der Kölner Müllskandal (Fallbeispiel IV, siehe 3.3.2).

3.3.1 Fallbeispiel III: Die korrumpierende Promotionsberatung

Das „Institut für Wissenschaftsberatung", ein kleines profitorientiertes Unternehmen in Bergisch Gladbach, hatte sich auf ein besonderes Angebot spezialisiert: Dienstleistungen, die helfen sollten, einen Doktortitel zu erlangen (zum Folgenden siehe Wolf 2013 mit weiteren Nachweisen). Promotionswillige Kunden wurden bei der Suche eines Themas der Dissertation unterstützt, ferner bei der Erstellung von Exposé und Gliederung, der Literaturrecherche, dem Schreiben und Korrigieren des Textes und der Vorbereitung auf die mündliche Prüfung. Hierbei bewegten sich alle Beteiligten stets in einem hochschulrechtlichen Graubereich. Schon seit Jahren war die „Doktorfabrik" für ihre zwielichtigen Machenschaften in Hochschulkreisen bekannt, doch konnte man lange nicht gegen sie vorgehen. Strafrechtlich relevant wurden schließlich die Vermittlungsaktivitäten des Promotionsberatungsunternehmens. Man half der zahlungskräftigen Klientel, die häufig neben einer voll beruflichen Tätigkeit eine Promotion anstrebte, bei Bedarf einen Promotionsbetreuer an einer Universität zu finden, der vor allem auch dafür sorgen sollte, dass der Kandidat von einer Fakultät als Doktorand angenommen wurde. Der Einsatz des Betreuers war insbesondere dort von Bedeutung, wo spezielle Hürden überwunden werden mussten. So schreiben etwa juristische Fakultäten häufig Mindestexamensnoten vor, ohne deren Erreichung die Annahme als Doktorand grundsätzlich ausgeschlossen ist. Nur auf Antrag des Betreuers kann beschlossen werden, Promotionsinteressierte mit einer schlechteren Note zuzulassen (dies war übrigens auch bei Karl-Theodor zu Guttenberg der Fall, einem früheren Bundesminister, dem wegen Plagiats sein Doktortitel entzogen wurde). Das Institut für Wissenschaftsberatung zahlte den betreuenden Dozenten einen in der Regel vierstelligen Betrag für die Übernahme der Betreuung und eine zweite Summe im Fall einer erfolgreichen Promotion. Allerdings dürfen Dozenten im Beamten- oder öffentlichen Angestelltenverhältnis für derlei Aktivitäten keine Vorteile, wie etwa Honorare, annehmen: Betreuungs- und Prüfungstätigkeiten sind integrale Bestandteile ihrer Dienstaufgaben (SZ 24.8.2009: 5).

Kommerzielles Unternehmen zahlte jahrelang Summen an Dozenten für die Betreuung von Doktoranden

Im Laufe der strafrechtlichen Ermittlungen kam ans Licht, dass Dutzen-de von Dozenten verschiedener Disziplinen an unterschiedlichen Universitäten Geldbeträge von dem Promotionsberatungsunternehmen angenommen hatten. Mehr als 40 Dozenten mussten in den Jahren 2008 bis 2010 Geldauflagen bezahlen oder Strafbefehle (Geldstrafen bzw. niedrige Freiheitsstrafen auf Bewährung) hinnehmen. Ein Juraprofessor der Universität Hannover wurde wegen Bestechlichkeit in 68 Fällen zu drei Jahren Haft verurteilt; er hatte mehr als 180.000 Euro für Promotionsbetreuungsdienste angenommen. Der Geschäftsführer des Instituts für Wissenschaftsberatung erhielt eine dreieinhalbjährige Freiheitsstrafe und eine Geldstrafe. Die Universität Bonn entzog ihm außerdem später seinen eigenen Doktortitel, weil er diesen für Straftaten verwendet hatte. Das Promotionsberatungsunternehmen wurde ebenfalls zu einer Geldbuße verurteilt; es musste kurz darauf seinen Betrieb einstellen (Spiegel online vom 2.4.2008, 27.1.2009, 18.5.2010, 4.11.2010). Die Universität Hannover zog aus dem Fall die Konsequenz, dass ihre Doktoranden nun eine Erklärung abliefern müssen, in der sie versichern, nicht mit kommerzieller Hilfe die Gelegenheit zum Promovieren bekommen zu haben. Sie strebt außerdem an, ehemaligen Kunden des Promotionsberatungsunternehmens die Doktortitel zu entziehen (was rechtlich nicht ohne weiteres möglich ist, wenn die Promotionsverfahren im engeren Sinne ohne Manipulation abliefen) (Zeit online 16.9.2010).

Der hier skizzierte Fall beleuchtet Korruption in der tertiären Bildung, einem Bereich, der nach allgemeiner Wahrnehmung relativ „sauber" ist (vgl. 2.5.2). Solange der Doktortitel in Deutschland einen so hohen Stellenwert genießt, wird es allerdings wohl immer wieder Versuche geben, durch deviante Verhaltensweisen oder sogar Korruption in seinen Besitz zu kommen (vgl. SZ 13.4.2011: 11). Signifikante Verbesserungen auf Seiten des Strafrechts oder der Strafverfolgungsbehörden scheinen hier nur begrenzt möglich. Vielmehr stehen Universitäten vor der Aufgabe, der Sicherung von Integrität in Promotionsverfahren künftig mehr Beachtung zu schenken und entsprechende Maßnahmen zu ergreifen (Wolf 2013).

3.3.2 Fallbeispiel IV: Der Kölner Müllskandal

Die Affäre um die Kölner Müllverbrennungsanlage gilt als Paradebeispiel für systemische Korruptionsgefahren auf kommunaler Ebene im Geflecht von öffentlicher Verwaltung, politischen Parteien und lokaler Wirtschaft (zum Folgenden siehe Aschenbrenner/Kovermann 2012; Beron/Grözinger 2013; dokzentrum 2013; Überall 2008, jeweils mit weiteren Nachweisen). Anfang der 1990er Jahre gelangte der Kölner Stadtrat zu der Auffassung, dass der Bau einer neuen Müllverbrennungsanlage aus Kapazitätsgründen notwendig sei. Im Folgenden kam es insbesondere in drei Bereichen zu Unregelmäßigkeiten und korruptiven Handlungen: (1) der Gründung der für den Betrieb der Müllverbrennungsanlage zuständigen Abfallverwertungsgesellschaft (AVG); (2) der Vergabe des Auftrags zum Bau der Müllverbrennungsanlage; und (3) Parteispenden an die Kölner SPD im Zusammenhang mit Entscheidungen zur Müllverbrennungsanlage. Aufgrund der

Komplexität des Falls beschränkt sich die folgende Überblicksdarstellung auf die wichtigsten illegalen Handlungen und Akteure.

Um auch von privatwirtschaftlichen Ressourcen zu profitieren, sollte die Müllverbrennungsanlage von einer städtisch dominierten, öffentlich-privaten Mischgesellschaft betrieben werden, der AVG. Die Trienekens AG, ein großes regionales Entsorgungsunternehmen, erhielt ohne Ausschreibung einen Anteil von 25,1% an der AVG, obwohl es wohl eine Konkurrenzfirma gab, die einen höheren Betrag für AVG-Anteile bot. Dies war bereits ein politisch und rechtlich fragwürdiger Vorgang, der auch von Interessenkonflikten begleitet war: Der damalige Regierungspräsident Franz-Josef Antwerpes (SPD), ein starker Befürworter und Förderer des Müllverbrennungsanlagenbauprojekts, war ein Lobbyist des RWE-Konzerns, der wiederum an der Trienekens AG beteiligt war. Die anderen Anteilseigner der AVG waren die Stadt Köln und die Stadtwerke Köln AG. Zum Geschäftsführer der AVG wurde Ulrich Eisermann (SPD) ernannt. Vorsitzender des Aufsichtsrats wurde der Kölner Oberstadtdirektor Lothar Ruschmeier (SPD), stellvertretender Vorsitzender Hellmut Trienekens (CDU), Chef der Trienekens AG (vgl. Abb. 1).

Fragwürdige Gründung der Abfallverwertungsgesellschaft

Antwerpes setzte sich gegenüber Ruschmeier dafür ein, beim Ausschreibungsverfahren zum Bau der Müllverbrennungsanlage die Firma Steinmüller aus Gummersbach zur Förderung der regionalen Wirtschaft in Betracht zu ziehen. Hier lagen erneut Interessenkonflikte vor: Die L. & C. Steinmüller GmbH mit ihrem damaligen Geschäftsführer Sigfrid Michelfelder (SPD) war eine Tochter des Philipp Holzmann-Konzerns, der wiederum eine Unternehmung des RWE-Konzerns war, für den Antwerpes als Lobbyist agierte. Zudem wurden die Ausschreibungsunterlagen von der Firma UTG geprüft, einer Tochter der Trienekens AG. Unter Vermittlung des Unternehmensberaters und früheren SPD-Bundestagsabgeordneten Karl Wienand kam es dann zu einer Korruptionsabsprache (Unrechtsvereinbarung). Die Firma Steinmüller bot illegalerweise an, im Falle der Erteilung des Auftrags zum Bau der Müllverbrennungsanlage 3 % des Auftragsvolumens an Eisermann, Trienekens und Wienand zu zahlen (vgl. Abb. 1). Eisermann manipulierte das Vergabeverfahren, indem er unerlaubterweise die Angebote der Mitbewerber vorzeitig einsah und Steinmüller so Hinweise gab, damit die Firma ihr eigenes Angebot entsprechend optimieren konnte. So gewann die Steinmüller GmbH vordergründig regelkonform den Bauauftrag. Die Schmiergeldzahlungen in Millionenhöhe wurden u. a. über Briefkastenfirmen und Konten in der Schweiz abgewickelt. Auch Michelfelder eignete sich einen beträchtlichen Teil der Schmiergelder an.

Korruption bei der Auftragsvergabe zum Bau der Müllverbrennungsanlage

Abb. 1:   Akteursstrukturen und illegale Zahlungen im Kölner Müllskandal

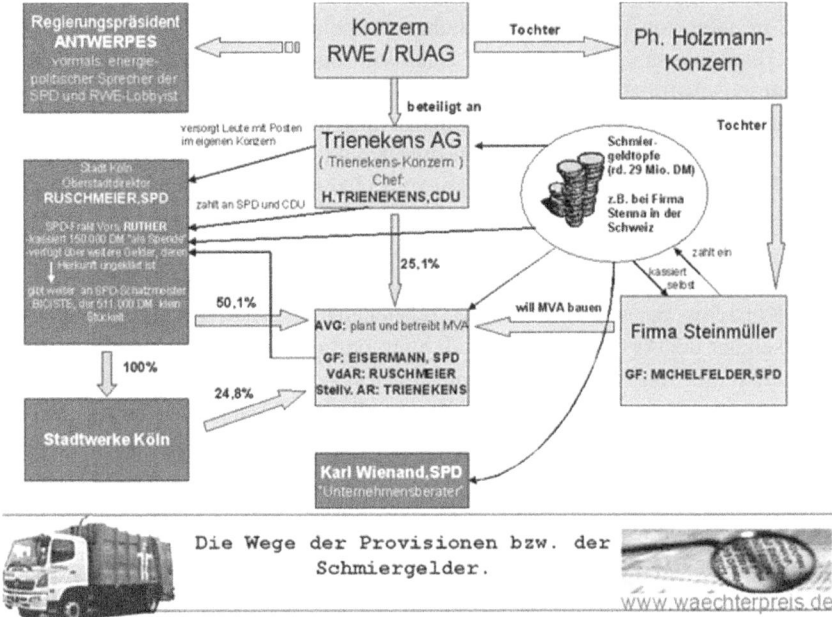

Quelle: Dokumentationszentrum „Anstageslicht.de"/Wächterpreisarchiv, abrufbar unter http://
anstageslicht.de/dateien/muellkartell4.gif.

Verschleierte Parteispenden an die Kölner SPD	Der damalige Vorsitzende der SPD-Fraktion im Rat der Stadt Köln, Norbert Rüther, forderte finanzielle Zuwendungen für seine Partei und sicherte im Gegenzug politische Unterstützung bei Entscheidungen zur Müllverbrennungsanlage zu. Er erhielt mindestens sechsstellige Beträge, etwa von der Firma Steinmüller. Die Herkunft dieser Parteispenden sollten allerdings für Außenstehende nicht erkennbar sein. Daher stückelte Manfred Biciste, damals Schatzmeister des SPD-Unterbezirks Köln, an den Rüther das Geld weitergeleitet hatte, die Parteispenden in drei- und vierstellige Kleinbeträge, die unter der Veröffentlichungsgrenze von 20.000 DM lagen. Er stellte entsprechend gefälschte Spendenquittungen aus und verteilte sie an der SPD nahe stehende Personen. Diese machten zumindest teilweise ihre betreffenden angeblichen Spenden, welche sie nie geleistet hatten, beim Finanzamt steuermindernd geltend. Die Kölner SPD erhielt auch von Trienekens mindestens eine hohe Parteispende (150.000 DM). Zudem versorgte Trienekens Kommunalpolitiker verschiedener Parteien mit Posten in seinem Konzern oder Tochterunternehmen (vgl. Abb. 1).
Aufarbeitung und Sanktionen im Kölner Müllskandal	Strafrechtliche Ermittlungen in diesem komplexen Korruptionsfall wurden erst nach mehreren anonymen Hinweisen aufgenommen. Höhe und Herkunft der verschleierten Parteispenden sowie der Verbleib von Teilen der Schmiergelder blieben auch nach jahrelangen Untersuchungen teilweise unklar. Eisermann wurde zu einer Freiheitstrafe von drei Jahren und neun Monaten verurteilt. Alle anderen

Hauptbeteiligten mussten nicht ins Gefängnis. Michelfelder erhielt eine zweijäh-
rige Bewährungsstrafe und musste hohe Wiedergutmachungs- und Strafzahlungen
leisten. Wienand wurde ebenfalls zu zwei Jahren Haft auf Bewährung verurteilt,
zuzüglich einer fünfstelligen Geldauflage. Auch gegen Trienekens wurde eine
Bewährungsstrafe von zwei Jahren verhängt, hinzu kam eine millionenschwere
Geldstrafe. Rüther wurde zunächst freigesprochen, erhielt aber dann in einem neu-
en Verfahren eine Freiheitsstrafe von zwei Jahren und drei Monaten, u. a. wegen
Bestechungsdelikten als Amtsträger. Gegen dieses Urteil legte er Rechtsmittel
ein. Der Bundesgerichtshof urteilte, kommunale Mandatsträger handelten bei der
Ausübung ihres Mandats nicht als Amtsträger; demzufolge konnte Rüther nicht
nach den strengeren Bestimmungen zur Amtsträgerbestechung verurteilt werden
(vgl. zu dieser Problematik und der diesbezüglichen rechtspolitischen Diskussion
Fallbeispiel I, 2.7.4). Gegen Rüther wurde schließlich u. a. wegen Abgeordnetenbestechung eine Bewährungsstrafe von 18 Monaten verhängt. Die Empfänger
der gefälschten Spendenquittungen mussten Geldbußen bezahlen. Biciste entging
einer strafrechtlichen Verurteilung. Die SPD leistete eine Strafzahlung in der dop-
pelten Höhe der nicht korrekt verbuchten und veröffentlichten Spenden.

Der Kölner Müllskandal ist aus analytischer Perspektive hochinteressant. Er
zeigt beispielsweise die besonderen Korruptionsgefahren auf kommunaler Ebene
(vgl. 3.3) und das Versagen zahlreicher Kontrollinstanzen vor dem Hintergrund
verkrusteter Netzwerke in Politik und Wirtschaft. Die Affäre beleuchtet auch die
spezielle Korruptionsanfälligkeit der Baubranche (vgl. 2.5.2). Zudem werden
Einfallstore für Korruption bei der (Teil-) Privatisierung öffentlicher Aufgaben
sichtbar. Die aus der Sicht etlicher Beobachter recht milden Strafen lassen sich zumindest im Fall Rüther auf eine seit vielen Jahren von verschiedenen Seiten kritisierte Gesetzeslücke im Korruptionsstrafrecht zurückverfolgen (vgl. 2.7.4). Auch
Fragen der Parteienfinanzierung und der Transparenz von Parteispenden werden
in dieser Affäre aufgeworfen (zur Kritik des Europarats an den bestehenden Regelungen in Deutschland vgl. 4.2.1). Schließlich zeigen sich hier recht deutlich die
negativen Folgen von Korruption für die Allgemeinheit (vgl. 2.3.1): Die Müllverbrennungsanlage wurde entgegen sachkundigem Rat viel zu groß dimensioniert.
Um die Anlage auszulasten, ist teilweise sogar der Import von Müll erforderlich.
Die Kölner müssen in der Folge recht hohe Abfallgebühren zahlen.

Zur Analyse des Korruptionsfalls

3.4 Korruptionsbekämpfung in der öffentlichen Verwaltung

Geht man davon aus, dass Korruptionswahrscheinlichkeit im Einzelfall maßgeblich abhängig ist von subjektiven Kosten-Nutzen-Analysen, die im Wesentlichen
aus den abzuwägenden Elementen Vorteile, Nachteile und Entdeckungswahrscheinlichkeit bestehen (vgl. 2.4), sollte es das Ziel von Antikorruptionsmaßnahmen sein, dass möglichst jede Person im öffentlichen Dienst, bezogen auf ihre
jeweilige Arbeitssituation, den Eindruck gewinnt, die (materiellen/immateriel-
len) Vorteile von Korruption seien gering, die Nachteile (Sanktionen, moralische

Ziel: geringe Vorteile von Korruption, große Nachteile, hohe Ent-deckungswahrschein-lichkeit

Verwerflichkeit) seien groß und die Entdeckungswahrscheinlichkeit sei hoch. Im Folgenden werden zunächst verschiedene präventive und repressive Maßnahmen zur Korruptionseindämmung in der öffentlichen Verwaltung vorgestellt (3.4.1). Es folgt eine kurze Fallstudie zum Hinweisgeberschutz für Beamte, die weitere exemplarische Einblicke in das Politikfeld Korruptionsbekämpfung liefern soll (3.4.2).

3.4.1 Präventive und repressive Maßnahmen

Umfassende Antikorruptionskonzepte erforderlich; Pluralität an Maßnahmen

In der Korruptionsforschung wie auch in der Verwaltungspraxis hat sich mittlerweile die Erkenntnis durchgesetzt, dass nur umfassende Antikorruptionskonzepte sinnvoll erscheinen, die verschiedene präventive und repressive Instrumente kombinieren. Dies gilt auch für den Bereich des öffentlichen Dienstes. Die Struktur der öffentlichen Verwaltung in Deutschland auf Bundes-, Landes- und Kommunalebene ist hochkomplex (siehe Bogumil/Jann 2009). Der folgende Überblick liefert daher meist nicht Informationen zu spezifischen Maßnahmen auf einzelnen Ebenen, in bestimmten Ländern oder gar spezifischen Behörden, sondern stellt wichtige Antikorruptionsinstrumente vor, die in den zahllosen Verwaltungsinstitutionen mehr oder weniger unterschiedlich gehandhabt werden (oder gegebenenfalls eingeführt werden sollten). Eine Ausnahme davon ist der nächste Absatz, in dem die prominentesten Antikorruptionskonzepte von Bund und Ländern direkt benannt werden. Im Anschluss werden rechtliche, organisatorische und personalbezogene Maßnahmen skizziert.

Richtlinie der Bundesregierung, Konzept der Innenministerkonferenz

Umfassende Präventionskonzepte existieren beispielsweise auf Bundesebene in Form der Richtlinie zur Korruptionsprävention in der Bundesverwaltung von 2004[53] und auf Länderebene in Gestalt des von der Innenministerkonferenz 1996 beschlossenen Präventions- und Bekämpfungskonzeptes Korruption.[54] Die Länder haben eine Fülle von Vorschriften zur Korruptionsbekämpfung für ihre jeweiligen Verwaltungseinrichtungen erlassen (Nachweise etwa bei Korte 2007: 293-294; Völkel/Stark/Chwoyka 2007: 42-43; Anlage 2 zum fünften Umsetzungsbericht des Präventions- und Bekämpfungskonzeptes Korruption). Auch zahlreiche Kommunen – vor allem Städte – haben inzwischen mehr oder weniger umfassende Antikorruptionsmaßnahmen beschlossen (Korte 2007: 295).

Verschiedene Rechtsmaterien können zur Korruptionsbekämpfung herangezogen werden, insbesondere das Strafrecht, Dienstrecht, Disziplinarrecht, Arbeitsrecht und Zivilrecht. Von besonderer Bedeutung sind auch Informationsfreiheitsregelungen.

---

53 Diese von der Bundesregierung erlassene Richtlinie ist mit ihren Anlagen abrufbar unter: http://www.verwaltungsvorschriften-im-internet.de/bsvwvbund_30072004_O4634140151.htm (letzter Zugriff: 22.05.2013). Auszüge sind im Anhang (6.7) abgedruckt.
54 Das Präventions- und Bekämpfungskonzept Korruption inklusive Anlagen und die regelmäßig erstellten Umsetzungsberichte sind abrufbar unter: http://www.antikorruption.brandenburg.de/sixcms/detail.php?gsid=bb1.c.181485.de (letzter Zugriff: 22.05.2013). Auszüge sind im Anhang (6.7) abgedruckt.

- Das Strafrecht sanktioniert mit den §§ 331 ff. Bestechungsdelikte bei Amts- | *Strafrecht*
trägern (Texte siehe 6.5). Sie sind deutlich schärfer ausgestaltet als die Straftatbestände für Bestechung im privaten Sektor oder Abgeordnetenbestechung
(vgl. 2.7.4). Hinzu kommen etliche weitere korruptionsnahe Straftatbestände für Amtsträger (siehe 2.2; umfassend Möhrenschlager 2007).

- Das Dienstrecht (Beamtengesetze des Bundes und der Länder sowie ver- | *Dienstrecht*
gleichbar für Angestellte Teile der verschiedenen Tarifverträge für den
öffentlichen Dienst) regelt unter anderem das grundsätzliche Verbot der
Annahme von Belohnungen und Geschenken. Unter bestimmten Voraussetzungen ist die Annahme eher geringwertiger, konkrete Amtshandlungen
nicht betreffender Vorteile gestattet, meist unter Berücksichtigung gewisser
Anzeige- und Genehmigungspflichten. Wichtig sind auch Nebentätigkeits-
regelungen und (Karenz-) Vorschriften zum Wechsel von Amtsträgern in die
Privatwirtschaft (Korte 2007: 314-329; Völkel/Stark/Chwoyka 2007: 50-
56).

- Mithilfe des Disziplinarrechts können korrupte Handlungen von Beamten | *Disziplinar- und*
geahndet werden, oft in Ergänzung zu strafrechtlichen Sanktionen. Aber | *Arbeitsrecht*
selbst dort, wo keine Straftatbestände erfüllt werden, kann es gegebenenfalls
zu disziplinarischen Maßnahmen kommen. Bei Amtsträgerbestechlichkeit
wird häufig die Höchstmaßnahme verhängt, die Entfernung aus dem Beam-
tenverhältnis. Niedrigere Sanktionen sind die Zurückstufung (Degradie-
rung) und die Kürzung der Dienstbezüge. Gegen Angestellte im öffentlichen
Dienst können auf Grundlage der Tarifverträge arbeitsrechtliche Maßnahmen wie Abmahnung, ordentliche und fristlose Kündigung ergriffen werden
(Korte 2007: 329-336; Völkel/Stark/Chwoyka 2007: 79-88).

- Primär aus der Perspektive des Zivilrechts können auf korrupt handelnde | *Zivilrecht*
Beamte und Angestellte im öffentlichen Dienst Schadenersatzforderungen
zukommen, wenn sie ihren Dienstherrn und/oder Dritte geschädigt haben
(Korte 2007: 339-340; Völkel/Stark/Chwoyka 2007: 83).

- Informationsfreiheitsregelungen ermöglichen es, auch ohne direkte | *Informationsfreiheits-*
Betroffenheit von einer bestimmten Verwaltungsentscheidung Einsicht in | *regelungen*
Unterlagen und Dokumente der öffentlichen Verwaltung zu erlangen. Dies
kann unter Umständen zur Aufdeckung korruptiver Handlungen führen. Entsprechende Gesetze, die teilweise unterschiedliche Ausnahmetatbestände
vorsehen (z. B. zum Schutz personenbezogener Daten oder sicherheitsrele-
vanter Aspekte), wurden vom Bund und der Mehrzahl der Länder erlassen.
Auch einige Kommunen haben Informationsfreiheitsregelungen beschlossen (Korte 2007: 312-313).

Aus organisatorischer Sicht ist die Bestellung bzw. Einrichtung von (nebenamt- | *Einrichtung*
lichen) Ansprechpartnern für Korruptionsfragen, (hauptamtlichen) Antikorrup- | *spezialisierter Stellen/*
tionsbeauftragten, ganzen Abteilungen zur Korruptionsbekämpfung, verwal- | *Institutionen*
tungsexternen Ombudsleuten und einschlägigen Zentralstellen auf Landes- und

Bundesebene möglich (Bücker-Gärtner 2011: 473).[55] Je nach Korruptionsanfälligkeit und Organisationsstruktur der betreffenden Behörden können unterschiedliche institutionelle Lösungen getroffen werden.

Risikoanalysen, Mehr-Augen-Prinzip, effektive Kontrollen, besondere Prävention bei der Auftragsvergabe

Grundsätzlich empfiehlt sich für jede Behörde bzw. Abteilung eine systematische Risiko- oder Schwachstellenanalyse, die der Identifizierung besonders korruptionsgefährdeter Bereiche, Abläufe und Situationen dient (Völkel/Stark/Chwoyka 2007: 92-110). Auf der Grundlage derartiger Analysen können dann geeignete präventive Maßnahmen beschlossen werden, beispielsweise das vielzitierte Mehr-Augen-Prinzip (Bücker-Gärtner 2011: 477). Damit eine effektive Dienst- und Fachaufsicht möglich ist, sollten gerade in korruptionssensiblen Bereichen Arbeitsabläufe transparent gestaltet, Entscheidungen sorgfältig dokumentiert und unangekündigte Kontrollen durchgeführt werden (Korte 2007: 300-301). Für den besonders korruptionsgefährdeten Sektor der öffentlichen Auftragsvergabe (vgl. 3.3.2) empfehlen sich darüber hinaus ergänzende Präventionsinstrumente, z. B. zentrale Vergabestellen, Zuverlässigkeits- und Antikorruptionsklauseln, Aufgabentrennung und Korruptionsregister (Portz 2007).

Personalauswahl, Personalrotation, Bildung, Ethik-Management

Personalbezogene Antikorruptionsmaßnahmen beginnen bei der Auswahl möglichst integrer Persönlichkeiten zur Anstellung im öffentlichen Dienst (Bücker-Gärtner 2011: 478). Mitarbeiter für korruptionsanfällige Bereiche sollten besonders sorgfältig ausgewählt und für ihre Aufgaben sensibilisiert werden; dies gilt umso mehr für deren Vorgesetzte (Korte 2007: 297, 300). Gerade in korruptionssensiblen Bereichen sollte das in der Behördenpraxis nicht immer einfach zu befolgende Prinzip der Personalrotation konsequent angewendet werden (Korte 2007: 297-298). Es spricht einiges dafür, Korruptionsprävention zu einem wichtigen Bestandteil von Aus- und Fortbildungsveranstaltungen im öffentlichen Dienst zu machen (Bücker-Gärtner 2011: 478). Moderne Verwaltungen sollten nach Einschätzung von Behnke (2011: 347-349) aktives „Ethik-Management" betreiben, etwa durch Ethik- und Verhaltenskodizes sowie Leitbilder, und dabei traditionelle bürokratische Werte (vgl. 3.1) mit neueren Werten wie Transparenz, Rechenschaft und Service-Mentalität kombinieren.

Gesamtgesellschaftliche und individuelle Ebene

In den vorigen Absätzen wurde primär auf Korruptionsbekämpfungsmaßnahmen auf der institutionellen Ebene bzw. Organisationsebene eingegangen. Wie im letzten Kapitel ausgeführt wurde (2.4), sind auch die gesamtgesellschaftliche sowie die individuelle Ebene bei der Eindämmung von Korruption von Bedeutung. Beide Ebenen sind tendenziell schwieriger zu beeinflussen oder zu steuern als die institutionelle Ebene. Makropolitische Aspekte wie Staatstätigkeit, Steuer- und Abgabenlast sowie Regulierungsdichte lassen sich in der Regel kurzfristig kaum verändern, die Wandlung von Werten hin zu integritätsförderlichen Einstellungen entwickelt sich gegebenenfalls erst über Generationen hinweg (vgl. Heidenheimer/Moroff 2002: 953). Die individuelle Ebene ist nur begrenzt durch äußere Faktoren beeinflussbar und bringt eigene und zum Teil kaum kalkulierbare Anteile und Eigenschaften mit. Wichtig erscheint es hier, neben den oben skizzier-

---

55 Es existiert keine zentrale Stelle zur Korruptionsbekämpfung auf Bundesebene, aber einige Länder haben entsprechende zentrale Einheiten (z. B. Schwerpunktstaatsanwaltschaften) eingerichtet (Korte 2007: 303-305).

ten präventiven und repressiven Modellen auch Ansätze nicht zu vernachlässigen, welche die Arbeitnehmerzufriedenheit für die Herausbildung von Integrität und Loyalität zum öffentlichen Arbeitgeber und Gemeinwesen generell betonen.

Aus verwaltungswissenschaftlicher Sicht bemerkenswert ist abschließend der mit der Entwicklung internationaler Antikorruptionsregime (siehe 4.1) verbundene Trend zur Bürokratisierung der Korruptionsbekämpfung. Die Regelsetzung auf zwischenstaatlicher Ebene wird zwar noch meistens von politischen Repräsentanten (Regierungsmitgliedern) vorgenommen, doch die Umsetzung, insbesondere die Evaluierung bzw. das Monitoring (peer review), erfolgt durch Gremien, die sich überwiegend aus nationalen und internationalen Verwaltungsmitarbeitern zusammensetzen. Ihre politisch bedeutsame (aber entpolitisiert wirkende) Arbeit ist insoweit stark bürokratisiert – im Sinne von Max Webers Typologie (vgl. 3.1) –, als sie im Rahmen bestimmter delegierter Kompetenzen u. a. regelgebunden, arbeitsteilig und aktenmäßig agieren. Diese rationalisierte Form der grenzüberschreitenden Korruptionsbekämpfung stößt allerdings etwa dort an ihre Grenzen, wo sich in den Mitgliedstaaten (partei-) politische Prozesse mit anderen Logiken und Interessen der konsequent-bürokratischen Implementierung internationaler Antikorruptionsnormen widersetzen (vgl. das Fallbeispiel Kriminalisierung der Abgeordnetenbestechung in Deutschland, 2.7.4).

Bürokratisierung der Korruptionsbekämpfung durch Internationalisierung

3.4.2 Fallbeispiel V: Hinweisgeberschutz im Beamtenrecht

Ohne Hinweisgeber oder Whistleblower[56] würden auch in der öffentlichen Verwaltung viele Korruptionsfälle nicht aufgedeckt (vgl. 3.3.2). Da Korruption in ihren unterschiedlichen Ausprägungen ein „opferloses Delikt" darstellt, das die Täter zu einem Schweigekartell zusammenschweißt (vgl. 2.5.1), erfahren Amtsleitungen, Strafverfolgungsbehörden und Öffentlichkeit oft nur durch interne Hinweise von einschlägigen amtsmissbräuchlichen Handlungen. Trotz dieser Vorteile des Whistleblowings durften Beamte jahrzehntelang nicht einfach begründete Korruptionsverdachtsfälle der Staatsanwaltschaft oder Polizei melden. Sie liefen Gefahr, ihre Verschwiegenheitspflicht zu verletzen und disziplinarisch belangt zu werden (Korte 2007: 337). Ihnen war verpflichtend vorgeschrieben, gemäß der Amtshierarchie ihren Vorgesetzten (oder eventuell – falls vorhanden und so geregelt – die Ansprechperson für Korruptionsprävention) zu informieren. Allerdings konnten sich hierbei Probleme ergeben, etwa wenn der Vorgesetzte den Hinweis schlicht ignorierte, gar selbst in die fraglichen korruptiven Praktiken verstrickt war oder die Behördenleitung die Aufklärung des Falls verschleppte. Obwohl Akteure wie Transparency International Deutschland jahrelang diese fragwürdige Regelung monierten, kam es nicht zu Rechtsänderungen.

Früher: Verletzung der Verschwiegenheitspflicht bei direkter Meldung an die Strafverfolgungsbehörden

---

56 Zahlreiche Informationen zum Thema Whistleblowing sind abrufbar auf der Website des Whistleblower-Netzwerks e. V.: http://www.whistleblower-netzwerk.de/ (letzter Zugriff: 22.05.2013).

**Vorgaben und Kritik
des Europarats**

Eine Reform wurde schließlich nicht zuletzt durch einen Europäisierungsimpuls in Form von Aktivitäten des Europarats herbeigeführt. Art. 9 des 1999 abgeschlossenen Zivilrechtsübereinkommens des Europarats über Korruption[57] lautet:

> *„Each Party shall provide in its internal law for appropriate protection against any unjustified sanction for employees who have reasonable grounds to suspect corruption and who report in good faith their suspicion to responsible persons or authorities."*

Die Staatengruppe gegen Korruption des Europarats empfahl in ihrem zweiten Evaluierungsbericht über Deutschland

> *„to ensure that public officials, in addition to the existing system of reporting suspicions of corruption in public administration to the hierarchical superior or to the 'contact persons for corruption prevention', have also the possibility to report suspicions of corruption directly to the competent law enforcement authorities – i.e. without previously informing their superior"* (GRECO 2005: 15).

**Reform durch
Europäisierung**

Diese Vorgaben wurden in das neue Bundesbeamtengesetz (§ 67 Abs. 2 Ziffer 3) und das Beamtenstatusgesetz (§ 37 Abs. 2 Ziffer 3) eingearbeitet. Beamte des Bundes und der Länder dürfen daher seit 2009 direkt bei ihrer obersten Dienstbehörde, einer Strafverfolgungsbehörde oder bestimmten anderen Stellen (z. B. Ombudsleuten) begründete Korruptionsstraftaten von Amtsträgern (§§ 331-337 StGB) anzeigen. Fallbeispiel III zeigt im Kontrast zu Fallbeispiel I – der immer noch verschleppten Reform des Straftatbestands der Abgeordnetenbestechung (2.7.4) –, dass internationale Impulse bei einer entsprechend günstigen innenpolitischen Konstellation durchaus zur Behebung von Defiziten im deutschen Recht beitragen können. Förderlich dürfte in diesem Fall der Umstand gewesen sein, dass das Beamtenrecht ohnehin gerade neu gefasst wurde und die Hinweisgeberregelung so ohne ein eigenständiges Gesetzgebungsverfahren (sondern als kleines Element eines großen Gesetzesprojekts) beschlossen werden konnte. Auch ist diese Sachfrage politisch längst nicht so brisant wie das Thema Abgeordnetenbestechung – und die Bundestagsabgeordneten entscheiden hier nicht in eigener Sache.

**Hinweisgeberschutz
im privaten Sektor
weiterhin defizitär**

Es bleibt freilich festzuhalten, dass die rechtliche Verbesserung der Stellung verbeamteter Hinweisgeber lediglich die benannten Bestechungsstraftaten betrifft. Beamte müssen andere Delikte oder Missstände immer noch im Rahmen der Amtshierarchie melden und können sie nicht direkt den Strafverfolgungsbehörden (oder gar der Presse) anzeigen, ohne disziplinarische Sanktionen befürchten zu müssen. Noch schwerer wiegt der defizitäre Schutz von Whistleblowern im privaten Sektor. Hier ist es bislang zu keiner gesetzlichen Verbesserung gekommen: „Derzeit bestehen keine gesetzlichen Regelungen, die es dem Arbeitnehmer ohne weiteres gestatten würden, korrupte Vorgesetzte oder Kollegen bei den zuständigen Behörden anzuzeigen oder öffentlich bekannt zu machen [...] Erst recht fehlt es an einem positiv-rechtlichen Informantenschutz" (Maschmann 2007: 140-141). Vielleicht führt ein neuerlicher Impuls aus Straßburg zu einer entsprechenden Reform in Deutschland: Der Europäische Gerichtshof für Menschenrechte hat im Juli 2011 entschieden, die fristlose Kündigung einer Altenpflegerin, die nach erfolgloser betriebsinterner Kritik öffentlich auf erhebliche Missstände an ihrem Ar-

---

57 Deutschland hat dieses Übereinkommen 1999 unterzeichnet, aber noch immer nicht ratifiziert.

beitsplatz hingewiesen hatte, verstoße gegen das in der Europäischen Menschenrechtskonvention verankerte Recht auf freie Meinungsäußerung.[58]

3.5 Verwaltungswissenschaftliche Ansätze und ihre Sicht auf Korruption

Verschiedene verwaltungswissenschaftliche Theorien sowie Konzeptionen von Verwaltungswissenschaft führen zu jeweils unterschiedlichen Blickwinkeln auf Korruption. Im Folgenden sollen zunächst vier wichtige theoretische Ansätze und ihre analytischen Perspektiven im Hinblick auf Korruption und Korruptionsbekämpfung skizziert werden. Daraufhin wird auf vier divergierende Verständnisse und Herangehensweisen von Verwaltungswissenschaft und ihre jeweilige Sicht auf Korruption und Korruptionsforschung eingegangen. Hier soll gezeigt werden, wie verschiedene Wissenschaftskonzeptionen in der Verwaltungsforschung (insbesondere hinsichtlich des Erkenntnisinteresses und des verwendeten Verwaltungsbegriffs) die Art und Weise der verwaltungswissenschaftlichen Befassung mit dem Thema Korruption beeinflussen.

> Korruption aus unterschiedlichen wissenschaftlichen Perspektiven

Aus der Vielzahl verwaltungswissenschaftlicher Theorien können vier zentrale (Haupt oder Meta-) Ansätze herausgegriffen und idealtypisch zugespitzt werden, die jeweils eigenständige analytische Perspektiven hinsichtlich Korruption und Korruptionsbekämpfung aufweisen und sich hierbei ergänzen. Der ökonomische Ansatz (vgl. z. B. Niskanen 1971; Downs 1967) stellt den methodologischen Individualismus und das Streben nach Profitmaximierung in den Mittelpunkt. Korruption wird hier als eine Maximierung von Eigennutz betrachtet. Antikorruptionsmaßnahmen können aus dieser Sicht nur erfolgreich sein, wenn sie ausreichend positive Anreize für regelkonformes Verhalten und negative Anreize für korruptes Verhalten schaffen.

> Korruption und Korruptionsbekämpfung aus Sicht des ökonomischen Ansatzes

Der normative oder institutionelle Ansatz (vgl. z. B. Dölling 2007a; Korte 2007) sieht Korruption als einen Regelverstoß, insbesondere aufgrund von Mängeln im institutionellen Umfeld. Wichtige Bestandteile einer erfolgreichen Korruptionsbekämpfung sind aus diesem Blickwinkel umfassende Antikorruptionsnormen und -institutionen, die Androhung abschreckender Strafen, die Durchführung von Kontrollen und die konsequente Sanktionierung von Fehlverhalten.

> Korruption und Korruptionsbekämpfung aus Sicht des normativen/institutionellen Ansatzes

Der systemtheoretische Ansatz (vgl. z. B. Morlok 2005; Aderhold/Döring 2010; Hiller 2010) verortet korruptive Handlungen im Kontext von Systemlogiken. Korruption erscheint hier u. a. als eine Verletzung des spezifischen Handlungsprogramms eines gesellschaftlichen Sub- oder Teilsystems. Das Ziel der Korruptionseindämmung impliziert daher die Schaffung von Rahmenbedingungen, die Korruption zu einer echten Gefahr für die Funktionsfähigkeit des be-

> Korruption und Korruptionsbekämpfung aus Sicht des systemtheoretischen Ansatzes

---

58 Urteil des Europäischen Gerichtshofs für Menschenrechte vom 21. Juli 2011, Heinisch gegen Deutschland, Nr. 28274/08, abrufbar unter: http://hudoc.echr.coe.int/sites/eng/pages/search.aspx?i=001-105777#{%22itemid%22:[%22001-105777%22]} (letzter Zugriff: 22.05.2013). Während Transparency International Deutschland das Urteil umgehend begrüßte, haben sich Arbeitgebervertreter sogleich vehement gegen die Entscheidung und gesetzliche Neuerungen zum Hinweisgeberschutz in privaten Betrieben ausgesprochen. Sie legten der Bundesregierung nahe, ein Rechtsmittel gegen das Urteil vor der Großen Kammer des Gerichtshofs einzulegen.

treffenden Teilsystems machen (Akteure des Teilsystems werden dadurch bewegt, von deviantem Verhalten Abstand zu nehmen).

Korruption und Korruptionsbekämpfung aus Sicht des kulturellen Ansatzes

Der kulturelle Ansatz (vgl. z. B. Tänzler/Maras/Giannakopoulos 2007; Grødeland 2010) begreift Korruption als Folge bestimmter tradierter Werte, Sozialisation und sozialer Konstruktion. Eine Verringerung von Korruption setzt deshalb aus dieser Perspektive einen mitunter langwierigen und schwer zu steuernden Wandel hin zu korruptionskritischen Überzeugungen und Sozialisationsprozessen voraus.

Tab. 18: Der Blick verschiedener theoretischer Ansätze auf Korruption

	Korruption ist …	**Voraussetzungen für erfolgreiche Korruptionsbekämpfung**
Ökonomischer Ansatz	eine Maximierung von Eigennutz	Positive Anreize für regelkonformes Verhalten und negative Anreize für korrupte Handlungen
Normativer/ institutioneller Ansatz	ein Verstoß gegen Normen	Umfassende Antikorruptionsnormen und -institutionen, Androhung abschreckender Strafen, Durchführung von Kontrollen, Sanktionierung von korruptivem Verhalten
Systemtheoretischer Ansatz	eine Verletzung des Handlungsprogramms eines Teilsystems	Rahmenbedingungen, die Korruption zu einer echten Gefahr für die Funktionsfähigkeit des betreffenden Teilsystems machen
Kultureller Ansatz	eine Folge von tradierten Werten, Sozialisation und sozialer Konstruktion	Wandel hin zu korruptionskritischen Werten, Überzeugungen und Sozialisationsprozessen

Quelle: Eigene Zusammenstellung.

Vier Konzeptionen von Verwaltungswissenschaft und ihr Blick auf Korruption

Bei der Korruptionsbekämpfung handelt es sich um ein für Verwaltung und Verwaltungswissenschaft besonders relevantes und „(wirklich umfassend) nur interdisziplinär zu bearbeitendes Thema" (von Arnim 2003: 17). Unterschiedliche begriffliche und methodische Konzeptionen von Verwaltungswissenschaft wirken sich allerdings auf die jeweilige Befassung mit der Thematik aus. In Anlehnung an König (1990: 305) können vier Konzeptionen von Verwaltungswissenschaft oder Verwaltungslehre im Singular unterschieden werden: Verwaltungswissenschaft als „Hilfsdisziplin", „Teildisziplin", „weitere Disziplin" und „Interdisziplin". Die einzelnen Wissenschaftsverständnisse unterscheiden sich insbesondere hinsichtlich ihres Verwaltungsbegriffs (eng/weit) und ihres Erkenntnisinteresses (disziplinär/interdisziplinär).[59] Im Folgenden soll in knapper Form mit Bezug auf beispielhaft ausgewählte Studien (ohne Anspruch auf Repräsentativität) skizziert

---

59 „Hilfsdisziplin" (Beispiel: Forsthoff 1976): enger Verwaltungsbegriff und disziplinäres Erkenntnisinteresse; „Teildisziplin" (Beispiel: Scharpf 1973): weiter Verwaltungsbegriff und disziplinäres Erkenntnisinteresse; „weitere Disziplin" (Beispiel: König 1970): enger Verwaltungsbegriff und interdisziplinäres Erkenntnisinteresse; „Interdisziplin" (Beispiel: Luhmann 1966): weiter Verwaltungsbegriff und interdisziplinäres Erkenntnisinteresse.

werden, wie die vier unterschiedlichen Konzeptionen die Erforschung von Korruption und Korruptionsbekämpfung beeinflussen.

1. Als Beispiel für eine wissenschaftliche Arbeit zum Thema Korruptionsbekämpfung, die in der Tendenz auf einem Verständnis von Verwaltungswissenschaft als einer Hilfsdisziplin basiert, kann das von Dölling herausgegebene „Handbuch der Korruptionsprävention für Wirtschaftsunternehmen und öffentliche Verwaltung" gelten. Hier wird explizit der Anspruch eines interdisziplinären Werks erhoben (Dölling 2007b: V), aber es handelt sich faktisch um ein rechtswissenschaftliches Buch mit einigen sozial- und wirtschaftswissenschaftlichen Einsprengseln. Es sind – wie seinerzeit von Forsthoff (1976) gefordert – in der Regel Juristen, die sich hin und wieder ausgewählte „Wirklichkeitsbefunde heranholen", wenn ihnen dies notwendig erscheint. Lediglich Döllings (2007a) kriminologische Einleitung lässt sich als integrierend-interdisziplinär beschreiben. Auch Androulakis' (2007) umfangreiche Studie zur Globalisierung der Korruptionsbekämpfung ist trotz ihres interdisziplinär anmutenden Untertitels eine rechtswissenschaftliche Arbeit, die sozialökonomische Hintergründe und Erkenntnisse aus Nachbarwissenschaften vorwiegend nur zu Illustrationszwecken heranzieht. *Enger Begriff und disziplinäres Erkenntnisinteresse*

2. Ulrich von Alemann betreibt auch nach eigenem Anspruch keine Verwaltungsforschung. Dennoch macht eine Beschäftigung mit seinen Arbeiten über Korruption in diesem Zusammenhang durchaus Sinn, denn beispielsweise von Alemanns (2005a) Überblick zum Stand der Forschung über politische Korruption kommt implizit einer Konzeption von Verwaltungswissenschaft als einer politikwissenschaftlichen Teildisziplin recht nahe. Mit dem politisch-administrativen System wird ein relativ weites, Politik und Verwaltung zusammenführendes Begriffsverständnis verwendet. Es dominiert hier jedoch ebenfalls ein disziplinäres Erkenntnisinteresse, wenn auch kein juristisches. Auch wenn von Alemann zahlreiche Werke aus benachbarten Fächern mit interdisziplinärem Anspruch verarbeitet, so ist der Fokus seines Beitrags doch eindeutig ein politikwissenschaftlicher. In einer Überblicksarbeit zu Lücken in der Korruptionsbekämpfung und -forschung stützen sich von Arnim, Heiny und Ittner (2006) auf Literatur aus diversen einschlägigen Fachwissenschaften. Der wie bei von Alemann in Ansätzen erkennbare integrierend-interdisziplinäre Ansatz wird in diesem Fall überwiegend einem starken rechtspolitischen Erkenntnisinteresse untergeordnet. Der Sammelband von Kliche/Thiel (2011) zeichnet sich durch einen insgesamt außerordentlich breiten Blick auf Korruption aus; allerdings wurden die meisten Beiträge dezidiert aus der Perspektive einzelner Fachwissenschaften verfasst. *Weiter Begriff und disziplinäres Erkenntnisinteresse*

3. Döllings (2007a) bereits erwähnter Beitrag „Grundlagen der Korruptionsprävention" kann als eine Arbeit gelten, die Königs (1970) anspruchsvoller Konzeption einer integrierenden Fachwissenschaft gerecht wird. Hier werden, ausgehend von einem interdisziplinären Erkenntnisinteresse, empirische Befunde zu Umfang, Strukturen, Schäden, Tätern und Ursachen von Korruption systematisch mit strafrechtlichen und organisationstheoretischen Überlegungen verbunden. Dölling verwendet aber einen eher engen *Enger Begriff und interdisziplinäres Erkenntnisinteresse*

(im Wesentlichen auf Bestechung reduzierten) Korruptionsbegriff (Dölling 2007a: 3). Eine vergleichbare kriminologische Herangehensweise verfolgt Bannenberg (2002). Sie hat in ihrer in der Korruptionsforschung sehr bekannten „strafrechtlich-empirischen" Studie über 200 einschlägige Strafverfahren analysiert, um unter anderem generalisierbare Strukturen der Korruption herauszufiltern und die Wirksamkeit des Antikorruptionsstrafrechts zu untersuchen. Dass konsequent betriebene kriminologische Forschung dem von König favorisierten Wissenschaftsverständnis sehr nahe kommt, zeigt beispielsweise auch Killias' (1998) Plädoyer gegen eine lediglich am Leitbild der Repression orientierte Antikorruptionspolitik. Auch in dieser Arbeit werden empirische Erkenntnisse und sozialwissenschaftliche Ansätze unter einer interdisziplinären Fragestellung mit detaillierten strafrechtlichen Erörterungen verknüpft. Graeff/ Wolf (2011) versuchen in Bezug auf den Korruptionsfall Siemens Erkenntnisse aus unterschiedlichen Fachwissenschaften in integrierender Weise zusammenzuführen.

Weiter Begriff und interdisziplinäres Erkenntnisinteresse

4. Eine primär als Metawissenschaft betriebene, systemtheoretisch fundierte Korruptionsforschung hat sich bislang erst in Ansätzen und bezogen auf bestimmte Gesellschaftsbereiche herausgebildet. Als Beispiele für mehr oder weniger stark systemtheoretisch inspirierte und auf Luhmann rekurrierende Studien können die Arbeiten von Morlok (2005), Aderhold/Döring (2010) und Hiller (2010) genannt werden. Korruption wird hier häufig als die Verletzung der Systemlogik bzw. des spezifischen Handlungsprogramms eines Subsystems durch systemfremde Mechanismen oder Praktiken gedeutet. Für das Verwaltungssystem bedeutet dies im Wesentlichen die Ausschaltung oder Einschränkung von wesentlichen Systemprinzipien wie etwa Regelgebundenheit oder Sachlichkeit durch eine für das Wirtschaftssystem typische Tauschlogik. Nicht systemtheoretisch orientiert, sondern vorrangig am schillernden Wort „System" interessiert ist die umfangreiche populärwissenschaftliche Skandalisierungsliteratur, auf die von Alemann (2005a: 19, 27) hinweist. Sie arbeitet nicht selten mit quasi-systemischen Verschwörungstheorien und macht überall (vor allem jedoch in den Führungsetagen öffentlicher und privatwirtschaftlicher Organisationen) Korruption und sonstige Verderbnis aus.

Pluralität an Wissenschaftsverständnissen nutzen

Die punktuellen Beispiele aus der Literatur konnten zumindest andeutungsweise zeigen, dass Interdisziplinarität auch und gerade in der Korruptionsforschung höchst unterschiedliche Ausprägungen annehmen kann. Verschiedene Konzeptionen von (Verwaltungs-) Wissenschaft haben in der Forschungspraxis durchaus unterschiedliche Forschungszugänge (und damit zusammenhängend auch Forschungsergebnisse) zur Folge. Eine bewusste Kontrastierung und analytische Fruchtbarmachung der verschiedenen Wissenschaftsverständnisse dürfte die Korruptions- und Verwaltungsforschung bereichern.

4 Korruption und Korruptionsbekämpfung in Europa

Dieses Kapitel gibt einen Überblick über Entstehung, Struktur und Arbeitsweise der für die europäischen Staaten wichtigsten internationalen Antikorruptionsregime und vergleicht exemplarisch die internationalisierte Korruptionsbekämpfung einiger Länder.

4.1 Internationale Antikorruptionsregime als Phänomen neuer Staatlichkeit[60]

Der Nationalstaat konnte in der ersten Hälfte des 20. Jahrhunderts die mit ihm idealtypisch verbundene Souveränität nach innen und außen tatsächlich größtenteils erreichen. Seitdem ist die Staatlichkeit in westlichen Regierungssystemen jedoch komplexen Wandlungsprozessen unterworfen, die vermutlich weniger auf eine eindeutige Schwächung des Staates als maßgeblicher politischer Organisationseinheit hinauslaufen als auf eine veränderte Rolle staatlicher Akteure. Nach Ansicht von Genschel/Zangl (2007: 16) bleibt der Staat „zentral, mutiert aber vom Herrschaftsmonopolisten zum Herrschaftsmanager". Aus ihrer Sicht bewirken Prozesse der Internationalisierung einerseits und der Privatisierung andererseits, „dass sich neue nichtstaatliche Träger von Staatlichkeit oberhalb und neben dem Staat etablieren: Staatlichkeit zerfasert" (Genschel/Zangl 2007: 12).

> „Zerfaserte Staatlichkeit"

Dieser Wandel von Staatlichkeit macht auch vor der Korruptionsbekämpfung nicht halt. Jahrzehntelang galt Korruption – wenn überhaupt – als nationales Problem, das allein auf nationaler Ebene behandelt wurde (Androulakis 2007: 65-116). Mittlerweile wird Korruption jedoch zunehmend als staatenübergreifendes Phänomen gesehen. Dies erklärt die seit Mitte der 1990er Jahre zu beobachtende Entstehung verschiedener internationaler Antikorruptionsregime, die sich inzwischen nicht nur der Eindämmung der transnationalen Korruption widmen, sondern auch vergleichsweise detaillierte Vorgaben für Antikorruptionspolitiken ohne grenzüberschreitende Bezüge entwickeln und deren Umsetzung evaluieren. Während die Internationalisierung der Korruptionsbekämpfungspolitik schon verhältnismäßig weit vorangeschritten ist, hat sich eine Privatisierung von Antikorruptionsmaßnahmen bisher nur begrenzt entwickelt. Dies könnte sich durch Korruptionsskandale wie die Siemens-Korruptionsaffäre (vgl. 2.7.5) und den damit ausgelösten „Compliance-Boom" in größeren Unternehmen allerdings ändern.

> Zunehmende Internationalisierung der Antikorruptionspolitik

„Internationale Antikorruptionsregime" werden im Folgenden verstanden als Normen zur Bekämpfung der Korruption auf nationaler Ebene, die innerhalb oder im Umfeld internationaler Organisationen entstanden sind, sowie diesbezügliche institutionelle Arrangements, insbesondere zwischenstaatliche Monitoringgremien (Wolf 2007: 11; Wolf/Schmidt-Pfister 2010: 13).

> Definition internationaler Antikorruptionsregime

---

60 Die Abschnitte 4.1 und 4.1.1 wurden überwiegend Wolf (2010) entnommen. Abschnitt 4.1.1 wurde für die vorliegende Publikation aktualisiert.

Internationale Antikorruptionsregime können als Beispiele für die „Zerfaserung von Staatlichkeit" (Genschel/Zangl 2007) in Europa angesehen werden (Wolf 2010). Wie von Genschel/Zangl (2007: 13) allgemein analysiert, verfügen internationale Institutionen auch im Bereich der Korruptionsbekämpfung über „wichtige Entscheidungs-, aber kaum Organisationskompetenzen". Für die konkretisierende Umsetzung der umfassenden internationalen Antikorruptionsnormen ins nationale Recht und die tatsächliche Durchsetzung sind weiterhin staatliche Akteure zuständig. Beim Staat verbleibt auch die Letztverantwortung für die Eindämmung der Korruption (vgl. Genschel/Zangl 2007: 13). Die Privatisierung der Korruptionsbekämpfung ist in den letzten Jahren vor allem durch die Aufdeckung einiger transnationaler Korruptionskomplexe vorangekommen.[61] Hier dürfte es unabdingbar sein, dass der Staat einen festen gesetzlichen Rahmen mit gewissen Kontrollmechanismen vorgibt. Wenn es gelingt, wie bei Siemens umfangreiche Selbstregulierungsmechanismen zu aktivieren, dann ist „symbolisches Strafrecht kein Schimpfwort mehr [...], selbst wenn die Verurteilungen [...] vereinzelt bleiben sollten [...] Die Durchsetzung kann auch außerstrafrechtlich erfolgen. Ohne die Strafnorm hätte sich indessen nichts bewegt" (Pieth 2002: 326). Ob die transnationale Korruption langfristig eingedämmt werden kann, ist derzeit noch unklar und hängt von diversen politischen, gesellschaftlichen und wirtschaftlichen Faktoren ab, die ihrerseits zum Wandel von Staatlichkeit beitragen.

Der folgende Abschnitt gibt einen kurzen Überblick über die geschichtliche Entwicklung der internationalen Korruptionsbekämpfung (4.1.1). Diese Entwicklung wird im Anschluss aus der Perspektive von vier Ansätzen der Internationalen Beziehungen beleuchtet (4.1.2). Daraufhin werden die Antikorruptionsregime von EU, Europarat, OECD und Vereinten Nationen im Hinblick auf ausgewählte Aspekte vorgestellt und verglichen (4.1.3). Ein Exkurs dient der Ergründung der bisher eher zurückhaltenden Antikorruptionspolitik der EU (4.1.4). Das vierte Fallbeispiel beschäftigt sich mit Großbritannien als Sorgenkind des Antikorruptionsregimes der OECD (4.1.5). Schließlich werden verschiedene Stränge wissenschaftlicher Kritik an der internationalen Korruptionsbekämpfung diskutiert (4.1.6).

4.1.1 Historischer Abriss

In der Literatur werden meistens zwei Phasen der internationalen Korruptionsbekämpfung unterschieden: eine erste Periode (ca. Mitte der 1970er bis Mitte der 1990er Jahre), in der die USA mit dem Foreign Corrupt Practices Act (FCPA) weltweit als einziger Staat die Bestechung ausländischer Amtsträger im internationalen Geschäftsverkehr unter Strafe stellten (vgl. auch 2.7.5), und eine zweite Phase (seit ca. Mitte der 1990er Jahre), in der internationale Organisationen kollektive Antikorruptionsregime schaffen und immer mehr Länder Auslandskorrup-

---

61 Siemens und andere große Unternehmen haben mittlerweile nicht nur umfassende Compliance-Systeme aufgebaut, sondern beauftragten auch zeitweise externe Wirtschaftsprüfer und Anwälte mit der Ermittlung und Aufarbeitung von Korruptionsfällen. Siehe hierzu z. B. die Beiträge in Weidenfeld (2011).

tion kriminalisieren, internationale Vorgaben aber auch zunehmend Auswirkungen auf rein innerstaatliche Korruptionsbekämpfungspolitiken haben. Es erscheint indes sinnvoll, für eine genauere Erfassung des Phänomens der Entwicklung internationaler Antikorruptionsregime auch den Zeitabschnitt ohne Normbildung vor der oben genannten ersten Phase zu berücksichtigen (Abbott/ Snidal 2002a: 158-159; Moroff 2005: 445-448) und die skizzierte zweite Periode in zwei Phasen zu unterteilen (vgl. McCoy/Heckel 2001: 83-85): einen ersten Zeitabschnitt der Entstehung internationaler Antikorruptionsübereinkommen (ca. Mitte der 1990er Jahre bis ca. 2003) und eine zweite Phase der Umsetzung auf nationaler Ebene und des internationalen Monitorings (seit ca. 2003). Die aus diesen Vorüberlegungen resultierenden vier Phasen sollen im Folgenden kurz umrissen werden.

1. Politik und Wissenschaft betrachteten Korruption bis Mitte der 1970er Jahre überwiegend als ein eher untergeordnetes Problem, das ein Handeln auf internationaler Ebene nicht erforderte. Das Ausmaß der Korruption in den westlichen Regierungssystemen schien nicht besorgniserregend zu sein, und die weitverbreitete Korruption in den sogenannten Entwicklungsländern wurde nicht selten als ein notwendiges Übel auf dem Weg zur Modernisierung gesehen (vgl. Huntington [2002] 1968) oder durch den Kalten Krieg überlagert bzw. instrumentalisiert. Die meisten westlichen Staaten stellten zwar Korruption insbesondere im öffentlichen Sektor unter Strafe, Bestechung im Ausland war jedoch legal (Androulakis 2007: 65-116). Aufwendungen für Auslandskorruption konnten in der Regel von der Steuer abgesetzt werden. *(Keine transnationale Antikorruptionspolitik bis Mitte der 1970er Jahre)*

2. Diese Situation änderte sich, als in den USA im Zuge der Ermittlungen zum Watergate-Skandal ans Licht kam, dass etliche amerikanische Firmen Amtsträger anderer Staaten in großem Umfang bestochen hatten, um Aufträge zu erlangen. Als Konsequenz wurde 1977 der FCPA erlassen (Androulakis 2007: 159-166). Mit diesem Gesetz wurde die Bestechung ausländischer Amtsträger im internationalen Geschäftsverkehr weltweit erstmals unter Strafe gestellt. Die Vereinigten Staaten versuchten umgehend, andere (insbesondere wirtschaftsstarke) Staaten ebenfalls zur Pönalisierung der Auslandskorruption zu bewegen, um mögliche Wettbewerbsnachteile für amerikanische Exportunternehmen zu vermeiden. Ihre bilateralen Bemühungen scheiterten in den 1970er und 1980er Jahren ebenso wie der Versuch, ein Bestechungsübereinkommen auf der Ebene der Vereinten Nationen zu erreichen (Pieth 1997: 759). Schweden war das einzige Land, das dem amerikanischen Beispiel in begrenztem Umfang folgte. In den USA gab es daher zwischenzeitlich Bestrebungen, den FCPA zu entschärfen oder abzuschaffen. *(USA Vorreiter bei der Kriminalisierung der Auslandsbestechung)*

3. Mitte der 1990er Jahre wurde das Thema Korruption innerhalb kurzer Zeit von vielen internationalen Organisationen aufgegriffen. Zunächst wurden vor allem rechtlich unverbindliche Empfehlungen verabschiedet. Die Organisation Amerikanischer Staaten beschloss 1996 das erste Antikorruptionsübereinkommen (vgl. Low et al. 1998), zahlreiche weitere Abkommen und Soft Law-Bestimmungen entstanden kurz darauf (vgl. Wolf 2007: 82-84). Die Gründe für die vergleichsweise neue, intensive Beschäftigung mit einem alten Problem sind nicht eindeutig (Tanzi 1998: 560). Sie sind das Ergebnis eines komplexen Zu- *(Entstehung internationaler Antikorruptionsregime in den 1990er Jahre)*

sammenspiels unterschiedlicher Interessen und Werte (Abbott/Snidal 2002a), eines „multikausalen Zusammenwirkens vieler Faktoren [...], deren Gewichtung nicht genau bestimmt werden kann" (Moroff 2005: 472). Folgende Faktoren werden in der Literatur besonders hervorgehoben (vgl. Wolf 2007: 13):

- das Ende des Ost-West-Konflikts,
- die Globalisierung (insbesondere die Liberalisierung der Märkte sowie die zunehmende Handelsverflechtung und technische Vernetzung),
- eine weitere Verbreitung rechtsstaatlicher und demokratischer Werte,
- neue Erkenntnisse über die ökonomischen, politischen und gesellschaftlichen Kosten von Korruption,
- verstärkte Medienberichterstattung über Korruptionsfälle in westlichen Regierungssystemen, dadurch erhöhte Sensibilität der Bürger für die Korruptionsproblematik,
- ein neuartiges Engagement der Zivilgesellschaft gegen Korruption (z. B. Gründung und Aufstieg von Transparency International) und
- das kontinuierliche Drängen der USA (aus Wettbewerbsgründen) auf eine multilaterale Politik zur Bekämpfung der Bestechung in den internationalen Geschäftsbeziehungen.

Europäische Union Die EU kam über den Schutz der finanziellen Interessen der Europäischen Gemeinschaften zur Bekämpfung der Korruption auf nationaler Ebene. Nach der Kriminalisierung der Amtsträgerbestechung auch ohne Bezug zu den Gemeinschaftsfinanzen widmete man sich der Korruption im privaten Sektor als einem Hindernis für fairen Wettbewerb im europäischen Binnenmarkt (Kommission 2007: 3).

Europarat Der Europarat versteht sich seit jeher als Förderer von Demokratie, Rechtsstaatlichkeit und Menschenrechten in Europa. Er entwickelte daher umfassende Antikorruptionsnormen, die unter anderem auf einen Mindeststandard bei den korruptionsbezogenen Strafvorschriften abzielen (Sanchez-Hermosilla 2003: 76/77), und organisierte technische Hilfsprogramme für korruptionsbelastete osteuropäische Transformationsstaaten.

OECD Die OECD wurde maßgeblich von den USA als das geeignete Forum für ein multilaterales Vorgehen der Industriestaaten gegen Bestechung ausländischer Amtsträger im internationalen Geschäftsverkehr ausgewählt. Auf verstärkten Druck der Vereinigten Staaten wurden in diesem Rahmen unter anderem das einschlägige Bestechungsübereinkommen und ein vergleichsweise starker Monitoringmechanismus entwickelt (Abbot/Snidal 2002a).

Vereinte Nationen Die Vereinten Nationen mussten etliche Differenzen zwischen Entwicklungsländern und Industriestaaten, aber auch innerhalb dieser Gruppen überwinden, um zu verbindlichen Antikorruptionsvereinbarungen zu gelangen (Webb 2005). So konnte – abgesehen von einer eher unbedeutenden Klausel in der Konvention gegen grenzüberschreitende organisierte Kriminalität – erst im Herbst 2003 ein globales Antikorruptionsübereinkommen verabschiedet werden.

Aktuelle Phase: Implementation und Monitoring 4. Der Prozess der Erarbeitung internationaler Antikorruptionsnormen fand mit der Unterzeichnung der UN-Konvention gegen Korruption einen vorläufigen Höhepunkt. Die derzeitige Phase der Entwicklung internationaler Antikorruptionsregime (seit ca. 2003) ist geprägt durch die (Nicht-) Umsetzung der unterschiedlichen Korruptionsbekämpfungsvorgaben auf nationaler Ebene und das diesbezügliche Monitoring seitens verschiedener internationaler Gremien. Zwar evaluieren OECD und Europarat (GRECO) bereits seit 1999 bzw. 2000 die Implementation ihrer jeweiligen Antikorruptionsnormen in ihren jeweiligen Mitgliedstaaten, doch das Monitoring hat seit 2002/03 mit der Phase 2 (OECD) bzw. der Evaluationsrunde 2 (GRECO) wesentlich an Bedeutung gewonnen. Inzwischen laufen jeweils die dritten Evaluationsrunden. Das umfassendste und einzige globale Antikorruptionsübereinkommen erhielt erst 2009 einen Monitoringmechanismus (Roll 2010); vorher konnten sich die Vertragsparteien der UN-Konvention gegen Korruption nicht auf ein gemeinsames Evaluierungsverfahren einigen.

Eine fünfte Phase der Entwicklung internationaler Antikorruptionsregime ist derzeit noch nicht klar abzusehen. Sie könnte entstehen, wenn etwa der globale Korruptionsbekämpfungsboom massiv nachließe, die Mitgliedstaaten die internationalen Antikorruptionsvorgaben in signifikantem Umfang nicht umsetzten, die verschiedenen zwischenstaatlichen Evaluierungsgremien nicht mehr mit Aufgaben und/oder Ressourcen versorgt wären, im Zuge eines verschärften globalen Wirtschaftswettbewerbs korrupte Praktiken im grenzüberschreitenden Geschäftsverkehr wieder opportun würden oder sich die internationale Antikorruptionspolitik in den Augen der Regierungen als ineffektiv herausstellen würde (vgl. Wolf/ Schmidt-Pfister 2010: 15-16).

Fünfte Entwicklungsphase noch nicht in Sicht

4.1.2 Die Entwicklung aus der Sicht von vier Ansätzen der internationalen Beziehungen[62]

Politikwissenschaftliche Großtheorien können Interpretations-, Orientierungs-, Zielbeschreibungs-, Handlungslegitimations- und epistemologische Funktionen erfüllen (Meyers 2000: 422). Nach Ansicht von Krell (2000: 25) formulieren

Vier Großtheorien der Internationalen Beziehungen

> „*Großtheorien in den Internationalen Beziehungen [.] allgemeine Annahmen über die entscheidenden Akteure und ihre Ziele sowie Präferenzen, über die Qualität und Struktur des Handlungsumfeldes dieser Akteure, über die zentralen Antriebsmomente der internationalen Politik, ihre grundlegenden Probleme und ihre Entwicklungsperspektiven.*"

Im Folgenden soll der soeben skizzierte Entwicklungsprozess der internationalen Antikorruptionspolitik in knapper Form aus der Perspektive von vier Großtheorien bzw. Denkschulen der Internationalen Beziehungen gedeutet werden. Menzel (2001: 20-24) beschreibt Idealismus, Realismus, Institutionalismus und Strukturalismus als die zentralen IB-Paradigmen.[63] Die vorliegende Studie folgt dieser nachvollziehbaren Grobsystematisierung. Für die Zwecke der vorliegenden Einführung erscheint die Beschäftigung mit den genannten vier Großtheorien ausreichend. Eine Erörterung der Entwicklung internationaler Antikorruptionsre-

---

62 Dieser Abschnitt wurde überwiegend Wolf (2007) entnommen.
63 Häufig werden dieselben oder ähnliche Großtheorien in den Internationalen Beziehungen auch schlicht unterschiedlich bezeichnet (z. B. Idealismus als Pluralismus oder Liberalismus, Strukturalismus als Globalismus oder Marxismus).

gime anhand von Bereichstheorien und feineren theoretischen Ansätzen soll spezifischen IB-Forschungen vorbehalten bleiben.[64] Mit der Beschränkung auf die
vier wesentlichen IB-Ansätze wird folglich kein Anspruch auf die Einbeziehung
sämtlicher in Frage kommender Theorien erhoben.

Idealismus   Aus der Perspektive der idealistischen Denkschule[65] lässt sich nicht nachvollziehen, warum es lange Zeit keinerlei nationale Maßnahmen gegen grenzüberschreitende Korruption gab und weshalb internationale Organisationen das Thema erst so spät aufgriffen. Der FCPA schließlich wurde primär aus moralischen
Gründen erlassen (Abbott/Snidal 2002a: 161), einer wichtigen Kategorie des Idealismus. Das jahrelange erfolglose Werben der USA für eine multilaterale Kriminalisierung der Bestechung im internationalen Geschäftsverkehr widerspricht
allerdings den Grundannahmen des idealistischen Paradigmas. Die Etablierung internationaler Antikorruptionsregime ab Mitte der 1990er Jahre hingegen ist als ein
später Erfolg des Vernunftprinzips und des Leitbilds von „Good Governance" zu
werten (vgl. Bontrager Unzicker 2000: 658). Der Idealismus kann die mittlerweile
weitverbreitete Einsicht erklären, dass Korruption als globales Problem nur durch
kooperative Lösungsansätze auf internationaler Ebene sinnvoll zu bekämpfen ist.
Lückenhafte Antikorruptionsübereinkommen aufgrund nationaler Interessengegensätze sowie mangelhafte Umsetzung internationaler Vorgaben auf mitgliedstaatlicher Ebene passen wiederum nicht in das idealistische Weltbild.

Realismus   Der lange Zeitabschnitt ohne Bildung internationaler Antikorruptionsnormen
ist aus dem Blickwinkel der realistischen Denkschule[66] eine Phase, in der die meisten
(westlichen) Staaten Auslandskorruption als vorteilhaft ansahen. Bestechung erschien
vielfach als ein probates Mittel, um im internationalen Geschäftsverkehr lukrative
Aufträge zu erlangen. Die unilaterale Verabschiedung des FCPA durch die USA ist
aus der eigennutzorientierten realistischen Perspektive nicht zu erklären: Mit dieser
Maßnahme verschlechterten die Vereinigten Staaten vorsätzlich ihre Wettbewerbs-
position gegenüber anderen Industriestaaten (vgl. Chaikin 1999: 289). Daher ist es
aus Sicht des Realismus auch nicht überraschend, dass andere Länder dem Beispiel
der Vereinigten Staaten fast zwei Jahrzehnte lang nicht folgten (Tarullo 2004: 674).
Für die Entstehung internationaler Antikorruptionsregime ab Mitte der 1990er Jahre
bietet die realistische Denkschule wenig Erklärungspotenzial. Mit ihrer Hilfe lassen
sich aber beispielsweise der begrenzte Radius vieler Antikorruptionsübereinkom-

---

64 Zumindest in der deutschen IB-Forschung ist die Beschäftigung mit den internationalen
Antikorruptionsregimen noch relativ unterentwickelt. Siehe aber Jakobi (2010) und Moroff (2005 und
2010).
65 Menzel (2001: 21) skizziert die idealistische Großtheorie folgendermaßen: „Der Idealismus ist vom
Glauben an den Fortschritt durchtränkt. Er setzt auf das Gute im Menschen oder zumindest darauf, dass
der Mensch vernunftbegabt ist […] Langfristig muss demnach die Durchsetzung des Vernunftprinzips
zu einer besseren Welt führen, in der alle Konflikte und Interessengegensätze auf kooperative Weise
durch Kompromiss und Ausgleich lösbar sind […] Idealistische Ziele sind prinzipiell erreichbar."
66 Aus Sicht der realistischen Denkschule ist der Mensch „nicht nur gut, sondern auch schlecht, nicht
nur vernunftbegabt, sondern auch triebgesteuert. Seiner Lernfähigkeit sind Grenzen gesetzt. Damit sind
auch den idealistischen Vorstellungen über die Möglichkeit kooperativen und rationalen Verhaltens
enge Grenzen gesetzt […] Die realistische Devise lautet deshalb ‚Maximiere dein Minimum', d. h. set-
ze auf die am wenigsten schlechte Lösung eines Problems, die du aus eigener Kraft erreichen kannst."
(Menzel 2001: 21/22)

men, unverbindliche Regelungen, Opting-out-Klauseln, defizitäre Monitoringsysteme und insbesondere die zahlreichen Mängel und Verzögerungen bei der Umsetzung auf nationaler Ebene gut erklären: Wer die internationalen Antikorruptionsvorgaben nicht, teilweise oder nur zum Schein befolgt, sichert sich bei Abwesenheit wirksamer Kontroll- und Sanktionsmechanismen möglicherweise Wettbewerbsvorteile.

Die institutionalistische Denkschule[67] analysiert die ersten beiden oben skizzierten Zeitabschnitte ähnlich wie die realistische Großtheorie: Eine Bildung internationaler Antikorruptionsregime fand nicht statt, weil die eigennutzorientierten Nationalstaaten hierin mehrheitlich keinen Vorteil erkannten. Durch das Zusammenwirken verschiedener Faktoren (vgl. 4.1.1) kam es in den 1990er Jahren allerdings zu einem Einstellungswandel. Zahlreiche Regierungen sahen trotz teilweise divergierender Interessenlagen einen Vorteil in kooperativem Handeln auf internationaler Ebene und entwickelten kollektive Korruptionsbekämpfungsnormen und spezifische Gremien für wechselseitigen Austausch und Evaluierungen (vgl. Abbott/Snidal 2002a; Windsor/Getz 2000). Diese Antikorruptionsregime bestehen zwar schon seit einigen Jahren, doch ihre dauerhafte erfolgreiche Weiterexistenz ist noch nicht gesichert. Mannigfaltige Implementationsdefizite der Mitgliedstaaten sprechen nicht für die aus institutionalistischer Sicht zu erwartende funktionalistische Eigendynamik, institutionelle Verselbständigung und normative Kraft der internationalen Antikorruptionspolitik.

Institutionalismus

Aus der Sicht der strukturalistischen Denkschule[68] ist es schwer vorstellbar, dass sich wirtschaftsstarke Staaten freiwillig Antikorruptionsregimen unterwerfen, um damit zu einem fairen Welthandel und zur Verbesserung der wirtschaftlichen und gesellschaftlichen Situation in den Entwicklungs- und Schwellenländern beizutragen – immerhin bestachen westliche Konzerne jahrzehntelang in großem Umfang Amtsträger in diesen ärmeren Ländern, ohne dass dies in den Heimatländern unter Strafe gestellt oder auch nur kritisiert wurde (vgl. Rügemer 2003). Die strukturalistische Perspektive vermutet hinter Maßnahmen wie dem FCPA und dem OECD-Übereinkommen gegen Bestechung im internationalen Geschäftsverkehr die Absicht der Industriestaaten, globale Dominanz- und Abhängigkeitsverhältnisse verfestigen und auszubauen. Der Versuch der weltweiten Durchsetzung einheitlicher Antikorruptionsregelungen – insbesondere des OECD-Bestechungsübereinkommens – sei ein quasi-imperialistisches Vorhaben westlicher Staaten

Strukturalismus

---

67 Der Institutionalismus nimmt nach Menzel (2001: 22) „eine Mittelposition zwischen Idealismus und Realismus ein. Kooperation ist prinzipiell denkbar, nur muss sie realistisch und nicht idealistisch fundiert sein. Eine realistische Begründung für kooperatives Verhalten ist [.] der Eigennutz [...] Sind [.] Institutionen friedensstiftender, wohlstandsmehrender, menschenrechtewahrender oder umweltschonender Art erst einmal etabliert und sind sie damit auch erfolgreich, entwickeln sie eine Eigendynamik und können somit normative Wirkung entfalten."

68 Die strukturalistische Denkschule „nimmt auf eine andere Weise eine Mittelposition zwischen Idealismus und Realismus ein [...] Das internationale System ist aus strukturalistischer Sicht durch Ungleichheit in der Macht- und Wohlstandsverteilung [...] geprägt. Die Verfolgung des Selbsthilfeprinzips führt [...] auch zu Abhängigkeit, Ausbeutung und Unterentwicklung. Kooperation ist deshalb nur möglich, wenn es zu einer radikalen Aufhebung von internationaler Ungleichheit und Ausbeutung, wenn es zu einer gerechten Welt gekommen ist." (Menzel 2001: 22/23)

(Salbu 1999: 252-253; Schünemann 2003: 309).[69] Diese Argumentation ist spätestens seit der Verabschiedung der UN-Konvention gegen Korruption nur noch schwer aufrechtzuerhalten (van Aaken 2006: 35): Die Konvention, die über die Bestimmungen des OECD-Übereinkommens hinausgeht, wurde von 140 Staaten unterzeichnet, die in der Mehrzahl Entwicklungs- und Schwellenländer sind.

Jeweils begrenzte
Erklärungskraft der
vier IB-Großtheorien
Es ist zusammenfassend festzuhalten, dass Antikorruptionspolitik auf der Ebene internationaler Organisationen ein vergleichsweise junges Phänomen darstellt. Noch Mitte der 1990er Jahre musste man konstatieren, dass „efforts have nowhere passed beyond the stage of mutual encouragement or, technically speaking, of soft law recommendations" (Meesen 1995: 1651). Ab 1996 wurden jedoch verschiedene rechtsverbindliche internationale Antikorruptionsnormen entwickelt. Mittlerweile gibt es keine bedeutende internationale Organisation, die sich nicht in der einen oder anderen Form mit Korruptionsbekämpfung befasst (Nichols 2000: 634). Beobachter sprechen von der „evolution of a multilateral normative regime" gegen Korruption (Windsor/Getz 2000: 762). Die plötzliche intensive Beschäftigung internationaler Organisationen mit dem Thema Korruptionsbekämpfung ist auf ein Zusammenwirken verschiedener Faktoren zurückzuführen (vgl. 4.1.1.). Es überrascht nicht, dass idealtypisch konstruierte IB-Großtheorien die reale Entwicklung der internationalen Antikorruptionsregime jeweils nur teilweise zutreffend deuten können. Die Erklärungskraft der vier zentralen Ansätze Idealismus, Realismus, Institutionalismus und Strukturalismus lässt sich folgendermaßen zusammenfassen:

Tab. 19: Die Entwicklung internationaler Antikorruptionsregime aus der Perspektive von IB-Theorien

	Internationale Korruptionsbekämpfung ist eine ...	Erklärungskraft während verschiedener Phasen der Entwicklung internationaler Antikorruptionsregime			
		bis ca. 1975	ca. 1975 bis 1995	ca. 1995 bis 2003	seit ca. 2003
Idealismus	altruistische, kooperative Bearbeitung eines globalen Problems	niedrig	niedrig	hoch	mittel
Realismus	Beeinträchtigung des Handlungsspielraums nationaler Akteure	hoch	mittel	niedrig	niedrig bis mittel
Institutionalismus	eigennutzmotivierte kooperative Bearbeitung eines globalen Problems	hoch	hoch	hoch	mittel bis hoch
Strukturalismus	imperialistische Maßnahme wirtschaftsstarker Staaten	hoch	mittel	niedrig	niedrig

Quelle: Eigene Zusammenstellung.

---

69 Auch der Korruptionswahrnehmungsindex von Transparency International (CPI) wird mitunter als ein Beispiel für „westlichen Kulturimperialismus" bezeichnet (Malaysias Premierminister Mahatir zitiert nach See 2007: 133). Eine ausführlichere Darstellung kritischer Stimmen zur globalen Korruptionsbekämpfung findet sich in Abschnitt 4.1.6.

Die institutionalistische Denkschule kann aufgrund der Verbindung komplementärer idealistischer und realistischer Elemente Entstehung und Entwicklung der internationalen Antikorruptionsregime insgesamt am besten erklären. Aber auch aus der institutionalistischen Perspektive lassen sich bestimmte Vorgänge der aktuellen Entwicklungsphase nur bedingt nachvollziehen. So erwartet der Institutionalismus etwa eine funktionalistische Eigendynamik und institutionelle Verselbständigung der geschaffenen Regime. Auch wenn entsprechende Tendenzen zumindest in Ansätzen erkennbar sind, ist ein Erfolg der internationalen Antikorruptionspolitik mittelfristig noch keineswegs sicher. In den nächsten Jahren wird sich zeigen, ob die Mitgliedstaaten der verschiedenen Antikorruptionsregime bereit sind, mit den Evaluierungsgremien weiterhin kooperativ zusammenzuarbeiten, sie mit ausreichenden Ressourcen auszustatten und vor allem ihre Empfehlungen tatsächlich umzusetzen, oder ob „realistische" Tendenzen der gezielten Nichtbefolgung internationaler Vorgaben zur Korruptionsbekämpfung zunehmen.

Vorteile der institutionalistischen Denkschule

4.1.3 Ausgewählte Aspekte der Antikorruptionsregime von EU, Europarat, OECD und UN im Vergleich[70]

Seit Mitte der 1990er Jahre wurde auf internationaler Ebene eine Fülle von Normen zur Korruptionsprävention und Korruptionsbekämpfung erarbeitet. Für die Länder in Europa sind in diesem Zusammenhang die Antikorruptionsregime von EU, Europarat, OECD und Vereinten Nationen am wichtigsten. Nahezu alle europäischen Staaten sind an mindestens einem dieser vier Antikorruptionsregime beteiligt (vgl. Wolf 2007: 85). Im Folgenden werden daher nur diese Regime behandelt.[71] Es erfolgt zudem eine Beschränkung auf Politiken zur Bekämpfung der Korruption auf mitgliedstaatlicher Ebene, das heißt, Maßnahmen zur Prävention und Eindämmung organisationsinterner Korruption werden hier nicht erörtert.[72] Die wohl jeweils bedeutendsten im Rahmen der vier genannten Organisationen bislang entwickelten Antikorruptionsinstrumente können der folgenden Tabelle entnommen werden; hierbei wird zwischen völkerrechtlich verbindlichen Normen (Hard Law) und politischen Empfehlungen bzw. „weicheren" Normen (Soft Law) unterschieden (Nachweise siehe 6.8).

Die vier für Europa wichtigsten Antikorruptionsregime

---

70 Teile dieses Abschnitts wurden Wolf (2010) entnommen.

71 Im Hinblick auf die zwischenstaatliche Korruptionsbekämpfung außerhalb von Europa ist vor allem das Antikorruptionsregime der Organisation Amerikanischer Staaten zu nennen (siehe Low et al. 1998). Von gewisser Bedeutung ist auch die Antikorruptionskonvention der Afrikanischen Union. In Asien wurde bislang kein einschlägiges regionales Übereinkommen abgeschlossen. Für einen Vergleich der Antikorruptionsabkommen siehe van Aaken (2006).

72 Die Bekämpfung der Korruption zulasten der EU-Finanzen ist ein Schwerpunkt der EU-Antikorruptionspolitik (vgl. 4.1.4). Siehe hierzu Neuhann (2005), Tivig/Maurer (2006) und Warner (2007). Zur Korruptionsbekämpfung innerhalb der Vereinten Nationen siehe Monsau (2010).

Fokus auf die straf-
rechtliche Korrupti-
onsbekämpfung

Es würde den Rahmen dieser Einführung sprengen, die verschiedenen internationalen Antikorruptionsnormen im Einzelnen zu besprechen und zu vergleichen.[73] Im Folgenden wird daher primär der bislang wichtigste Teilbereich der internationalen Vorgaben zur Korruptionsbekämpfung behandelt: das Strafrecht. Daraus sollte weder der Schluss gezogen werden, dass sich die internationalen Antikorruptionsregime lediglich auf die strafrechtliche Bekämpfung der Korruption konzentrieren, noch der, dass das Strafrecht generell das wichtigste oder beste Mittel der Korruptionseindämmung darstellt.[74] Strafrechtsregelungen nehmen jedoch in den Politiken aller internationalen Antikorruptionsregime einen zentralen Platz ein, und sie sind im Unterschied zu vielen anderen Maßnahmen jeweils zumindest zum Teil völkerrechtlich verbindlich ausgestaltet. Deshalb soll die Korruptionsbekämpfung mit den Mitteln des Strafrechts auch im Rahmen des vorliegenden Überblicks besonders berücksichtigt werden.

Tab. 20: Wichtige Antikorruptionsnormen von EU, Europarat, OECD und UN

	Hard Law	**Soft Law**
Europäische Union	• Übereinkommen über den Schutz der finanziellen Interessen der EG • Protokoll zum Übereinkommen • Übereinkommen über die Bestechung, an der Beamte der EG oder der Mitgliedstaaten beteiligt sind • Rahmenbeschluss zur Bekämpfung der Bestechung im privaten Sektor	Kein relevantes Soft Law für Korruptionsbekämpfung im engeren Sinn, höchstens Mitteilungen der EU-Kommission
Europarat	• Strafrechtsübereinkommen über Korruption • Zusatzprotokoll zum Strafrechtsübereinkommen • Zivilrechtsübereinkommen über Korruption	• 20 guiding principles for the fight against corruption • Rec. on codes of conduct for public officials • Rec. on common rules against corruption in the funding of political parties and electoral campaigns

---

73 Siehe zu diesem Zweck die drei rechtswissenschaftlichen Dissertationen von Androulakis (2007), Marsch (2010) und Nagel (2007). Knappere Überblicke finden sich bei van Aaken (2006) und Wolf (2006). Für eine Detailanalyse des OECD-Bestechungsübereinkommens und seiner ergänzenden Normen siehe Pieth/Low/Cullen (2007).

74 Kritisch zu immer schärferen strafrechtlichen Sanktionen bei der Korruptionsbekämpfung etwa Killias (1998).

	Hard Law	Soft Law
Organisation für wirtschaftliche Entwicklung und Zusammenarbeit	• Convention on Combating Bribery of Foreign Public Officials in International Business Transactions	• Rec. for further combating bribery of foreign public officials in international business transactions • Rec. on tax measures for further combating bribery […] • Rec. on bribery and officially supported export credits • Rec. on anti-corruption proposals for bilateral aid procurement • OECD guidelines for multinational enterprises – Section VII
Vereinte Nationen	• United Nations Convention against Transnational Organized Crime • United Nations Convention against Corruption	Verschiedene Resolutionen der Generalversammlung, ohne große Bedeutung nach Verabschiedung der UN-Konvention gegen Korruption

Quelle: Eigene Zusammenstellung.

Einige internationale Antikorruptionsregime haben sich auf bestimmte Bereiche spezialisiert. So widmet sich die EU etwa vorrangig der Korruptionsbekämpfung in den Gemeinschaftsinstitutionen und Mitgliedstaaten, und die OECD konzentriert sich auf die Bekämpfung der Bestechung ausländischer Amtsträger im internationalen Geschäftsverkehr. Europarat und Vereinte Nationen verfolgen hingegen eher breitere Ansätze. Wie aus der folgenden Tabelle ersichtlich ist, kommt es zu verschiedenen Überlappungen der jeweiligen Antikorruptionsvorgaben. *[Spezialisierungen einiger Regime]*

Die verbindlichen Vorgaben der UN-Konvention gegen Korruption können mittlerweile als globaler Mindeststandard angesehen werden (van Aaken 2006: 35). Als einziges der hier behandelten Antikorruptionsübereinkommen schreibt die UN-Konvention zwingend die Kriminalisierung von Bestechung und Bestechlichkeit auch bei inländischen Abgeordneten vor (vgl. 2.7.4). Hinsichtlich der transnationalen Korruption geht die UN-Konvention nicht über die verbindlichen Vorschriften des OECD-Bestechungsübereinkommens hinaus. Beide Abkommen verpflichten zur Pönalisierung der Bestechung ausländischer und internationaler Amtsträger im grenzüberschreitenden Geschäftsverkehr. Die Kriminalisierung der Korruption im privaten Sektor ist derzeit noch kein globaler Mindeststandard. Dieser Umstand ist in Zeiten zunehmender Privatisierungen und Public Private Partnerships eine offensichtliche Schwäche der Antikorruptionsregime von Europarat, OECD und Vereinten Nationen. Der internationale Wirtschaftswettbewerb wird nicht nur durch die Bestechung von Amtsträgern gefährdet, sondern auch durch Korruption unter Privaten (Weigend 2007: 764). Lediglich in der EU wurde mit dem Rahmenbeschluss zur Bekämpfung der Bestechung im privaten Sektor ein regional begrenzter Rechtsrahmen geschaffen. Eine übergreifende Lücke der bestehenden Antikorruptionsnormen *[Vergleich der internationalen strafrechtlichen Vorgaben]* sind auch fehlende bzw. rechtlich unverbindliche Regelungen über die Bestechung politischer Parteien und Kandidaten für öffentliche Ämter.

Tab. 21: Verbindliche strafrechtliche Mindestvorgaben internationaler Antikorruptionsregime

	EU-Bestechungsübereinkommen	OECD-Bestechungsübereinkommen	EU-Rahmenbeschl. zur Best. im privaten Sektor	Europarats-Strafrechtsübereinkommen	UN-Konvention gg. organisierte Kriminalität	UN-Konvention gegen Korruption
Inländische Amtsträger	aktiv, passiv			aktiv, passiv	aktiv, passiv	aktiv, passiv
Inländische Abgeordnete				aktiv, passiv Vorbehaltsmöglichkeit		aktiv, passiv
Privater Sektor			aktiv, passiv	aktiv, passiv Vorbehaltsmöglichkeit		
Ausländische Amtsträger	aktiv, passiv: Beamte der EU-Staaten	aktiv im int. Geschäftsverkehr		aktiv, Vorbehaltsmöglichkeit passiv		aktiv im int. Geschäftsverkehr
Ausländische Abgeordnete		aktiv im int. Geschäftsverkehr		aktiv, passiv Vorbehaltsmöglichkeit		aktiv im int. Geschäftsverkehr
Amtsträger int. Organisationen	aktiv, passiv: EU-Beamte	aktiv im int. Geschäftsverkehr		aktiv, passiv		aktiv im int. Geschäftsverkehr
Mitglieder intern. Versammlungen	aktiv, passiv: MdEPs wie MPs des MS behandeln	aktiv im int. Geschäftsverkehr		aktiv, passiv Vorbehaltsmöglichkeit		aktiv im int. Geschäftsverkehr

Zu kriminalisierende Delikte: aktiv = (aktive) Bestechung; passiv = passive Bestechung (Bestechlichkeit); Quelle: Eigene Zusammenstellung.

Monitoring von großer Bedeutung für die internationalen Antikorruptionsregime

Ohne effektive Überwachungsmaßnahmen zur Durchsetzung der internationalen Antikorruptionsvorgaben drohen die umfangreichen politischen und völkerrechtlichen Vorgaben zu symbolischen Normen zu verkommen. Die Leistungsfähigkeit eines Antikorruptionsregimes bemisst sich deshalb auch maßgeblich nach dessen Möglichkeiten, zur tatsächlichen Umsetzung der internationalen Antikorruptionsinstrumente auf nationaler Ebene beizutragen (Wolf 2007: 23). Moroff (2005: 459) unterscheidet in diesem Zusammenhang „vier Abstufungen von Sanktionsmitteln […], die in finanzielle, rechtliche, öffentlichkeitswirksame und freiwillig selbstverpflichtende unterteilt werden können". Die hier behandelten Antikorruptionsregime besitzen nicht die Druckmittel von Weltbank und Internationalem Währungsfonds, die Einhaltung internationaler Antikorruptionsvorgaben an die

Vergabe von finanziellen Mitteln zu knüpfen.[75] Lediglich die EU hat die Möglichkeit, unter bestimmten Umständen Zahlungen auszusetzen und gegenüber Beitrittskandidaten die angestrebte EU-Mitgliedschaft als Druckmittel einzusetzen. Die Mitgliedschaft in anderen internationalen Organisationen ist ökonomisch weniger verlockend. In Ermangelung eines überstaatlichen Gewaltmonopols zur Durchsetzung völkerrechtlicher Verpflichtungen besteht die Hauptaufgabe internationaler Organisationen in diesem Zusammenhang darin, möglichst effektiv politischen Druck – in der Regel „peer pressure" (Pagani 2002) – zur Befolgung der zwischenstaatlichen Antikorruptionsvereinbarungen aufzubauen und aufrechtzuerhalten oder entsprechende positive Anreize zu schaffen.

Es lässt sich allgemein ein Trend von appellierenden zu rechtsverbindlichen, von regional begrenzten zu globalen sowie von nicht überprüften Antikorruptionsmaßnahmen zu Regelungen mit Evaluationsverfahren feststellen (vgl. Wolf 2007: 82-84). Setzt man den Umfang der erfassten Korruptionsdelikte in Beziehung zum Monitoringmechanismus und den formalen Opting-out-Möglichkeiten[76], können spezifische Profile der einzelnen Regime abgeleitet werden (vgl. auch Moroff 2005: 458). Folgende Grundtendenz ist erkennbar: Je größer der Umfang der von einer internationalen Organisation behandelten Korruptionsdelikte, je verbindlicher die Rechtsinstrumente und je stärker das Monitoring, desto wahrscheinlicher sind Möglichkeiten für die betreffenden Mitgliedstaaten, sich zumindest bestimmten Antikorruptionsvorgaben zu entziehen.

Die über verschiedene Hard Law- und Soft Law-Instrumente verteilten Antikorruptionsnormen des Europarats sind beispielsweise sehr umfangreich, und das GRECO-Monitoring ist vergleichsweise intensiv; dafür eröffnet das Strafrechtsübereinkommen des Europarats über Korruption zahlreiche Opting-out-Möglichkeiten (vgl. Tabelle 20). Die EU-Rechtsinstrumente lassen den Mitgliedstaaten nur einen sehr begrenzten Spielraum für Opting-out; allerdings ist das Monitoring auf Unionsebene äußerst schwach, da es nicht in der vergemeinschafteten ersten Säule der alten, mit dem Vertrag von Lissabon abgeschafften EU-Architektur angesiedelt ist.[77] Ein Sonderfall ist seit einigen Jahren das intensive Antikorruptionsmonitoring in Bezug auf EU-Beitrittskandidaten und die Neumitglieder Bulgarien und Rumänien. Das Antikorruptionsregime der OECD zeichnet sich durch einen relativ starken Evaluationsmechanismus und geringe Opting-out-Möglichkeiten aus, doch der Umfang der erfassten Korruptionsdelikte ist sehr begrenzt. Auf der

Trends bei Umfang und Verbindlichkeit der internationalen Normen sowie beim Monitoring

---

75 Weltbank und Internationaler Währungsfonds sind für die Korruptionsbekämpfung in Entwicklungs- und Schwellenländern von Bedeutung, nicht aber für die Antikorruptionspolitiken der meisten europäischen Staaten.

76 Unter einer *formalen* Opting-out-Möglichkeit wird hier das Recht eines Staats verstanden, eine internationale Antikorruptionsvorgabe aufgrund von „Kann"-Vorschriften oder Vorbehaltsklauseln nicht umsetzen zu müssen. Die Möglichkeit zum *faktischen* Opting-out ist aufgrund der Souveränität der Staaten und des fehlenden internationalen Gewaltmonopols bei jedem Antikorruptionsregime gegeben.

77 Der Europäische Gerichtshof besitzt hinsichtlich der im Rahmen der EU abgeschlossenen völkerrechtlichen Abkommen häufig keine Kompetenz, Vertragsverletzungen oder Implementationsdefizite festzustellen. Der EU-Rahmenbeschluss zur Bekämpfung der Bestechung im privaten Sektor entstammt der dritten Säule der früheren EU-Architektur, die der Prüfungskompetenz des Gerichtshofs ebenfalls größtenteils entzogen worden war.

Ebene der Vereinten Nationen enthält die Konvention gegen Korruption zwar einen sehr ausführlichen Maßnahmenkatalog, zahlreiche unverbindliche Klauseln ermöglichen jedoch formales Opting-out in beträchtlichem Umfang. Zudem ist das Evaluierungsverfahren im Vergleich zum OECD- und GRECO-Monitoring (siehe Tabelle 21) merklich schwächer ausgestaltet (z. B. keine verpflichtenden Länderbesuche und keine obligatorische Veröffentlichung der vollständigen Evaluierungsberichte).

Tab. 22: Monitoringverfahren der internationalen Antikorruptionsregime

	EU	Europarat	OECD	UN
Spezifisches Monitoringgremium	nein: Kommission (und Rat)	ja: Groupe d'Etats contre la corruption	ja: Working Group on Bribery	ja: Implementation Review Group
Sekretariatsausstattung	gut	gut	gut	eher begrenzt
Untersuchte Länder	MS und Beitrittskandidaten	alle MS und 2 Nichtmitglieder	alle MS und 6 Nichtmitglieder	Alle Vertragsparteien
Fokus des Monitorings Recht	ja	ja	ja	ja
Fokus des Monitorings Durchsetzung	nur bei Beitrittskandidaten	ja	ja	noch offen
Individuelle Länderberichte	nur bei Beitrittskandidaten	ja	ja	ja
Individuelle Fortschrittsberichte	nur bei Beitrittskandidaten	ja	ja	noch offen
Extra-Berichte bei signifikantem Non-Compliance	nur bei Beitrittskandidaten	ja	ja	noch offen
Länderbesuche	nein	ja	ja	nicht verpflichtend
Peer pressure	schwach	stark	stark	mittel
Veröffentlichung der Berichte im Internet	ja, aber keine zentrale Website	ja, aber Zustimmung nötig	ja	nur executive summaries verpflichtend
Härteste Sanktion bei Non-Compliance	MS: Kritik im Sammelbericht; Beitrittskandidaten: kein Beitritt	öffentliche Erklärung über massive Defizite bei der Implementation	öffentliche Erklärung über massive Defizite bei der Implementation	nicht geregelt, bislang Kritik im executive summary

Quelle: Eigene Zusammenstellung.

Tab. 23: Profile internationaler Antikorruptionsregime

	Umfang behandelter Korruptionsdelikte	Monitoring	Formale Opting-out-Möglichkeit	Außendimension
Europäische Union	MS: mittel BK: weit DS: eng	MS: schwach BK, Neu-MS: stark DS: schwach	MS: gering BK: gering DS: groß	BK: stark DS: schwach
Europarat	weit	stark	mittel	schwach
OECD	eng	stark	gering	mittel
Vereinte Nationen	weit	mittel	groß	regionale Schwerpunkte

MS = Mitgliedstaaten; BK = Beitrittskandidaten; DS = Drittstaaten

Quelle: Eigene Zusammenstellung.

4.1.4 Exkurs: Die Antikorruptionspolitik der EU zwischen Wertevermittlung und Eigeninteressen[78]

Die Verbindung der beiden Stichworte „Korruption" und „Europäische Union" polarisiert: Vergleichsweise selten kann man zu diesem Themenkomplex differenzierte Analysen lesen. Zwei einander diametral widersprechende Narrativen dominieren die Szene. Die eine Version beschreibt und konzeptionalisiert die EU als Förderer, Garant und Exporteur von Demokratie und Rechtsstaatlichkeit (Good Governance) innerhalb und außerhalb der Union. Diese Version wird freilich vor allem von EU-Institutionen vertreten (z. B. Europäische Kommission 2003, 2011), teilweise auch von Wissenschaftlern (etwa Jünemann/ Knodt 2007). Die zweite Narrative, die „Brüssel" als Brutstätte und Katalysator von Korruption – vor allem in den supranationalen Institutionen – betrachtet, ist jedoch zumindest in der breiten Öffentlichkeit weit populärer. Verschiedene europakritische Parteien und sogar einzelne Politiker wie Hans-Peter Martin oder Paul van Buitenen (vgl. van Buitenen 1999) schafften allein mit dem Thema Korruptionsbekämpfung den Einzug ins Europäische Parlament. Populärwissenschaftliche Bücher zeichnen nur selten ein differenziertes Bild (so aber Rubner 2009), selbst mehr oder weniger wissenschaftliche Bücher scheinen von der normativen Grundposition aus geschrieben, die Europäische Union sei ein Eldorado der Korruption (z. B. von Arnim 2006b; Warner 2007). Es gibt allerdings auch Werke, die neben der – zum Teil durchaus berechtigten – Herausstellung von Defiziten in der EU-Korruptionsbekämpfungspolitik eine systematische und vergleichsweise unvoreingenommene Analyse versuchen (etwa Neuhann 2005). Die Wahrheit dürfte in der Tat – wie so

---

78 Die Abschnitte des Exkurses wurden überwiegend Wolf (2011a) entnommen. Abschnitt 4.1.4.3 wurde für die vorliegende Publikation aktualisiert.

oft – irgendwo in der Mitte liegen: Einerseits schaffen Errungenschaften der EU wie etwa Binnenmarkt und Fördersysteme (z. B. Regional- und Strukturfonds) als „Nebenwirkungen" neue Möglichkeiten für korrupte Handlungen; andererseits existieren bereits verschiedene Maßnahmen zur Förderung von Demokratie und Rechtsstaatlichkeit sowie zur Bekämpfung von Korruption im europäischen Mehrebenensystem, die bei entsprechendem Willen der Mitgliedstaaten sicherlich noch effektiver ausgestaltet werden könnten (vgl. z. B. Warner 2002). Die Mehrheit der Unionsbürger ist der Auffassung, dass es Korruption in den EU-Institutionen gibt und dass die EU nicht hilft, Korruption im Heimatland zu reduzieren (Europäische Kommission 2012: 27, 79) – Die Korruptionssituation und die Antikorruptionspolitik auf nationaler Ebene werden von den Menschen jedoch ebenfalls sehr kritisch gesehen (Europäische Kommission 2012: 18, 79). Schließlich sind noch jene Autoren zu nennen, die sich mit Korruption in der Europäischen Union unter ganz anderen Vorzeichen befassen, indem sie beispielsweise der Frage nachgehen, ob EU-Korruptionsskandale positiv zur Herausbildung einer europäischen politischen Öffentlichkeit beitragen können (z. B. Trenz 2000).

Erklärungsbedürftige Auffälligkeiten der EU-Antikorruptionspolitik

Dieser Exkurs beschäftigt sich nicht mit Korruption innerhalb der Gemeinschaftsorgane, sondern hauptsächlich mit EU-Maßnahmen zur Bekämpfung der Korruption auf nationaler Ebene (Mitgliedsländer, Beitrittskandidaten und Drittstaaten). Im folgenden Abschnitt wird herausgearbeitet, dass die EU-Korruptionsbekämpfungspolitik auch und gerade im Vergleich mit anderen internationalen Antikorruptionsregimen sowie Leitprinzipien der europäischen Integration einige Besonderheiten aufweist (4.1.4.1). Diese Auffälligkeiten werden im Anschluss aus der Perspektive verschiedener politikwissenschaftlicher Erklärungsansätze untersucht (affirmative Erklärungen, Pfadabhängigkeit, Regulierungsansatz, konfligierende Identitäten, Intergouvernementalismus und Prinzipal-Agenten-Ansatz) (4.1.4.2). Die Schlussfolgerungen münden in eine vorsichtige Prognose zur Zukunft der EU-Antikorruptionspolitik (4.1.4.3).

4.1.4.1   Kritische Skizze der EU-Antikorruptionspolitik

Späte Entwicklung der EU-Antikorruptionspolitik

Die Korruptionsbekämpfungspolitik der EU bzw. der Europäischen Gemeinschaften entwickelte sich im Vergleich mit anderen supranationalen Politiken erst verhältnismäßig spät. Obwohl die Europäische (Wirtschafts-) Gemeinschaft bereits in den 1960er und 1970er Jahren immer größere Geldmengen umverteilte und eine recht umfangreiche Sekundärrechtsetzung entfaltete, die sich jenseits der Binnenmarkt-, Handels-, Agrar- und Wettbewerbspolitik auf immer weitere Politikfelder ausdehnte, blieb der Bereich Korruptionsbekämpfung lange Zeit ausgeklammert. Diese Tatsache lässt sich wohl nur zum Teil mit dem Umstand erklären, dass die EG erst mit dem Maastricht-Vertrag formal bestimmte Kompetenzen in den Bereichen Justiz und Inneres erlangte. Es dauerte bis Mitte der 1990er Jahre, dass die EU nennenswerte Antikorruptionsinstrumente erließ – parallel zu den einschlägigen Arbeiten anderer internationaler Organisationen (etwa Europarat, OECD und Organisation Amerikanischer Staaten). Die wichtigsten strafrechtsrelevanten EU-Antikorruptionsnormen sind das erste Protokoll zum Übereinkommen über den

Schutz der finanziellen Interessen der EG von 1996, das Übereinkommen über die Bekämpfung der Bestechung, an der Beamte der EG oder der Mitgliedstaaten der EU beteiligt sind (1997), sowie der Rahmenbeschluss zur Bekämpfung der Bestechung im privaten Sektor (2003), der eine diesbezügliche (eher folgenlose) Gemeinsame Maßnahme aus dem Jahr 1998 ersetzte. Hinzu kommen benachbarte Regelungen in den Bereichen Geldwäsche, Auftragsvergabe, Zusammenarbeit in Strafsachen, Erweiterungs- und Entwicklungshilfepolitik (vgl. Androulakis 2007: 282-316; Wolf 2006: 4-15). Während in der Vergangenheit vorwiegend völkerrechtliche Instrumente und intergouvernementale Verfahren zur Strafrechtsangleichung in der Antikorruptionspolitik gewählt wurden, hat die EU seit dem Vertrag von Lissabon hier auch die Möglichkeit, supranationale Richtlinien zu erlassen. Nach Art. 83 AEUV ist „Korruption" eines der Delikte, zu deren grenzüberschreitender Bekämpfung das Europäische Parlament und der Rat nach dem ordentlichen Gesetzgebungsverfahren (Art. 294 AEUV) Mindestvorschriften beschließen können. Harmonisierendes supranationales Recht kann auch zur Bekämpfung von Korruption, Betrug und anderer illegaler Handlungen zum Nachteil der finanziellen Interessen der EU erlassen werden (Art. 325 AEUV). Neben den genannten repressiven Instrumenten ist auch der Beschluss nicht-rechtsharmonisierender Maßnahmen der Kriminalprävention möglich (Art. 84 AEUV).

Hervorzuheben ist der ursprüngliche Ausgangspunkt der EU-Korruptionsbekämpfung. Hauptziel war zunächst der Schutz der finanziellen Interessen der EG, nicht etwa die allgemeine Verbreitung von Good Governance auf supranationaler und/oder mitgliedstaatlicher Ebene. Erst später wurde die Kriminalisierung der Bestechung auf EU-Amtsträger und mitgliedstaatliche Beamte ohne Bezug zu den Gemeinschaftsfinanzen ausgedehnt, schließlich auch auf den privaten Sektor. Demgegenüber strebte der Europarat seit Mitte der 1990er Jahre von Anfang an eine breite und systematische Angleichung der Korruptionsbekämpfungsmaßnahmen in Europa an, um Demokratie und Rechtsstaatlichkeit zu fördern (und nicht um die eigenen Finanzen zu schützen). Für die OECD steht primär die Bekämpfung von Bestechung im internationalen Geschäftsverkehr im Vordergrund, also die Beseitigung korruptionsbedingter Wettbewerbsverzerrungen. Die Vereinten Nationen schließlich arbeiten auf einen globalen Mindeststandard der Korruptionsbekämpfung hin, um – ähnlich wie der Europarat – einen grundsätzlichen Beitrag zur Förderung von Good Governance zu leisten; sie setzen aber durchaus auch eigene Akzente, etwa im Bereich der Rückführung illegal erworbener Mittel („asset recovery").

Es ist in diesem Zusammenhang auch bemerkenswert, dass die Antikorruptionspolitik der Europäischen Union stark EU-zentriert ist. Dies fällt insbesondere bei den Bestechungsübereinkommen ins Auge: Kernelemente sind unter anderen EU-Beamte, Amtsträger der EU-Mitgliedstaaten und die Finanzen der EU. Die einschlägigen Maßnahmen der anderen internationalen Organisationen weisen hingegen eine wesentlich stärkere Außendimension auf. Im Unterschied zu anderen internationalen Organisationen differenziert die EU auch auffällig zwischen Mitgliedstaaten, Beitrittskandidaten und sonstigen Drittstaaten (Tivig/Maurer 2006: 53). Während sich Beitrittsländer und manche Neumitglieder mittlerweile

Ausgangspunkt war der Schutz der finanziellen Interessen der EG

EU-zentrierte Antikorruptionspolitik

einem vergleichsweise strengen Antikorruptionsmonitoring unterziehen müssen, gilt Derartiges nicht für die alten Mitgliedstaaten; im Hinblick auf Drittstaaten kommen unterschiedliche, meist eher schwache Korruptionsbekämpfungsinstrumente (z. B. Konditionierung von Kooperationsbeziehungen) zum Tragen (Wolf 2007: 55-56). Von Bedeutung ist auch, dass die strafrechtlichen EU-Antikorruptionsvorschriften, abgesehen vom Rahmenbeschluss zur Bekämpfung der Bestechung im privaten Sektor, eher eng und wenig innovativ sind (Webb 2005: 202). Trotz ihrer umfangreichen Rechtsetzungskompetenzen und sonstigen Ressourcen hat die EU hier keine Führungsrolle übernommen. Auch ist das bisherige Antikorruptionsmonitoring der Europäischen Union, abgesehen von den spezifischen (Post-) Beitrittsevaluierungen, im Vergleich zu den entsprechenden Verfahren von Europarat und OECD eher schwach (vgl. 4.1.3). Als kollektiver Akteur in Sachen Korruptionsbekämpfung tritt die EU bisher kaum öffentlich in Erscheinung. Die OECD hat sich dagegen in den letzten 10 Jahren international einen guten Ruf als Korruptionsbekämpfungsorganisation erworben.

Wenig Beachtung der Leitprinzipien Nichtdiskriminierung, Demokratie und Rechtsstaatlichkeit bei der EU-Antikorruptionspolitik?

Einige der soeben herausgearbeiteten Aspekte stehen auch im Kontrast zu normativen Leitprinzipien des europäischen Integrationsprojekts. So ist beispielsweise das Diskriminierungsverbot ein zentrales Grundprinzip der Europäischen Union (Weiler 1999). Die EU-Antikorruptionspolitik verstößt jedoch gegen den Geist dieses Prinzips, wenn sie an Beitrittskandidaten und bestimmte neue Mitgliedstaaten höhere Anforderungen in Sachen Korruptionsbekämpfung stellt als an alte Mitglieder (Tivig/Maurer 2006: 53; Wolf 2007: 78). Zwei weitere Leitprinzipien der europäischen Integration sind Demokratie und Rechtsstaatlichkeit, auch wenn sich über die demokratische Legitimation der EU trefflich streiten lässt (vgl. etwa Abromeit 2002). Da Korruption bekanntlich Demokratie und Rechtsstaatlichkeit untergräbt (vgl. 2.3.1), könnte man erwarten, dass die EU der Korruptionsbekämpfung eine besondere Bedeutung beimisst. Dem ist jedoch nicht so: Die Europäische Union hat sich erst verhältnismäßig spät und bislang auch nur in begrenztem Ausmaß dem Thema Korruption gewidmet.

Eher schwache EU-Antikorruptionsmaßnahmen trotz Leitprinzipien Wettbewerb und Entwicklungshilfe?

Ein zentrales Ziel des europäischen Integrationsprojekts ist unverfälschter Wettbewerb im EU-Binnenmarkt (vgl. Scharpf 2003: 224). Das Leitprinzip der Sicherung eines redlichen Wettbewerbs spricht für eine umfangreiche Antikorruptionspolitik. Die Binnenmarkt- und Wettbewerbspolitik der EU hat das Thema Korruption bisher allerdings eher stiefmütterlich behandelt. Dabei verfügt die EU durchaus über Generalkompetenzklauseln, um notfalls auch ohne eine spezifische Ermächtigungsgrundlage zur Verwirklichung ihrer Binnenmarktziele aktiv werden zu können. Ein eher untergeordnetes, aber dennoch ebenfalls primärrechtlich verankertes Leitprinzip ist schließlich die Entwicklungshilfe. Korruption belastet teilweise ganz erheblich die Governance-Strukturen in Entwicklungs- und Schwellenländern (Frisch 1999). Dennoch spielte das Thema Korruptionsbekämpfung trotz einiger positiver Ansätze bisher nur eine eher untergeordnete bzw. indirekte Rolle in der EU-Entwicklungszusammenarbeit (vgl. Androulakis 2007: 315-316).

4.1.4.2   Erklärungsansätze für die Gestalt der EU-Korruptionspolitik

Im Folgenden sollen nun die zuvor herausgearbeiteten auffälligen Merkmale der EU-Antikorruptionspolitik – insbesondere die Defizite und Widersprüchlichkeiten – aus der Perspektive unterschiedlicher Erklärungsansätze betrachtet werden. Ausgewählt wurden (ohne jeden Anspruch auf Vollständigkeit) überwiegend politikwissenschaftliche Ansätze, die im Hinblick auf das Untersuchungsobjekt jeweils einen bestimmten Erkenntnisgewinn versprechen. Angestrebt wird nicht zuletzt ein multiperspektivisches Bild der EU-Antikorruptionspolitik.

Politikwissenschaftliche Ansätze zur Analyse der Antikorruptionspolitik der EU

Analytisch wenig gehaltvoll und überzeugend sind affirmative Erklärungsmodelle; sie sind allerdings in der politischen Realität häufig anzutreffen. Daher soll zunächst mit einem Blickwinkel gearbeitet werden, aus dem die Korruptionsbekämpfung der EU keine nennenswerten Mängel oder Inkonsistenzen aufweist. So lässt sich beispielsweise anführen, dass die EU zumindest in Teilbereichen Antikorruptionsbestimmungen erlassen hat, die andere internationale Antikorruptionsregime nicht vorweisen können (etwa eine verbindliche Kriminalisierung der Bestechung im privaten Sektor). Dieses Argument vernachlässigt allerdings die einzigartigen Rechtsetzungsbefugnisse der EU sowie ihre sonstigen Ressourcen. Außerdem gehen die Regelungen des Europarats, der OECD und der Vereinten Nationen beispielsweise im Bereich der Pönalisierung der Amtsträgerbestechung über die EU-Regelungen hinaus (Webb 2005: 202). Zur Ungleichbehandlung von Beitrittskandidaten bzw. neuen Mitgliedstaaten (Bulgarien und Rumänien) und alten Mitgliedsländern kann man aus affirmativer Perspektive anführen, eine solche Diskriminierung sei aufgrund der unterschiedlichen Korruptionsniveaus durchaus gerechtfertigt. Allerdings schneiden bei Korruptionswahrnehmungsindizes auch regelmäßig bestimmte alte EU-Mitglieder verhältnismäßig schlecht ab (z. B. Griechenland und Italien), und selbst Länder wie Deutschland mit einem relativ guten Wert auf dem Corruption Perceptions Index von Transparency International weisen bei der Ratifizierung und Implementierung internationaler Antikorruptionsnormen nicht unwesentliche Lucken auf (Wolf 2007: 60-64).

Affirmative Erklärungen

Mehr Substanz hat dagegen die etwa vom Rat der EU vertretene Auffassung, eine auf Mitgliedsländer und Drittstaaten ausgerichtete umfangreiche Korruptionsbekämpfungspolitik stelle angesichts der einschlägigen Politiken anderer internationaler Organisationen eine unnötige Duplizierung von Antikorruptionsbemühungen dar (Wolf 2007: 24-25). Diese Ansicht verkennt jedoch die legislativen Möglichkeiten und sonstigen Ressourcen der EU. Die EU könnte nicht nur ihre einschlägige technische Hilfe deutlich aufstocken, sondern sowohl Rechtsnormen als auch Sanktionsmechanismen entwickeln, welche die Initiativen anderer internationaler Organisationen sinnvoll ergänzen würden. Auch die Kommission hat Verdopplungen von Korruptionsbekämpfungsmaßnahmen abgelehnt, aber zu Recht darauf hingewiesen, dass der EU in bestimmten Bereichen Möglichkeiten zur Verfügung stehen, die andere Organisationen nicht haben (Kommission 2003: 5). Mit Verweis auf das Subsidiaritätsprinzip lässt sich zwar argumentieren, die EU solle sich nicht oder nur begrenzt im Bereich der Korruptionsbekämpfung engagieren, da dies Sache der Mitgliedstaaten sei. Das Subsidiaritätsprinzip kann

Vermeidung der Duplizierung von Antikorruptionsmaßnahmen?

aber im Gegenzug auch so interpretiert werden, dass es ein Tätigwerden der supranationalen Ebene zumindest dann vorschreibt, wenn die nationale Ebene nicht in der Lage ist, die transnationale Korruption mit Auswirkungen auf die EU oder andere Mitgliedstaaten effektiv einzudämmen.

Pfadabhängigkeit der EU-Politik

Geht man von einer pfadabhängigen Entwicklung politischer Organisationen aus (vgl. Pierson 2000), fällt im Hinblick auf das hier behandelte Untersuchungsobjekt die Gründung der EU als Wirtschaftsgemeinschaft ins Auge. Jenseits der Wirtschaftspolitik waren die meisten anderen Politikfelder von Beginn an eher nachrangig, außer sie wurden über die sektorübergreifenden vier Grundfreiheiten des gemeinsamen Marktes erschlossen und sozusagen „wirtschaftspolitisch gerahmt". Wird das Thema Korruptionsbekämpfung von den entscheidenden Akteuren als moralisches Thema gesehen („geframt"), das nicht so recht zur Wirtschafts- oder Binnenmarktpolitik passt (vgl. Morrison 2002), muss man sich über das begrenzte Ausmaß der EU-Antikorruptionsmaßnahmen nicht wundern. Die ursprünglichen Kernaufgaben der EG spiegeln sich auch immer noch in den primärrechtlichen Legislativkompetenzen. Legt man sie sehr eng aus, ist eine umfangreiche Politik der Korruptionsbekämpfung nicht unbedingt naheliegend.

Pfadabhängiger EU-Zentrismus

Auch der EU-Zentrismus der europäischen Antikorruptionspolitik kann auf Pfadabhängigkeit zurückgeführt werden, da sich die allermeisten Gemeinschaftspolitiken von Anfang an auf den Kreis der Mitgliedstaaten (und bestimmte Gruppen assoziierter Länder) beschränkten und Drittstaaten mehr oder weniger diskriminierten. Dies gilt beispielsweise auch schon für die von Weiler (1999) herausgearbeiteten Integrationsziele Frieden, Wohlstand und Supranationalismus. Ein „kollektiv unilaterales Vorgehen", wie es die OECD im Bereich der Bekämpfung der Auslandsbestechung praktiziert (Pieth 2007: 569), ist der EU eher fremd. Hier dominiert vielmehr traditionell das Reziprozitätsprinzip mit wechselseitigen Rechten und Pflichten. So bestanden einige EU-Länder während der Verhandlungen zum OECD-Bestechungsübereinkommen auch eine Zeitlang darauf, dass die Regelungen nur im Hinblick auf Staaten gelten sollten, die ebenfalls Vertragsparteien sind (Abbott/Snidal 2002a: 167-168).

Regulierungsansatz: Korruptionsbekämpfung als „positive Integration" schwieriger zu realisieren

Als rechtsharmonisierende Organisation ist die EU nicht nur, aber vor allem in Bereichen erfolgreich, in denen sie mitgliedstaatliche Politiken dereguliert und in der Folge einen Harmonisierungsdruck erzeugt, der zu supranationaler Reregulierung führt. Dies ist häufig dort der Fall, wo nationale Rechtsvorschriften mit Verweis auf die vier Grundfreiheiten des gemeinsamen Marktes oder ähnliche Normen als gemeinschaftsrechtswidrig qualifiziert und somit als Mobilitätshindernisse abgebaut werden (in der Regel von Kommission und/oder Europäischem Gerichtshof). Diese Prozesse werden nicht selten auch als „negative Integration" bezeichnet (vgl. Scharpf 2003). Positive (Re-) Regulierung auf supranationaler Ebene hingegen ist insbesondere ohne vorausgehende Deregulierung voraussetzungsvoller und politisch meistens schwieriger zu bewerkstelligen (Scharpf 2003: 225-235). Eine Harmonisierung nationaler Antikorruptionspolitiken ist fraglos ein Projekt positiver Regulierung, dessen Realisierung sich nicht zuletzt auch deswegen als schwierig darstellt, weil Korruptionsbekämpfung häufig als ein äußerst sensibler Regelungsbereich wahrgenommen wird. Vor allem das Strafrecht – das

massivste staatliche Eingriffsinstrument – wird nicht selten als Domäne kulturge-
bundener nationalstaatlicher Regulierung gesehen, die nicht einfach von internationalen Organisationen vereinheitlicht werden sollte (vgl. Weigend 2007).

Möglicherweise lässt sich die Gestalt der EU-Korruptionsbekämpfung aber
auch zumindest teilweise durch den Hard-Law-Ansatz der Europäischen Union
erklären. Das supranationale Recht mit Direkt- und Vorrangwirkung sowie einem
Quasiverfassungsgericht ist einzigartig (vgl. Weiler 1999). Gerade aufgrund seiner Verbindlichkeit und starken Verrechtlichung könnte es die Regierungen der
Mitgliedstaaten jedoch davon abhalten, allzu umfangreiche Antikorruptionsnormen zu beschließen. Nach Ansicht von Abbott und Snidal (2002b: 200-204) ist der
Hard-Law-Ansatz der Welthandelsorganisation ein wesentlicher Grund für deren
Inaktivität im Bereich Korruptionsbekämpfung. Die WTO-Mitgliedstaaten seien
vermutlich nicht bereit, die beim Abbau von Zöllen und sonstigen Handelsschran-
ken praktizierte rechtsverbindliche Regelungsform auf die Antikorruptionspolitik
auszudehnen. Als positives Beispiel führen die Autoren die OECD an, die sich
dem Bereich Korruptionsbekämpfung erst mit Soft-Law-Regelungen näherte,
bis man sich schließlich auf ein völkerrechtlich verbindliches Übereinkommen
einigte. Dieser Gedankengang lässt sich problemlos auf die EU übertragen, deren
Verrechtlichung noch deutlich höher ist als die der WTO. Dazu passt auch, dass
die korruptionsstrafrechtlichen Normen der EU bisher nur in der früheren dritten
Säule der Unionsarchitektur beschlossen wurden und damit nicht dieselbe Bin-
dungswirkung besitzen und nicht der gerichtlichen Überprüfbarkeit unterliegen
wie supranationales Unionsrecht (vgl. 4.1.3). Bezeichnenderweise beschließt der
Rat einen Richtlinienvorschlag der Kommission zur Übertragung bestimmter korruptionsrelevanter Normen zum Schutz der finanziellen Interessen der EU in das
supranationale Recht seit Jahren nicht (Wolf 2007: 33-34).

> Hard-Law-Ansatz
> der EU abträglich
> für umfangreiche
> Korruptions-
> bekämpfung?

Die bereichsweise inkonsistente und asymmetrische Antikorruptionspolitik
der EU lässt sich teilweise auch als Produkt eines identitätsbezogenen Rollen-
konflikts deuten. Nach Ansicht von Bretherton und Vogler (2006: 37-61) wird die
kollektive Identität der EU geprägt durch inklusive und exklusive Aspekte, die in
einem gewissen Spannungsverhältnis stehen. Inklusive Identität werde vor allem
über die Idee der EU als offener Wertegemeinschaft konstruiert. Exklusive Identität komme im Wesentlichen dort zum Tragen, wo Außengrenzen zur Erzielung
oder Erhaltung bestimmter Vorteile für die Unionsbürger errichtet würden. Nimmt
man die hybride Identität der EU als analytischen Ausgangspunkt, so betätigt sich
die Union einerseits als Hüter und Verbreiter von Good Governance (vor allem
innerhalb von Europa), andererseits als Bewahrer der Gemeinschaft vor einer zumindest teilweise korrupten Umwelt (vgl. Bretherton/Vogler 2006: 60).

> Konstruktivismus:
> inklusive Identität vs.
> exklusive Identität

Diese Betrachtungsweise liefert eine Erklärung für die territorial abgestufte
EU-Antikorruptionspolitik, insbesondere für die vergleichsweise weitreichenden
Maßnahmen bei der Korruptionsbekämpfung, die manchen Beitrittskandidaten
und neuen Mitgliedstaaten im Gegensatz zu den Altmitgliedern abverlangt werden. Diese Länder wollen der Gemeinschaft mit all ihren Vorteilen angehören
und haben deshalb sehr umfänglich ihre EU-Tauglichkeit unter Beweis zu stellen.
Alte Mitgliedstaaten befinden sich bereits im „sauberen" Kerneuropa und müs-

> Territorial abgestufte
> EU-Antikorruptions-
> politik reflektiert
> „innen" und „außen"

sen deshalb nicht so starke Kriterien erfüllen oder überhaupt überprüft werden; kaum assoziierte Drittstaaten wiederum haben oft lediglich begrenzten Einfluss auf die EU; ein hohes Korruptionsniveau in diesen Ländern gefährdet die Wertegemeinschaft der Union höchstens marginal. Überdies werden Entwicklungs- und Schwellenländer gern als Absatzmärkte von den exportorientierten EU-Mitgliedstaaten genutzt. So zog die EU (wohl bewusst) nicht mit, als die USA Ende der 1970er Jahre Auslandsbestechung unter Strafe stellten, sondern genoss etwa 20 Jahre lang einen Wettbewerbsvorteil im internationalen Geschäftsverkehr (Abbott/Snidal 2002a). Zahlreiche EU-Mitgliedstaaten wie etwa Deutschland förderten die Auslandsbestechung zusätzlich durch die steuerliche Abzugsfähigkeit von Auslandsschmiergeldern (vgl. 2.7.5). Erst die OECD machte dem ein Ende – auf massiven Druck der USA und der Zivilgesellschaft –, nicht etwa die Europäische Union, die hier jahrzehntelang eine Schattenseite ihrer exklusiven Identität zeigte.

Geringe Erklärungskraft des neofunktionalistischen Ansatzes Zwei Integrationstheorien dominieren politikwissenschaftliche Analysen des europäischen Integrationsprozesses: Neofunktionalismus und Intergouvernementalismus (vgl. statt vieler Hix 2005: 14-18). Der neofunktionalistische Ansatz geht im Wesentlichen davon aus, dass die europäische Integration vor allem durch die Interdependenz politischer und sachlicher Funktionserfordernisse („spill-overs") vorangetrieben wird. Zentrale Akteure sind aus dieser Perspektive weniger die mitgliedstaatlichen Regierungen, sondern insbesondere auch supranationale und subnationale private und öffentliche Akteure. Die intergouvernementalistische Theorie basiert demgegenüber im Kern auf der Annahme, dass der Integrationsprozess in erster Linie durch das Eigeninteresse und die Handlungen der Mitgliedstaaten vorangetrieben oder abgebremst wird. Hier werden die Regierungen als die zentralen Akteure angesehen. Der Neofunktionalismus scheint eher wenig Erklärungspotenzial für die derzeitige Gestalt der EU-Antikorruptionspolitik zu bieten, abgesehen vielleicht von der (wenig erhellenden) Feststellung, dass sich aus den bisherigen EG/EU-Politiken offenbar noch keine zwingenden Spill-over-Effekte in Richtung einer nach innen und außen umfassend angelegten Antikorruptionspolitik ergeben haben. Außerdem scheinen subnationale und nichtstaatliche Akteure bisher noch keine starken Erwartungen und Interessen hinsichtlich einer solchen EU-Korruptionsbekämpfung in die Entscheidungsprozesse des europäischen Mehrebenensystems eingebracht zu haben.[79]

Hohe Erklärungskraft des intergouvernementalistischen Ansatzes Mithilfe des intergouvernementalistischen Ansatzes lässt sich die abgestufte Antikorruptionspolitik der EU indes recht schlüssig erklären: Die Regierungen der alten Mitgliedstaaten haben aus diesem Blickwinkel schlicht kein Interesse an einer intensiven Prüfung ihrer Korruptionsbekämpfungsmaßnahmen durch die Europäische Kommission oder eine andere EU-Monitoringinstitution. Sie dürften allerdings daran interessiert sein, dass Neumitglieder die Gemeinschaft (insbesondere deren Finanzen) nicht missbräuchlich ausbeuten oder korrumpieren – zumindest nicht deutlich mehr als sie selbst (vgl. Warner 2007: 167). Dies liefert eine Erklärung für die teilweise hohen Anforderungen an Beitrittskandidaten und Neu-

---

79 Immerhin hat Transparency International inzwischen ein eigenes EU-Büro in Brüssel eröffnet (relativ spät im Vergleich zu NGOs aus anderen Themenbereichen). In den letzten Jahren sind weitere NGOs mit watchdog-Funktion hinzugekommen, etwa LobbyPlag.eu.

mitglieder im Bereich der Betrugs- und Korruptionsbekämpfung. Das eher laxe Vorgehen im Hinblick auf Bestechung außerhalb der EU ist aus dieser Perspektive eine Folge des außenwirtschaftlichen Interesses der Mitgliedstaaten, zur Not auch mit korruptiven Mitteln Exportmärkte zu erschließen (Warner 2007: 54).

Aus einem ähnlichen Blickwinkel argumentieren Autoren, die einen Prinzipal-Agenten-Ansatz auf die EU-Korruptionsbekämpfung anwenden, wobei die Mitgliedstaaten bzw. deren Regierungen als Prinzipale und meist die Kommission als Agent konzeptionalisiert wird, gelegentlich auch der Europäische Rechnungshof. Die Kommission habe zwar ein Interesse an einer starken Korruptionsbekämpfung inklusive eines Monitorings der Mitgliedstaaten (die den Großteil der EU-Finanzen verwalten), ihr fehlten hierfür jedoch die nötigen personellen und rechtlichen Mittel. Außerdem habe sie ein institutionelles Eigeninteresse, das Ausmaß der Korruption in der EU nicht allzu drastisch darzustellen, da dies zum einen Wasser auf den Mühlen der Integrationsskeptiker sei, zum anderen den Regierungen eine Gelegenheit bieten könnte, ihre Kompetenzen zu beschneiden (Warner 2007: 171). Aus dieser Perspektive geht es der Kommission bei hohen Korruptionsniveaus in neuen Mitgliedstaaten und Beitrittsländern nicht nur um die Verbreitung von Good Governance an sich, sondern auch um die Erhaltung der Effektivität ihrer zwei wichtigsten Steuerungsinstrumente: Recht und Finanzen. Die Mitgliedstaaten haben nach diesem Ansatz zwar umfangreiche Ressourcen für etwaige Kontrollen, aber mitunter nur ein begrenztes Interesse an effektiver Betrugs- und Korruptionsbekämpfung in der EU, insbesondere wenn es um Vorteile für die heimische Wirtschaft geht (Neuhann 2005: 143; Rubner 2009: 186-187; Warner 2007: 170).

Hohe Erklärungskraft des Prinzipal-Agenten-Ansatzes

4.1.4.3   Schlussfolgerungen und Ausblick

Dieser Exkurs ging von der Feststellung aus, dass die auf die nationale Ebene gerichtete bisherige Korruptionsbekämpfungspolitik der Europäischen Union im Vergleich zu den Politiken anderer internationaler Antikorruptionsregime gewisse erklärungsbedürftige Schwächen und Asymmetrien aufweist. Manche Auffälligkeiten widersprechen zudem bestimmten normativen Leitprinzipien der europäischen Integration, wobei gewisse Widersprüchlichkeiten auch in anderen Politikfeldern zu beobachten sind, etwa der Agrarpolitik. Eine affirmative Betrachtung der EU-Antikorruptionspolitik versucht Inkonsistenzen zu legitimieren, betont positive Punkte unverhältnismäßig und legt (unter Umständen vordergründig) Wert auf die Vermeidung von Duplizierungen in der internationalen Korruptionsbekämpfung. Demgegenüber verweist der Ansatz der Pfadabhängigkeit auf die Gründung der EU als primär selbstzentrierte Wirtschaftsgemeinschaft, in der Korruptionsbekämpfung, zumindest wenn sie als moralisches Thema wahrgenommen („geframt") wird, nachvollziehbar nur begrenzte Bedeutung erlangt. Aus der Regulierungsperspektive erscheint eine Harmonisierung verschiedener nationaler Korruptionsbekämpfungspolitiken als voraussetzungsvolles Projekt positiver Integration. Außerdem könnte es sein, dass das starke Rechtssystem der EU in diesem Fall eher hinderlich ist, weil die Mitgliedstaaten in einem derart sensiblen

Zusammenfassung: Mehrwert der einzelnen Erklärungsansätze

Politikbereich direkt verbindliche Regelungen (womöglich noch durch ein supranationales Gericht überprüfbar) vermeiden wollen. Ein konstruktivistischer Ansatz kann auf den Rollenkonflikt der EU zwischen inklusiver und exklusiver Identität aufmerksam machen, mit dem sich die abgestufte Korruptionsbekämpfung der EU im Hinblick auf alte Mitgliedstaaten, neue Mitgliedsländer bzw. Beitrittskandidaten und Drittstaaten schlüssig interpretieren lässt. Intergouvernementalismus und Prinzipal-Agenten-Ansatz verweisen schließlich darauf, dass mitgliedstaatliche Regierungen und EU-Organe ihre Kompetenzen und Spielräume strategisch nutzen (können), um auch im Bereich Korruptionsbekämpfung innerhalb und außerhalb der EU wirtschaftliche und institutionelle Eigeninteressen zu verfolgen.

Großes Potenzial, aber eher wenig Aussicht auf Intensivierung der EU-Antikorruptionspolitik

Die EU könnte stärkere Instrumente zur Bekämpfung der Korruption innerhalb und außerhalb der Union schaffen, die einheitlich für Mitgliedstaaten, Beitrittskandidaten und assoziierte Drittstaaten gelten. Sie hätte zudem die Möglichkeit, alte und neue Mitgliedsländer einem nichtdiskriminierenden Antikorruptionsmonitoring zu unterziehen. Die Union könnte auch ihre Beitritts- und Nachbarschaftspolitiken sowie Handels- und Entwicklungshilfepolitiken im Sinne einer Konditionierung deutlich stärker als bisher an die Befolgung von Vorgaben zur Korruptionsprävention knüpfen.[80] Die oben diskutierten theoretischen Ansätze und empirischen Befunde lassen allerdings nicht erwarten, dass es kurz- oder mittelfristig zu einer solchen Politik kommen wird.

Neue Antikorruptionsinitiative der Europäischen Kommission

Bemerkenswert ist daher die kürzlich erfolgte Mitteilung der Europäischen Kommission (2011) für eine umfassende EU-Antikorruptionspolitik. Die Kommission hat das Thema Korruptionsbekämpfung offenbar neu entdeckt, um wichtige Ziele der EU zu verfolgen (Kommission 2011: 3-4) und sich wohl außerdem gegenüber den anderen internationalen Antikorruptionsregimen – insbesondere GRECO, OECD und Vereinten Nationen – (endlich) zu profilieren (vgl. Kommission 2011: 6-7). Sie listet zahlreiche ältere und neue Instrumente der Korruptionsbekämpfung auf, und es wird nicht recht deutlich, warum sie dieses Maßnahmenpaket nicht schon vor einigen Jahren präsentierte. Hervorzuheben sind vor allem die Maßnahmen, welche die Kommission selbständig vorantreiben möchte, insbesondere die künftige Erstellung eines ausführlichen, sämtliche Mitgliedstaaten gleichermaßen umfassenden „Korruptionsbekämpfungsberichts der EU" alle zwei Jahre (Kommission 2011: 7-10), der u. a. die Erkenntnisse der Evaluierungsverfahren von EU, GRECO, OECD und UN bündeln und zusammen mit weiteren Daten und Handlungsempfehlungen sichtbarer und politisch einflussreicher machen soll. Hinzu kommen beispielsweise die Förderung von Schulungsprogrammen für Mitarbeiter mitgliedstaatlicher Strafverfolgungsbehörden, die Beauftragung einer Expertengruppe mit der Erarbeitung eines Statistiksystems zur Messung von Korruption und der Wirksamkeit von Antikorruptionsmaßnahmen, die finanzielle Unterstützung zivilgesellschaftlicher Antikorruptionsinitiativen, die stärkere Berücksichtigung von Antikorruptionsregelungen in der Kooperations- und Entwicklungshilfepolitik, kontinuierliche Dialoge zwischen Akteuren

---

80 Eine Fülle möglicher Maßnahmen ist auf der Website der von einigen Europaabgeordneten verschiedener Fraktionen und Nationalitäten getragenen Initiative „Stop Corruption" aufgelistet; siehe http://www.stopcorruption.eu/ (letzter Zugriff: 22.05.2013).

des öffentlichen und privaten Sektors sowie die Einleitung von Verfahren gegen Mitgliedstaaten vor dem Europäischen Gerichtshof wegen Nichtumsetzung der EU-Antikorruptionsnormen, sobald dies nach dem 1. Dezember 2014 rechtlich möglich ist (Kommission 2011: 4, 15, 17-18, 20, 22).

Hinsichtlich der meisten – und potenziell bedeutenderen – angekündigten Maßnahmen wird die Kommission allerdings wie schon in der Vergangenheit von den Mitgliedstaaten abhängig sein, etwa bei der Ratifizierung, Umsetzung und Durchsetzung der verschiedenen Antikorruptionsübereinkommen von EU, Europarat, OECD und UN, einer etwaigen Ersetzung des Rahmenbeschlusses zur Bekämpfung der Bestechung im privaten Sektor durch eine entsprechende Richtlinie, der Mitwirkung der EU bei GRECO, der Neufassung der EU-Rechtsvorschriften für die Beschlagnahmung und Einziehung von Vermögen aus Straftaten, neuen Rechtsnormen für das öffentliche Auftragswesen, mehr Transparenz bei der Finanzierung von politischen Parteien und Interessenverbänden, neuen Rechtsvorschriften zum Schutz der finanziellen Interessen der EU und veränderten Rechtsgrundlagen für das Europäische Amt für Betrugsbekämpfung (Kommission 2011: 10-12, 14-15, 17-19). Im Hinblick auf diese Punkte wird sich in den nächsten Jahren erweisen, ob die Initiative der Kommission mit ihren autonomen Bestandteilen genügend politische Dynamik entwickeln kann, um die mehr oder weniger stark ausgeprägte, oben analysierte Zurückhaltung der Mitgliedstaaten bei der Korruptionsbekämpfung zu überwinden.

EU-Antikorruptionspolitik wird auch künftig stark von den Mitgliedstaaten abhängig sein

4.1.5 Fallbeispiel VI: Die OECD und Großbritanniens Antikorruptionspolitik[81]

Großbritannien kann – was die letzten Jahre anbelangt – als eines der Sorgenkinder der OECD Working Group on Bribery in International Business Transactions bezeichnet werden. Dabei schneidet das Land zumindest bei den Korruptionswahrnehmungsindizes von Transparency International (BPI und CPI) relativ gut ab. Die Maßnahmen des Vereinigten Königreichs zur Bekämpfung der Bestechung ausländischer Amtsträger im internationalen Geschäftsverkehr sind jedoch nach Auffassung der Working Group lange Zeit außerordentlich defizitär gewesen. Hinzu kam ein bedeutender Korruptionsfall, der auf OECD-Ebene erhebliche Zweifel an der britischen Antikorruptionspolitik aufkommen ließ.

Großbritannien lange Zeit Sorgenkind der OECD Working Group on Bribery

Großbritannien hatte zunächst keine spezifischen Bestimmungen zur Umsetzung des OECD-Bestechungsübereinkommens erlassen, sondern auf bestehende Vorschriften verwiesen, insbesondere den Prevention of Corruption Act aus dem Jahr 1906 und einschlägiges Common Law. Bereits in ihrem Phase-1-Report von 1999 äußerte die Working Group massive Zweifel an der Anwendbarkeit dieser Normen auf die Bestechung ausländischer Amtsträger. So finde sich in dem Gesetz keine Bestimmung zu ausländischen Bediensteten, die Bestechungsklausel sei äußerst vage, und es gebe trotz der langjährigen Existenz der Norm keine eindeutige Rechtsprechung (Working Group 1999: 25).

Zweifelhafte Rechtsgrundlagen zur Bekämpfung der Auslandskorruption

---

81 Dieser Abschnitt wurde überwiegend Wolf (2007) entnommen und für die vorliegende Publikation aktualisiert.

Die Working Group beschloss daher ein Phase-1bis-Monitoringverfahren. 2001 erließ Großbritannien ein Gesetz zur Terrorismusbekämpfung, das durch eine Klausel den Anwendungsbereich der bestehenden Antikorruptionsgesetzgebung explizit auf das Ausland ausdehnte. In ihrem Phase-1bis-Bericht aus dem Jahr 2003 erklärte die Working Group, dass die neue Rechtslage die Anforderungen des OECD-Bestechungsübereinkommens trotz einiger Defizite und Unsicherheiten erfülle (Working Group 2003a: 16). Bezugnehmend auf die Ankündigung der britischen Behörden, eine umfassende Reform des Antikorruptionsrechts anzustreben, empfahl die Working Group, dass „the U.K. proceed at the earliest opportunity to enact a comprehensive anti-corruption statute" (Working Group 2003a: 17).

Wiederholte Aufforderung der OECD Working Group, adäquates Strafrecht zu erlassen

Im Jahr 2005 stellte die Working Group in ihrem Phase-2-Bericht fest, dass das Vereinigte Königreich trotz der Ankündigungen noch keine neue Antikorruptionsgesetzgebung erlassen habe. Auch habe es bisher in Großbritannien keine einzige Anklage oder Verurteilung wegen Bestechung eines ausländischen Amtsträgers gegeben. Neben zahlreichen detaillierten Empfehlungen sprach die Working Group erneut die Forderung aus, „that the United Kingdom enact at the earliest possible date comprehensive legislation whose scope clearly includes the bribery of a foreign public official" (Working Group 2005b: 80).

Die BAE-Systems/ Al-Yamamah-Korruptionsaffäre

Parallel zu dieser Kritik von OECD-Seite erlebt Großbritannien – mit vorläufigen Höhepunkten 2006/07 sowie 2010 – seit Jahren eine Korruptionsaffäre, die in ihrer Bedeutung wohl mit dem Siemens-Korruptionsskandal (vgl. 2.7.5) vergleichbar ist und ebenfalls Bestechung im internationalen Geschäftsverkehr zum Inhalt hat. Während der hochkomplexe Fall Siemens jedoch eine Vielzahl unterschiedlicher Geschäfte und mutmaßlicher Bestechungsvorgänge umfasst, steht bei der BAE-Systems/Al-Yamamah-Affäre ein bedeutender Waffenexportauftrag im Wert von 43 Milliarden Pfund im Mittelpunkt. Der Rüstungskonzern BAE Systems wird verdächtigt, im Zusammenhang mit dem britisch-saudischen Al-Yamamah-Verteidigungsprogramm[82] Schmiergelder in Höhe von möglicherweise mehr als einer Milliarde Pfund an saudische Amtsträger gezahlt zu haben, insbesondere an Prinz Bandar bin Sultan, einen früheren saudischen Botschafter in den USA. Das britische Verteidigungsministerium soll in die Angelegenheit verwickelt gewesen sein und hat möglicherweise zur Verschleierung der Zahlungen beigetragen.[83]

Ermittlungen werden nach Konsultierung der Regierung eingestellt

Am 14. 12. 2006 beschloss Robert Wardle, Direktor des Serious Fraud Office (SFO), das mehrere Jahre in der Sache ermittelt hatte, den Fall nicht weiterzuverfolgen. Generalstaatsanwalt Lord Goldsmith erklärte vor dem Oberhaus:

> *„It has been necessary to balance the need to maintain the rule of law against the wider public interest. No weight has been given to commercial interests or to the national economic interest [...] I have, as is normal practice in any sensitive case, obtained the views of the Prime Minister and the Foreign and Defence Secretaries as to the public interest considerations raised by this investigation. They have expressed the clear view that continuation of the investigation would cause serious damage to UK/Saudi security, intelligence and diplomatic co-operation, which*

---

82 „The Al-Yamamah arms deal is said to be the biggest sale of British goods in the nation's history." (The Independent 19. 1. 2007: 4)
83 Press Association Newsfile vom 7. 6. 2007.

is likely to have seriously negative consequences for the United Kingdom public interest in terms of both national security and our highest priority foreign policy objectives in the Middle East."[84]

Premierminister Tony Blair übernahm trotz wachsender nationaler und internationaler Kritik die politische Verantwortung für die Beendigung der Untersuchung, sah aber kein Fehlverhalten der Regierung. Auf dem G8-Gipfel in Heiligendamm erklärte er Anfang Juli 2007, weitere Ermittlungen in diesem Fall hätten „lebenswichtige strategische Beziehungen" zu Saudi-Arabien „vollständig ruiniert" (SZ 8. 7. 2007: 1). Nach Zeitungsmeldungen soll Blair dem saudischen König bereits 2005 zugesichert haben, dass das SFO seine Untersuchungen einstellen werde. Zuvor habe der saudische Botschafter in London ein Ultimatum der saudischen Regierung übermittelt und mit der Aussetzung diplomatischer und geheimdienstlicher Kontakte sowie der Einstellung der Zahlungen aus dem Al-Yamamah-Geschäft gedroht, von denen geschätzte 10.000 Arbeitsplätze in der britischen Rüstungsindustrie abhängen (The Australian 19. 3. 2007: 12). BAE-Systems und die saudische Regierung bestritten die Korruptionsvorwürfe. Generalstaatsanwalt Lord Goldsmith trat bald darauf zurück (SZ 4. 7. 2007: 20). Gegen den SFO-Beschluss, die Ermittlungen nicht weiterzuverfolgen, gab es – insbesondere aus der Zivilgesellschaft – verschiedene Proteste bis hin zu einer gerichtlichen Anfechtung. Während der High Court urteilte, das SFO habe rechtswidrig gehandelt, billigte das House of Lords letztinstanzlich Mitte 2008 die Einstellungsentscheidung.[85]

(Randnotiz: Tony Blair rechtfertigt und House of Lords billigt die Einstellung der Untersuchungen)

Auch die OECD Working Group on Bribery protestierte gegen die Einstellung der strafrechtlichen Untersuchungen im BAE-Systems/Al-Yamamah-Fall. Art. 5 des OECD-Bestechungsübereinkommens schreibt verbindlich vor, dass Ermittlungsverfahren und Strafverfolgung in Bezug auf die Bestechung ausländischer Amtsträger „nicht von Erwägungen nationalen wirtschaftlichen Interesses, der möglichen Wirkung auf Beziehungen zu einem anderen Staat oder der Identität der beteiligten natürlichen oder juristischen Personen beeinflusst werden" dürfen. Die Working Group hatte bereits zuvor in Bezug auf Großbritannien wiederholt Zweifel an der Erfüllung dieser Vorgabe geäußert. Im Hinblick auf das Erfordernis, dass Verfahren wegen Bestechung nur mit Zustimmung des Attorney-General oder Solicitor-General eingeleitet werden konnten, kritisierte die Working Group schon in ihrem Phase-1bis-Bericht,

(Randnotiz: Verstoß gegen Art. 5 des OECD-Übereinkommens?)

> „*that there did not appear to be clear reasons why decisions made by professional prosecutors pursuant to established standards (evidence and public interest factors) needed to be reviewed by Law Officers, who are senior members of the Executive*" (Working Group 2003a: 5).

In ihrem Phase 2 Follow-Up Report über Großbritannien setzte sich die Working Group – entgegen ihrer Gewohnheit, keine konkreten Fälle in den Berichten zu diskutieren – explizit mit der BAE-Systems/Al-Yamamah-Affäre auseinander und äußerte hinsichtlich der Einstellung der Untersuchungen „serious concerns as to

(Randnotiz: Harsche Kritik der OECD Working Group on Bribery)

---

84 House of Lords debate, 14. 12. 2006, abrufbar unter:
http://www.theyworkforyou.com/lords/?id=2006-12-14c.1711.2 (letzter Zugriff: 22.05.2013).
85 BBC News vom 30. 7. 2008, abrufbar unter:
http://news.bbc.co.uk/2/hi/business/7532714. stm (letzter Zugriff: 20.12.2011).

whether the decision was consistent with the OECD Anti-Bribery Convention" (Working Group 2007a: 7). Das Monitoringgremium kritisierte außerdem, dass das Vereinigte Königreich trotz jahrelanger Ankündigungen noch immer keine neue Gesetzgebung zur Kriminalisierung der Bestechung ausländischer Amtsträger erlassen habe. Auf Bemerkungen der britischen Behörden, man erfülle doch die Anforderungen des Bestechungsübereinkommens und eine Reform sei zwar wünschenswert, aber nicht unbedingt notwendig, reagierte die Working Group ungewohnt deutlich:

> *„The Working Group finds these statements in the Follow-Up report to be surprising and of serious concern, especially in the light of recent events and public statements by senior UK law enforcement officials about significant defects in the law that, in their view, could preclude prosecution in important cases." (Working Group 2007a: 7)*

OECD Working Group beschließt erneutes Non-Compliance-Verfahren

Die Working Group beschloss ein erneutes Non-Compliance-Verfahren (Phase 2bis) mit einem weiteren Länderbesuch eines Evaluationsteams. Das verstärkte Monitoring sollte insbesondere Fortschritte beim Erlass neuer Normen gegen Korruption im internationalen Geschäftsverkehr und der Ausdehnung der Strafbarkeit juristischer Personen für Bestechung in den Blick nehmen. Zudem sollte untersucht werden, ob das bisherige Ausbleiben von Verfahren wegen Bestechung ausländischer Amtsträger systemische Ursachen hatte. „The review will also address matters raised in the context of the discontinuance of the BAE Al Yamamah investigation" (Working Group 2007a: 7). Die Working Group war anscheinend der Auffassung, dass diese hochpolitische Affäre eine ernste Gefahr für den Erfolg des OECD-Antikorruptionsregimes darstellen könnte. Eine treibende Kraft hinter den Aktivitäten der Working Group in Bezug auf Großbritannien war offenbar deren langjähriger Vorsitzender, der Basler Strafrechtsprofessor Mark Pieth. Zeitungsmeldungen zufolge wollte die britische Regierung zwischenzeitlich die Wiederwahl Pieths Anfang 2008 verhindern (SZ 26. 4. 2007: 23). Pieth ist allerdings auch im Jahr 2011 noch Vorsitzender der Working Group.

Erneute Kritik der Working Group und spürbare Aktivitäten Großbritanniens

Der Phase 2bis Report der Working Group forderte das Vereinigte Königreich unmissverständlich auf, „[to] enact effective and modern foreign bribery legislation in accordance with the Convention at the earliest possible date and as a matter of high priority" (Working Group 2008a: 71). Außerdem solle Großbritannien „ensure that all relevant parts of the government are fully aware of their duty to respect the principles in Article 5 so that they can assist investigators and prosecutors to act in accordance with that Article" (Working Group 2008a: 71). Im Hinblick auf die BAE-Systems/Al-Yamamah-Affäre sollten die britischen Behörden „consider re-opening the Al Yamamah investigation if the UK were satisfied that the circumstances that led to the decision to discontinue the investigation sufficiently changed" (Working Group 2008a: 72). Großbritannien wurde in der Folgezeit tatsächlich aktiv. Zum einen erarbeitete die Regierung ein umfassendes Gesetz („UK Bribery Act"), zum anderen erreichte das SFO, dass BAE Systems die Rekordsumme von 30 Millionen Pfund für kriminelle Handlungen bei anderen Auftragsvergaben als dem Al-Yamamah-Geschäft zahlen musste. Ein Verfahren der US-Behörden gegen BAE Systems endete mit einer Strafzahlung von 400 Millionen Dollar.[86]

Der OECD-Ministerrat nahm Ende 2009 die „OECD Recommendation for Further Combating Bribery of Foreign Public Officials in International Business Transactions" an. Dieser Beschluss stellt zwar formal nur Soft Law dar, geht aber über das OECD-Bestechungsübereinkommen sowie die einschlägige Recommendation aus dem Jahr 1997 hinaus und wird im Rahmen des 2010 begonnenen Phase-3-Monitorings ebenso wie die völkerrechtlich verbindlichen Bestimmungen des Übereinkommens zur Evaluierung herangezogen. In einem Extrabericht (Phase 1ter) zum UK Bribery Act lobte die Working Group die im April 2010 beschlossene neue Gesetzgebung: „The Working Group on Bribery congratulates the U.K. for enacting the Bribery Act. The Act is the culmination of a long and sometimes difficult process of reforming of U.K. bribery law [...] On its face, the Bribery Act conforms to the Convention, with some issues for follow up" (Working Group 2010: 19). Eigentlich sollte der Bribery Act im April 2011, nach der Erstellung von Ausführungsbestimmungen, in Kraft treten. Im Mai 2011 konstatierte die Working Group in ihrem Phase 2bis Follow-Up Report, dass das Gesetz zahlreiche Kritikpunkte ausräume, aber noch immer nicht in Kraft getreten sei. Hinsichtlich des BAE-Systems/Al-Yamamah-Falls stellte die Working Group fest, dass das 2010 mit der Strafzahlung von BAE Systems abgeschlossene Verfahren nicht das Al-Yamamah-Geschäft betreffe, und kritisierte, dass „the U.K. did not indicate whether it has considered whether the circumstances that led to the Al Yamamah investigation's discontinuance have sufficiently changed" (Working Group 2011c: 5).

Der UK Bribery Act trat schließlich am 1. Juli 2011 in Kraft. Die OECD Working Group on Bribery wird seine Durchsetzung in den nächsten Jahren sicher genauestens unter die Lupe nehmen. Ihr Phase 3-Evaluierungsbericht lobt ausdrücklich die neuen politischen Bemühungen Großbritanniens zur Eindämmung der Auslandsbestechung im internationalen Geschäftsverkehr (OECD 2012b: 60). Andererseits sieht die Working Group noch zahlreiche verbesserungswürdige Punkte und bedauert, dass der BAE-Systems/Al-Yamamah-Fall nicht noch einmal von den britischen Behörden geprüft wurde (OECD 2012b: 60). Fallbeispiel IV zeigt unter anderem, welchen passiven und aktiven Widerstand Regierungen gegenüber internationalen Antikorruptionsvorgaben einnehmen können, zu deren Einhaltung und Umsetzung sie sich selbst verpflichtet haben. Zugleich wird die begrenzte Macht internationaler Antikorruptionsgremien wie der OECD Working Group deutlich. Sie hat allerdings über viele Jahre hinweg durch zähes Bohren und schärfere öffentliche Kritik als beispielsweise GRECO selbst im Fall von Großbritannien politische Verhaltensänderungen erreichen können.

Positive neue Antikorruptionsgesetzgebung, aber keine neuen Ermittlungen im BAE-Systems/Al-Yamamah-Fall

Schlussfolgerungen

---

86 The Independent vom 3. 3. 2010, abrufbar unter:
http://www.independent.co.uk/news/business/news/bae-protesters-win-sfo-injunction-1914892.html
(letzter Zugriff: 22.05.2013).

4.1.6 Kritik der globalen Korruptionsbekämpfung

Verschiedene Stränge der Kritik an den internationalen Antikorruptionsregimen

Wenn in der politischen Öffentlichkeit und den Medien überhaupt internationale Antikorruptionsregime thematisiert werden, ist meistens von deren Vorteilen die Rede. Lange Zeit wurde die zwischenstaatliche Korruptionsbekämpfung auch in der Wissenschaft fast nur als per se positives, sinnvolles und funktionales Phänomen behandelt; wenn überhaupt Kritik geübt wurde, dann eher am begrenzten Umfang mancher internationalen Antikorruptionsinstrumente und nicht an deren Existenz und Stoßrichtung an und für sich. Dabei haben schon Maßnahmen zur Korruptionsbekämpfung auf nationaler Ebene neben positiven Seiten in der Regel auch potenzielle Nachteile (vgl. 3.5.2), und es gibt keine prinzipiellen Gründe, warum dies bei internationalen Antikorruptionsaktivitäten nicht der Fall sein sollte. In den letzten Jahren sind zunehmend mehr sozial- und rechtswissenschaftliche Studien erschienen, die der Korruptionsbekämpfung jenseits der Nationalstaaten spezifische negative Seiten attestieren. Ohne jeglichen Anspruch auf Vollständigkeit sollen im Folgenden sieben wichtige Stränge dieser kritischen Literatur zunächst vorgestellt und abschließend diskutiert werden: globale Korruptionsbekämpfung als (1) imperialistisches Instrument, (2) neoliberales Vehikel, (3) selbstreferenzielle Industrie, (4) Betätigungsfeld für eine fragwürdige NGO (Transparency International), (5) Lösung ohne Problem, (6) symbolische Politik und (7) Vorwand für autoritäre Maßnahmen.

1. Der Vorwurf, internationale Korruptionsbekämpfung sei imperialistisch, ist die vermutlich am häufigsten geübte Kritik. Es lassen sich hier mindestens zwei verschiedene Stoßrichtungen oder Strömungen ausmachen:

Kultureller Imperialismus

a) Erstens werden internationale Antikorruptionsregelungen von einigen Kritikern als *kultureller* Imperialismus bezeichnet. Unterschiedliche Völker und Bevölkerungsgruppen haben nach diesem Deutungsmuster divergierende Geschenkkulturen, Netzwerkstrukturen und spezifische Verständnisse von sozialadäquaten Leistungen und Gegenleistungen. Aus diesem Grund seien ausländische und internationale Bestrebungen, solche kulturellen Besonderheiten einheitlich als kriminelle Taten zu behandeln, grundsätzlich imperialistisch:

> *„[...] imperialism is an ineluctable reality whenever one sovereign entity seeks to alter or control behavior inside the borders of another [...] Multilateral efforts, such as the OECD Convention on Combating Bribery of Foreign Public Officials in International Business Transactions, cannot avoid cultural imperialism simply by virtue of their multilateralism."* (Salbu 1999: 252-253)

Krastev (2009: 152) spricht allgemeiner von einer „Dekontextualisierung" des Korruptionsdiskurses in den 1990er Jahren. Auf einmal habe „Korruption nichts mit Kultur zu tun; Korruption sei vielmehr charakteristisch für institutionelle Umfelder und bestimmte Praktiken" (Krastev 2009: 154).

Rechtlicher Imperialismus

b) Zweitens erscheinen manchen Skeptikern internationale Antikorruptionsnormen als *rechtlicher* Imperialismus. Durch internationales Recht werde Einfluss auf Akteure auch in Ländern genommen, die diesen

Regelungen nicht zugestimmt hätten. Das führe zu einer Verletzung des Reziprozitätsprinzips. So handelt es sich für Schünemann bei dem OECD-Übereinkommen „um ein geradezu klassisches Abkommen zur Etablierung eines imperialistischen globalen Strafrechts", das ihn an das Münchener Abkommen von 1938 über das Schicksal der nicht an den Verhandlungen beteiligten Tschechoslowakei erinnere, „denn es schließt auch die Bestechung von Amtsträgern solcher Staaten ein, die nicht selbst Partner des Abkommens sind" (Schünemann 2003: 309). Nach Ansicht von Weigend (2007: 752) gehen grenzüberschreitende Antikorruptionsnormen

„gefährlich weit in die völkerrechtlich bedenkliche Richtung einer Einmischung in die inneren Angelegenheiten des Tatortstaates und einer Bevormundung in dem Sinne, dass man anderen Staaten die eigenen Vorstellungen über die richtige (d. h. strafrechtliche) Methode der Korruptionsbekämpfung aufzwingt".

2. Ähnlich argumentieren kritische Stimmen, die den internationalen Antikorruptionsregimen vorwerfen, Instrumente zur globalen Durchsetzung einer neoliberalen Agenda zu sein. Unter dem Deckmantel von Good Governance-Rhetorik gehe es vorrangig darum, weltweit freie Märkte zu etablieren und so ausländische Direktinvestitionen (primär aus den westlichen hochindustrialisierten Ländern) zu ermöglichen. „Multinationale Konzerne haben sich der Antikorruptionsbewegung angeschlossen, weil sie die Korruption als versteckte Form des Protektionismus erkannt haben" (Krastev 2009: 146). Ergänzende Forderungen der globalen Korruptionsbekämpfung – z. B. Verringerung der Regulierungsdichte und der Staatstätigkeit (vgl. Tanzi 1998) – entsprächen ebenfalls einer neoliberalen Logik: „Es ist eine Illusion zu glauben, der Antikorruptionskonsens liege jenseits der Trennlinie zwischen liberal und konservativ" (Krastev 2009: 159). Internationale Korruptionsbekämpfung strebe danach, öffentliche Politiken und Institutionen weltweit im Sinne marktliberaler Prinzipien zu vereinheitlichen: „It plays a small, but nonetheless significant, part in the larger programme of neo-liberal reform." (Hindess 2009: 31)

Neoliberales Vehikel

3. Manche kritischen Beobachter sehen in dem Zusammenspiel unterschiedlicher Akteure, Förderprogramme, Institutionen und Normen im Bereich internationaler Korruptionsbekämpfung eine „anti-corruption industry" am Werk (Michael/Bowser 2010; Sampson 2009; de Sousa 2009). Es ließen sich typische Elemente einer Quasi-Industriealisierung in einem moralisch aufgeladenen Politikfeld ausmachen, etwa die Identifizierung eines grenzüberschreitenden Problems, die Entstehung spezifischer Akteure und Organisationen, die Schaffung gemeinsamer rhetorischer Figuren und Normen, die Verfügbarmachung und Konkurrenz um beträchtliche Finanzmittel, eine zunehmende Professionalisierung im Sinne von Außendarstellung, Vermarktung, Personalrekrutierung und -ausbildung etc., die Schaffung standardisierter Produkte (hier z. B. Maßnahmenkataloge, Beratungsleistungen, Indizes) und die Ausdehnung der Aktivitäten auf benachbarte Themenfelder (Sampson 2009: 268-271). Kritisiert wird also eine angeblich mehr oder weniger

Antikorruptionsindustrie

selbstreferenzielle Antikorruptionsindustrie, die neben ihrer eigentlichen Daseinsberechtigung, der Problemlösung, maßgeblich an Selbsterhaltung und Expansion interessiert sei.

Kritik an Transparency International

4. Transparency International wurde 1993 gegründet und hat sich sehr schnell zur weltweit führenden NGO im Antikorruptionssektor entwickelt. Die wichtigsten Organisationsebenen sind das internationale Sekretariat in Berlin (TI-S) und sogenannte National Chapters in mehr als 90 Ländern.[87] TI bezeichnet sich selbst gern als „movement" und „coalition against corruption", weist aber viele Elemente einer klassischen NGO auf. Manche Kritiker werfen TI vor, eine neoliberale Agenda zu vertreten und überall in der Welt westliche Governance-Strukturen durchsetzen zu wollen (Hindess 2009). Auf mancherlei Skepsis stößt der jährlich von TI publizierte Corruption Perceptions Index; nach Ansicht von Galtung (2006) gaukelt der CPI u. a. eine Scheingenauigkeit vor, zementiert diskriminierende Vorurteile und spiegelt Verbesserungen bei der Korruptionsbekämpfung nicht wider. Kritisiert wird unter anderem auch der von TI verfolgte integrative, auf breite Koalitionen abzielende Kurs, der viel weniger konfrontativ ist als die Strategien vieler anderer NGOs: „TI ist so umfassend in seinem Ansatz, dass es oft schwierig erscheint, ihre Gegner zu identifizieren" (Krastev 2009: 141). Skeptisch betrachtet wird mitunter der enge Kontakt und Austausch mit Politik und Wirtschaft, insbesondere mit großen Firmen (de Sousa 2009: 203). So wird etwa gelegentlich die Unabhängigkeit von TI Deutschland in Zweifel gezogen, weil mehrere Unternehmen korporative Mitglieder des Vereins sind und diesen zu einem nicht unerheblichen Anteil finanzieren (See 2007). De Sousa (2009: 203) kritisiert das „Franchise"-Modell von TI, das heißt den Ansatz, in vielen Ländern mehr oder weniger ähnliche, von TI-S akkreditierte National Chapters zu etablieren:

> *„On the one hand, TI has been able to acquire a hegemonic position in the industry of anti-corruption and to launch well-synchronized and global awareness-raising actions thanks to its strategy of franchising. On the other hand, it has converted the self-proclaimed movement into a bureaucratic, conservative, and resource-draining organization, excluding along the way many valuable contributions." (de Sousa 2009: 203)*

Lösung ohne Problem

5. Eine weitere kritische Strömung stellt internationale Antikorruptionsregime grundsätzlich in Frage, weil die supranationale und zwischenstaatliche Ebene strukturell nicht zur Lösung des Korruptionsproblems geeignet sei, vor allem nicht unter Verwendung des Strafrechts. Korruption stelle ein lokales Übel dar und müsse dementsprechend vor Ort angegangen werden. Weigend (2007) hat die internationale Korruptionsbekämpfung daher als „Lösung ohne Problem" bezeichnet:

> *„Die Einhaltung ethischer Standards im öffentlichen Dienst und in der privaten Wirtschaft lässt sich, wenn überhaupt mit den Mitteln des Strafrechts, letztlich nur vor Ort und nach Maßgabe der örtlichen Verhaltenserwartungen und des jeweiligen kriminalpolitischen Umfeldes wirksam durchsetzen." (Weigend 2007: 764)*

---

87 Ausführliche Informationen zur internationalen Ebene von TI sind abrufbar unter: http://www. transparency.org/. Informationen zum deutschen TI-Chapter finden sich unter: http://www.transparency.de/. Zur Entstehungsgeschichte von TI siehe Eigen (2008) und de Sousa (2009).

6. Einige Autoren kritisieren, viele Regierungen betrieben internationale Kor- *Symbolische Politik*
    ruptionsbekämpfung mehr oder weniger als symbolische Politik. Man wolle
    den Anschein erwecken, effektive Schritte gegen die Korruptionsproblematik
    zu unternehmen, werde aber in Wirklichkeit nicht oder kaum aktiv. So be-
    merkte etwa Grotz (2002: 383) zur Implementation der EU-Antikorruptions-
    instrumente:

> *„Whereas applicant states are expected to ratify all conventions belonging to the so called ac-*
> *quis of the European Union, [...] numerous 'old' (and not so old), larger member states, which*
> *usually put forward bold and innovative proposals for instruments during the negotiations in*
> *Brussels, seem to lose all their interest once the instrument is approved (and press interviews*
> *are over) and show little readiness to submit them to their national parliaments for approval."*

Fünf Jahre nach dem Inkrafttreten des OECD-Bestechungsübereinkommens
konstatierte Tarullo (2004: 683) angesichts ausbleibender Strafverfahren wegen Auslandsbestechung, „that OECD members lack either the will or the capacity to meet their obligations", und argumentierte anhand spieltheoretischer
Überlegungen, die Vertragsparteien hätten zu wenige Anreize, korruptive
Handlungen ihrer Bürger und Unternehmen im internationalen Geschäftsverkehr tatsächlich zu unterbinden. Auch die Europäische Kommission hat
wiederholt darauf hingewiesen, dass es auf der Ebene der Mitgliedstaaten an
politischem Führungswillen mangele, die zahlreichen bereits geschlossenen
Antikorruptionsnormen endlich um- und durchzusetzen (zuletzt Kommission
2011). Die Tatsache, dass die jeweiligen Mitgliedstaaten im Durchschnitt
immer weniger Empfehlungen von GRECO und OECD Working Group
on Bribery in den derzeit laufenden zweiten und dritten Evaluationsrunden
zufriedenstellend umsetzen, spricht tendenziell ebenfalls für diese Kritik.
Auch der erst nach vielen Jahren beschlossene, eher schwache Monitoringmechanismus auf UN-Ebene (Roll 2010) stützt dieses Deutungsmuster.

7. Noch schwerer als die Kritik, internationale Antikorruptionsregime seien *Vorwand für*
    symbolische Politik, wiegt der Vorwurf, Korruptionsbekämpfung werde als *autoritäre Politik*
    Vorwand für politische Maßnahmen missbraucht, die beispielsweise Grund-
    rechte einschränkte und Demokratie aushöhlte oder unterdrückte. Andersson/
    Heywood (2009: 48-49) betonen insbesondere mit Verweis auf Vietnam und
    China, dass „there is a risk that non-democratic regimes can use anti-cor-
    ruption as a pretext to crack down repressively on opponents rather than sup-
    porting genuine transparency and accountability". Krastev (2009: 160) weist
    darauf hin, dass ihn der globale Korruptionsbekämpfungsboom fatal an die
    Antikorruptionsrhetorik früherer kommunistischer Machthaber in Mittel-
    und Osteuropa erinnere, denen es aber nicht wirklich um die Beseitigung
    von Missständen, sondern primär um den eigenen Machterhalt gegangen sei.

Wie überzeugend sind nun diese Kritikpunkte? Der Imperialismusvorwurf hat den *Argumente gegen*
Großteil seiner Überzeugungskraft durch die Verabschiedung der UN-Konvention *Imperialismus- und*
gegen Korruption im Jahr 2003 verloren. Mehr als drei Viertel der Mitgliedstaaten *Neoliberalismuskritik*
der Vereinten Nationen haben einem Antikorruptionsabkommen zugestimmt, das
die Bestimmungen des von den Vertretern der Imperialismuskritik am stärksten
abgelehnten OECD-Übereinkommens enthält und teilweise über diese hinausgeht.

Offenbar scheint es doch so etwas wie einen globalen Minimalkonsens in Sachen Korruptionsbekämpfung zu geben (vgl. van Aaken 2006). Der Vorwurf, internationale Antikorruptionsmaßnahmen seien Instrumente einer neoliberalen Politik, trifft vielleicht noch am ehesten dort zu, wo etwa EU, Internationaler Währungsfonds und/oder Weltbank auf die Schaffung kapitalistischer, offener Marktwirtschaften in Transformations-, Entwicklungs- oder Schwellenländern drängen. Die Antikorruptionsnormen von EU, Europarat, OECD und UN im engeren Sinn mit ihren Strafrechtsbestimmungen, Transparenzanforderungen, Maßnahmen zur Vermeidung von Interessenkonflikten, Klauseln zur gegenseitigen Rechtshilfe etc. lassen sich jedoch kaum als Vehikel zur weltweiten Durchsetzung einer neoliberalen Wirtschaftspolitik deuten. So wurde die UN-Konvention gegen Korruption auch von sozialdemokratisch oder sozialistisch dominierten Ländern auf der ganzen Welt ratifiziert.

Argumente gegen Kritik an der Antikorruptionsindustrie und Transparency International

Gegen die Kritik, die internationale Antikorruptionsbekämpfung sei zu einer Industrie verkommen, lässt sich einwenden, dass die Bestrebungen zur Bekämpfung der Korruption wohl nie die zu beobachtende politische Dynamik entfaltet hätten, wenn sich die betreffenden Akteure nicht hinsichtlich ihrer Forderungen, Arbeitsweise, Methoden, Personalrekrutierung, Öffentlichkeitsarbeit, Ressourcen, Kontakte zu Politik, Wirtschaft und Verwaltung etc. professionalisiert hätten. Ähnliches gilt für die Vorwürfe gegenüber Transparency International. Durch ihre Professionalisierung, Bürokratisierung (durchaus auch im positiven Sinn Max Webers, vgl. 3.1), territoriale und thematische Ausdehnung sowie Abhängigkeit von nicht unerheblichen finanziellen Ressourcen hat die (Dach-) Organisation vermutlich tatsächlich einiges von ihrer zivilgesellschaftlichen Bodenständigkeit und Verankerung in lokalen und regionalen Initiativen verloren (wenn sie diese jemals hatte). Andererseits müssen selbst Kritiker wie de Sousa (2009) konstatieren, dass sich TI zu einer mitunter sehr schlagkräftigen NGO entwickelt hat, die einigen Einfluss auf Politik, Wirtschaft und Gesellschaft ausübt. In Bezug auf die Kritik, Transparency International Deutschland sei zu einem guten Teil von den Mitgliedsbeiträgen einiger großer Firmen abhängig, lässt sich argumentieren, dass es das deutsche TI-Chapter als sinnvoll erachtet, zur Verfolgung seiner Ziele in einem dauerhaften Dialog mit Unternehmen und anderen Wirtschaftsakteuren zu stehen, um mehr aus der Praxis zu erfahren und mit dieser direkt kommunizieren zu können. Außerdem hat sich TI Deutschland auferlegt, dass die Beiträge juristischer Personen insgesamt einen gewissen Prozentsatz des Jahresbudgets nicht übersteigen sollen und größere Beiträge zum Haushalt transparent ausgewiesen werden (von Blomberg 2007).

Argumente gegen die Kritik, internationale Antikorruptionsregime seien Lösung ohne Problem, symbolische Politik oder Vorwand

Nach Ansicht der meisten Regierungen auf der Erde ist Korruption durchaus ein Problem, gegen das nicht allein auf lokaler, regionaler und nationaler Ebene sinnvoll vorgegangen werden kann. So sind beispielsweise die Bekämpfung der transnationalen Bestechung und die Rückführung von ins Ausland transferiertem illegalen Vermögen („asset recovery") nicht ohne Maßnahmen zu bewerkstelligen, die Ländergrenzen überschreiten. Es ist durchaus nicht von der Hand zu weisen, dass politische Entscheidungsträger die auf internationaler Ebene beschlossenen Antikorruptionsregelungen in ihren jeweiligen Staaten aus nationalen Interessen und/oder Eigeninteressen teilweise nicht oder nur partiell umsetzen. Dennoch ist es mit Sicherheit übertrieben, internationale Antikorruptionsregime per se als symbolische Politik zu bezeichnen. Es ist auch leider eine Tatsache, dass insbesondere autoritäre Regime mitunter Antikorruptionsmaßnahmen und Antikorruptionsrhetorik nicht für Gemeinwohlziele, sondern zur Verfolgung ihrer eigenen Interessen einsetzen. Das lässt sich allerdings nicht grundsätzlich den internationalen Antikorruptionsregimen anlasten, die eindeutig Werte wie Rechtsstaatlichkeit und Demokratie fördern wollen. Sie werden allerdings in Zukunft unter Beweis stellen müssen, dass sie mittels ihrer Monitoringverfahren in der Lage sind, Missbräuche von Korruptionsbekämpfung offenzulegen und anzuprangern. Es lässt sich resümieren, dass die gegenüber der globalen Korruptionsbekämpfung geäußerten Kritikpunkte nicht immer völlig überzeugend sind, aber oftmals durchaus auf bedenkliche Aspekte und Tendenzen hinweisen, die bei der politischen Fortentwicklung und der wissenschaftlichen Analyse internationaler Antikorruptionsregime in Zukunft berücksichtigt werden sollten.

4.2 Internationalisierte Antikorruptionspolitiken in den deutschsprachigen Ländern

Wie bereits an anderer Stelle dargelegt wurde (vgl. 2.7.2, 3.4.1, 3.5.2), sind Korruptionsbekämpfungspolitiken in der Regel relativ komplex und betreffen eine Fülle unterschiedlicher Rechtsmaterien und politischer Steuerungsinstrumente. Daher ist es fast unabdingbar, sich bei einem Vergleich der einschlägigen Politiken verschiedener Länder auf bestimmte Aspekte zu konzentrieren.[88] In den folgenden Abschnitten wird die Internationalisierung der Korruptionsprävention und Korruptionsrepression in den deutschsprachigen Staaten (Deutschland, Liechtenstein, Österreich und Schweiz) vergleichend unter die Lupe genommen – das ist in der politikwissenschaftlichen Korruptionsforschung weitgehend Neuland. Zum einen werden die Evaluierungsberichte von GRECO und OECD Working Group on Bribery komparativ analysiert,[89] zum anderen wird exemplarisch die Entwicklung des Korruptionsstrafrechts in diesen vier Ländern unter Berücksichtigung internationaler Impulse untersucht. An die jeweiligen Länderabschnitte (4.2.1-4.2.4) schließt sich eine vergleichende Zusammenfassung an (4.2.5).

Internationale Evaluierungsberichte und Strafrechtspolitik im Ländervergleich

---

88 Für einen umfassenden Vergleich der Korruptionsbekämpfungspolitiken der EU-Mitgliedstaaten im öffentlichen Sektor siehe von Alemann et al. (2007).

89 Alle vier Länder sind Mitglieder der Antikorruptionsregime von Europarat, OECD und UN, nur Deutschland hat die UN-Konvention gegen Korruption noch nicht unterzeichnet und nimmt nicht am UNCAC-Monitoringmechanismus teil, und Liechtenstein ist nicht Mitglied der OECD Working Group on Bribery. Liechtenstein und die Schweiz sind keine EU-Mitgliedstaaten, wobei die EU bislang ohnehin keine ausführlichen individuellen Antikorruptionsberichte erstellt hat (Ausnahmen sind die Beitrittskandidaten und einige neue Mitgliedstaaten, vgl. 4.1.3 und 4.1.4). Untersucht werden die ersten drei GRECO-Evaluierungsrunden und die Monitoring Phasen 2 und 3 der OECD Working Group on Bribery. Die jeweils überprüften Antikorruptionsnormen sind abrufbar auf den Internetseiten der beiden Evaluierungsgremien: http://www.coe.int/t/dghl/monitoring/greco/default_en.asp (GRECO) und http://www.oecd.org/daf/anti-bribery/ (OECD Working Group) (letzte Zugriffe: 22.05.2013).

4.2.1 Deutschland

Deutschland ist von Anfang an Mitglied der Antikorruptionsregime von Europarat und OECD. Die Bundesrepublik ratifizierte das OECD-Bestechungsübereinkommen relativ schnell, doch die beiden Übereinkommen des Europarats über Korruption aus dem Jahr 1999 und das Zusatzprotokoll zum Strafrechtsübereinkommen über Korruption von 2003 wurden bislang nicht vollständig umgesetzt und auch nicht ratifiziert. Deutschland hat die beiden EU-Antikorruptionsabkommen und die UN-Konvention gegen transnationale organisierte Kriminalität ratifiziert. Zwar gehört Deutschland zu den Erstunterzeichnern der UN-Konvention gegen Korruption aus dem Jahr 2003, doch war eine Ratifikation dieses Abkommens aufgrund der bislang hinausgezögerten Reform des Straftatbestands der Abgeordnetenbestechung nicht möglich (siehe 2.7.4). Daher beteiligt sich Deutschland auch noch nicht am Evaluierungsverfahren auf UN-Ebene. GRECO hat die deutschen Antikorruptionsbemühungen bisher folgendermaßen bewertet:

Tab. 24: GRECO-Evaluierung (Runden 1-3) – Deutschland

Recommendations	Conclusions
1. to keep regularly updated and to disseminate compilations of anti-corruption measures adopted in Germany. In the light of these, systems should ensure appropriate follow up of anti-corruption initiatives at federal and Länder level, providing for the possibility for making recommendations for improvements	dealt with in a satisfactory manner
2. to ensure the independence of the prosecution in dealing with corruption cases, avoiding to the largest possible extent risks of undue influences in the exercise of prosecutorial powers. In this context, the German authorities should consider removing the political status of prosecutor generals in the few Länder where it still exists	implemented satisfactorily
3. the possibility of using interception of communications should be extended so as to apply to serious corruption offences	partly implemented
4. to give further consideration to the existing proposals aiming at allowing the police and/or the prosecution to negotiate agreements on outcome in corruption cases, with the participation of the court, if the suspect or accused person agrees to co-operate with the authorities	dealt with in a satisfactory manner
5. that disciplinary measures should not apply to an official who – in breach of internal reporting duties – reports directly a grounded suspicion of corruption to the police or prosecution	partly implemented
6. to better enforce the rules on public procurement, including in cases which fall below the threshold for EU-wide competition, and to adopt legislative measures to establish at Federal level a central register („blacklist') of companies which have previously been found untrustworthy in bids for public contracts	dealt with in a satisfactory manner

Recommendations	Conclusions
Runde 2:	
1. to adopt appropriate freedom of information legislation and put in place administrative measures facilitating access to information by the public in accordance with such legislation	implemented satisfactorily
2. to introduce clear rules/guidelines for situations where public officials move to the private sector before they retire, in order to avoid conflicts of interest	partly implemented
3. to ensure that public officials, in addition to the existing system of reporting suspicions of corruption to the hierarchical superior or to the "contact persons for corruption prevention", have also the possibility to report suspicions of corruption directly to the competent law enforcement authorities – i.e. even without previously informing their superior	implemented satisfactorily
4. to introduce legal provisions establishing that a person who has been convicted for a corruption office, at least those categorised as serious offences, can be disqualified from acting in a leading position in legal persons	dealt with in a satisfactory manner
5. to examine the use of corporate sanctions with a view to identifying and remedying disparities in the application of the relevant provisions in the Law on Administrative/Regulatory Offences and, if appropriate, to issue guidelines for public prosecutors concerning a more uniform application of the law	implemented satisfactorily
6. to examine the use of corporate sanctions with a view to identifying and remedying disparities in the application of the relevant provisions in the Law on Administrative/Regulatory Offences and, if appropriate, to issue guidelines for public prosecutors concerning a more uniform application of the law	dealt with in a satisfactory manner
Runde 3 (Strafrecht):	
1. to proceed swiftly with the ratification of the Criminal Law Convention on Corruption (ETS 173) as well as the ratification of its Additional Protocol (ETS 191)	not implemented
2. to keep under review the application of the administrative authorisation procedure under sections 331 paragraph 3 and 333 paragraph 3 of the Criminal Code (concerning the acceptance and granting of a benefit by public officials), in order to ascertain possible implications for legal security, including in matters of investigation and prosecution of corruption offences and, if need be, to take appropriate measures	implemented satisfactorily
3. to substantially broaden the incrimination of active and passive bribery of assembly members under section 108e of the Criminal Code, to bring it in line with Article 4 of the Criminal Law Convention on Corruption (ETS 173)	not implemented
4. to incriminate more broadly, active and passive bribery of members of foreign public assemblies	not implemented

Recommendations	Conclusions
5. to incriminate active as well as passive bribery of foreign public officials more broadly, in line with Article 5 of the Criminal Law Convention on Corruption (ETS 173)	not implemented
6. to incriminate more broadly active as well as passive bribery of officials of international organisations, members of international parliamentary assemblies, judges and officials of internat ional courts, in line with Articles 9 to 11 of the Criminal Law Convention on Corruption (ETS 173)	not implemented
7. to ensure that active and passive bribery of foreign jurors is criminalised in Germany in accordance with the provisions of Article 6 of the Additional Protocol to the Criminal Law Convention on Corruption (ETS 173)	not implemented
8. to amend the provisions on bribery in the private sector of section 299 CC in accordance with Articles 7 and 8 of the Criminal Law Convention on Corruption	not implemented
9. to criminalise trading in influence in accordance with Article 12 of the Criminal Law Convention on Corruption (ETS 173)	not implemented
10. i) to clearly establish jurisdiction for the various corruption offences in line with Article 17 paragraph 1 of the Criminal Law Convention on Corruption (ETS 173) and its additional Protocol (ETS 191); ii) to include, to the extent possible, all relevant rules concerning jurisdiction in the Criminal Code in order to facilitate their understanding by practitioners and the public at large	not implemented
Runde 3 (Parteienfinanzierung):	
1. to invite the Länder to subject associations of voters (Wählervereinigungen) which participate in political life not only at local level, to the rules applicable to political parties as regards transparency requirements, the supervision of accounts and sanctions for violation of the applicable rules	implemented satisfactorily
2. i) to introduce a system for the publication of election campaign accounts at federal level, which would make the information available shortly after election campaigns; ii) to invite the Länder to adopt similar measures that would be applicable to associations of voters participating in elections to Länder parliaments and at local level	partly implemented
3. i) to lower the 50,000 Euro threshold for the immediate reporting and disclosure, under the Political Parties Act, of donations made to political parties; ii) to put a ban on anonymous donations and iii) to consider reducing significantly the threshold for the disclosure of donations and donors	partly implemented
4. to prohibit donations to parliamentarians and candidates who are members of olitical parties or, alternatively, to subject them to requirements for record keeping and disclosure similar to those applicable to political parties	partly implemented

Recommendations	Conclusions
5. i) to develop a more global approach of party financing in Germany by presenting in an official document the various forms of state support effectively granted or available; ii) to initiate consultations about the additional measures needed to better ensure the strict separation, under the law, of the financing of political parties on the one hand, and foundations and parliamentary groups on the other hand	partly implemented
6. to clarify the conditions under which sponsoring for the benefit of political parties is permissible, as well as the applicable legal, accounting and fiscal regime	implemented satisfactorily
7. to strengthen the independence of the external audit of the parties' financial statements, for instance by introducing a reasonable degree of rotation or by appointing a second auditor from a different company	not implemented
8. to ensure that the body to which the supervision of party financing is attributed, enjoys a sufficient degree of independence and is equipped with proper means of control, adequate staffing and appropriate expertise	partly implemented
9. i) to harmonise the sanctions for non compliance with the requirements of the Political Parties Act, and to address in this context the absence of sanctions for donations over 1000 Euro made in cash and; ii) to ensure that sanctions are applicable in case of non compliance with the requirements concerning the identification of donors	dealt with in a satisfactory manner
10. i) to clarify the possible infringements to the Code of Conduct appended to the Rules of Procedure of the Bundestag, as regards the regime of donations to parliamentarians; ii) to ensure that these infringements are subject to effective, proportionate and dissuasive sanctions	partly implemented

Recommendations: Empfehlungen in den Evaluierungsberichten der Runden 1 bis 3; Conclusions: Bewertung der Umsetzung der Empfehlungen in den Compliance-Berichten. Quellen: GRECO 2002, 2004, 2005, 2006, 2007, 2009a, 2009b, 2009c, 2011a, 2011b.

GRECO erachtet die Rahmenbedingungen der Korruptionsbekämpfung in Deutschland jenseits des Strafrechts als gut. Die zwei Punkte, die in der ersten Evaluierungsrunde nur mit „partly implemented" bewertet wurden, sind mittlerweile umgesetzt worden: Bei schweren Bestechungsstraftaten bzw. diesbezüglichen Verdachtsfällen können die Strafverfolgungsbehörden inzwischen Wohnungen abhören (§ 100c StPO), und beamtete Hinweisgeber dürfen unter Umgehung der Amtshierarchie Korruptionsverdachtsfälle direkt an Polizei oder Staatsanwaltschaft melden (siehe 3.4.2). Nicht recht zufrieden ist das Evaluierungsgremium des Europarats weiterhin mit den deutschen Regelungen zur Verhinderung von Interessenkonflikten und Amtsmissbräuchen beim Wechsel von Amtsträgern in die Privatwirtschaft vor ihrer Pensionierung (vgl. hierzu Korte 2007: 328-329). Während Deutschland in den ersten zwei Evaluierungsrunden noch recht gut abschnitt, äußerte GRECO im Rahmen der dritten Runde massive

Am Anfang eher moderate Kritik von GRECO und OECD Working Group on Bribery

Kritik: Die Empfehlungen zur Optimierung des Antikorruptionsstrafrechts (u. a. Straftatbestände für Abgeordnetenbestechung und Bestechung im Geschäftsverkehr) und der Regelungen für Transparenz der Parteienfinanzierung (u. a. Kontrollvorschriften und Publizitätsvorgaben) seien von der Bundesrepublik bislang kaum umgesetzt worden. GRECO beschloss daraufhin ein Non Compliance-Verfahren mit verschärften Berichtspflichten. Die OECD Working Group on Bribery hat die Antikorruptionspolitik Deutschlands in den ersten Jahren kritischer bewertet als GRECO. So seien die Bemühungen der deutschen Behörden, die Bekanntheit des Verbots der Auslandsbestechung zu erhöhen und entsprechende Compliance-Maßnahmen gerade bei mittleren und kleineren Unternehmen anzustoßen, nicht voll zufriedenstellend. Die Working Group stört sich auch an der zeitverzögerten Steuerprüfung großer Unternehmen. Zudem seien die Sanktionen für juristische Personen (d. h. vor allem Firmen) bei Korruptionsdelikten nicht abschreckend genug. Interessant ist, dass GRECO diesen Punkt als nicht sehr problematisch ansah (vgl. Tabelle 25). In ihrer Phase 3-Evaluierung kritisierte die Working Group u. a. die Nichtumsetzung von Empfehlungen betreffend geringfügige Schmiergeldzahlungen (small facilitation payments), Hinweisgeberschutz und Geldwäschebekämpfung. Insgesamt beurteilt die Working Group die deutschen Antikorruptionsbemühungen als eher gut.

Tab. 25: OECD-Evaluierung (Runden 2 und 3) – Deutschland

Recommendations	Conclusions
1. The Working Group recommends that Germany increase its efforts to raise the level of general awareness of the foreign bribery offence and the Convention. With respect to the private sector, the Working Group recommends that Germany encourage the continued development and adoption of adequate corporate compliance programmes including for small and medium sized enterprises doing business internationally.	partially implemented
2. With respect to the police and the prosecutorial authorities, the Working Group recommends that Germany: 1. Ensure that the issue of foreign bribery is adequately addressed within training programmes 2. Evaluate whether sufficient resources are being allocated for the purpose of investigating and prosecuting foreign bribery cases.	satisfactorily implemented
3. With respect to the tax authorities, the Working Group recommends that Germany undertake to reduce the time-lag with regard to the performance of tax audits of the largest companies.	not implemented
4. The Working Group recommends that Germany continue to keep under review whether the existing mechanisms for the inter-Land communication and co-operation for criminal investigations and prosecutions are effective, including the sharing of experience in prosecuting foreign bribery cases.	satisfactorily implemented

Recommendations	Conclusions
5. With respect to the reporting of suspected bribery or money laundering to the appropriate authorities, the Working Group recommends that Germany: 1. Consider clarifying the obligation to report suspicious transactions for auditors and tax consultants, for example, by issuing guidelines 2. Consider the establishment of mechanisms such as an Ombudsman, anti-corruption unit or hotline in order to facilitate reporting of suspicion of bribery by members of public administration.	Recommendation considered satisfactorily implemented
6. The Working Group recommends that Germany compile at the federal level for future assessment information on investigations of the foreign bribery offence for both natural and legal persons, and sanctions of the foreign bribery offence for both natural and legal persons.	satisfactorily implemented
7. The Working Group recommends that Germany take measures to ensure the effectiveness of the liability of legal persons which could include providing guidelines on the use of prosecutorial discretion, and further increasing the maximum levels of monetary sanctions.	not implemented
8. The Working Group recommends that, as concerns the prosecution of natural persons, Germany consider issuing guidelines which could help provide a uniform application of sections 153a and 153c of the Code of Criminal Procedure, as well as a uniform exercise of discretion between domestic and foreign bribery cases.	Recommendation considered
Runde 3:	
1. Regarding the foreign bribery offence, the Working Group recommends that Germany: a) Take any appropriate measures to clarify (i) that the criteria in the Convention and its Commentaries defining a foreign public official are to be interpreted broadly, (ii) that no element of proof beyond those contemplated in Article 1 of the Convention is required and (iii) that, in determining whether a public function was being exercised by a person, elements of information available from foreign authorities are given due consideration [Convention, Article 1; 2009 Recommendation III. (ii) and V.].	partially implemented
b) Ensure, through any appropriate means, that its legal treatment of facilitation payments is clearly defined and that it complies with the requirement of Commentary 9 that such payments be "small" [Convention, Article 1; 2009 Recommendation III. (ii) and VI.(i) and (ii).];	not implemented
c) Encourage companies to prohibit or discourage the use of facilitation payments.	satisfactorily implemented

Recommendations	Conclusions
2. Regarding the foreign bribery offence, the Working Group recommends that Germany: a) Take any appropriate measures to clarify (i) that the criteria in the Convention and its Commentaries defining a foreign public official are to be interpreted broadly, (ii) that no element of proof beyond those contemplated in Article 1 of the Convention is required and (iii) that, in determining whether a public function was being exercised by a person, elements of information available from foreign authorities are given due consideration [Convention, Article 1; 2009 Recommendation III. (ii) and V.]. b) Ensure, through any appropriate means, that its legal treatment of facilitation payments is clearly defined and that it complies with the requirement of Commentary 9 that such payments be "small" [Convention, Article 1; 2009 Recommendation III. (ii) and VI.(i) and (ii).]; c) Encourage companies to prohibit or discourage the use of facilitation payments.	satisfactorily implemented
3. Regarding sanctions, the Working Group recommends that Germany: a) Raise awareness among prosecuting authorities on the importance of (i) requiring sanctions against natural persons that are effective, proportionate and dissuasive, including in cases of solicitation, and (ii) making full use of the range of criminal sanctions available in law [Convention, Article 3];	satisfactorily implemented
b) Compile statistical information on sanctions of natural persons in a manner that differentiates between (i) sanctions imposed for the offence of foreign bribery and for other criminal offences, in particular commercial bribery and breach of trust, (ii) procedures applied (court decision with a full hearing, arrangement under section 153a CCP, penal order under section 407 CCP, or negotiated sentencing agreement under section 257c CCP) [Convention, Article 3];	partially implemented
c) Make public, where appropriate and in line with its data protection rules and the provisions of its Constitution, through any appropriate means, certain elements of the arrangements under section 153a CCP, such as the reasons why they were used in a specific case and the arrangements terms [Convention, Article 3];	not implemented
d) Increase the maximum level of the punitive component of administrative fines available in law for legal persons, to a level that is effective, proportionate and dissuasive [Convention, Articles 2 and 3; 2009 Recommendation V.; Phase 2 Evaluation, Recommendation 7];	not implemented
e) Consider making available to courts additional sanctions for legal persons to ensure effective deterrence [Convention, Articles 2 and 3; 2009 Recommendation III.(vii) and XI.(i)].	satisfactorily implemented

Recommendations	Conclusions
4. Regarding the investigation and prosecution of foreign bribery cases, the Working Group recommends that Germany:	
a) Further ensure that judges and prosecutors in those Länder with less experience in foreign bribery cases are offered specific training with regard to the technicalities linked to the complexity of the foreign bribery offence in Germany for both natural and legal persons [2009 Recommendation III.(ii) and V.];	satisfactorily implemented
b) Strengthen its efforts to compile at the federal level, for future assessment, information and statistics relevant to monitoring and follow-up of the enforcement of the German legislation implementing the Convention [Convention, Article 12; 2009 Recommendation III. (ii) and V];	partially implemented
c) Clarify the criteria by which the prosecutors may dispense with prosecutions, with a view to provide a uniform application of section 153a CCP [2009 Recommendation III. (ii) and V.; Phase 2 Evaluation, recommendation 8];	satisfactorily implemented
d) Clarify, through any appropriate means, that the "predominant public interest", provided under subsection 153c(3) among the grounds for dispensing with prosecution, does not include factors contrary to Article 5 of the Convention such as the national economic interest [Convention, Article 5].	partially implemented
5. Regarding awareness-raising the Working Group recommends that Germany:	satisfactorily implemented
a) Continue its efforts to raise awareness among companies, especially SMEs, about the foreign bribery offence [2009 Recommendation X.C.];	
b) Strengthen the role of German missions abroad in raising awareness and reporting suspicions of foreign bribery [2009 Recommendation IX (ii)].	
6. Regarding whistleblower protection, the Working Group recommends that Germany enhance reporting of suspicions of foreign bribery by company employees, through any appropriate means, e.g. by codifying the protection identified by jurisprudence and disseminating information on such protection [2009 Recommendation, IX (iii) and X.C (v)].	not implemented
7. Regarding money laundering,the Working Group recommends that Germany:	not implemented
a) Amend section 261(9) of the Criminal Code which precludes the simultaneous conviction of a person for money laundering and foreign bribery [Convention, Article 7; 2009 Recommendation III.(ii)];	
b) Amend its money laundering legislation to include the bribery of foreign and international MPs in the list of predicate offences to money laundering [Convention, Art.7; 2009 Recommendation III.(ii)].	

Recommendations	Conclusions
8. Regarding accounting and auditing requirements, the Working Group recommends that Germany consider extending exceptions to auditors" duty of confidentiality to the reporting of suspected acts of foreign bribery to law enforcement authorities [2009 Recommendation, III.(v) and X.B.(v); Phase 2 evaluation, recommendation 3].	satisfactorily implemented
9. Regarding internal controls, ethics, and compliance, the Working Group recommends that Germany continue encouraging companies, especially SMEs, to develop internal controls, ethics and compliance systems [2009 Recommendation, X.C.].	satisfactorily implemented
10. Regarding tax measures for combating foreign bribery, the Working Group recommends that Germany: a) Clarify the policy on dealing with claims for tax deductions for facilitation payments [2009 Recommendation, VI(i) and VIII(i); 2009 Tax Recommendation I.(ii)]; b) Complete its assessment on whether there is a time lag in the performance of tax audits of companies, and take measures, where necessary, to reduce time lags [2009 Tax Recommendation I.(ii); Phase 2 evaluation, recommendation 3].	satisfactorily implemented
11. Regarding public advantages, the Working Group recommends that Germany a) Consider establishing a federal register of unreliable companies and improve co-ordination among Länder registers [2009 Recommendation II. and XI.]; b) Issue guidelines to public procurement authorities to take the following measures, where they are not already in place: (i) take international debarment into consideration during the tender process; (ii) take debarment listings as a possible basis for enhanced due diligence of applications for public tenders; (iii) establish mechanisms for the verification, when necessary, of the accuracy of information provided by applicants; (iv) include, within public procurement contracts, termination and suspension clauses in the event of the discovery by procurement units that information regarding compliance with foreign bribery legislation provided by the applicant was false, or by reason of the contractor subsequently engaging in foreign bribery during the course of the contract [2009 Recommendation II. and XI.]; c) Ensure that ODA-funded contracts specifically prohibit contractors and partner agencies from engaging in foreign bribery and that this prohibition also applies to sub-contractors and contracted local agents [2009 Recommendation XI.].	satisfactorily implemented not implemented not implemented

Recommendations: Empfehlungen im Phase-2- und Phase 3-Bericht; Conclusions: Bewertung der Umsetzung der Empfehlungen in den Follow-up-Berichten. Quellen: Working Group 2003b, 2005a, 2011a, 2011d.

Defizite bei
der Umsetzung
internationaler
Strafrechtsvorgaben

Das OECD-Übereinkommen führte dazu, dass in Deutschland die Bestechung ausländischer und internationaler Amtsträger im internationalen Geschäftsverkehr unter Strafe gestellt wurde. Parallel dazu wurden vor dem Hintergrund der beiden EU-Antikorruptionsabkommen Bestechung und Bestechlichkeit bei EU-Beamten und Amtsträgern anderer EU-Mitgliedstaaten kriminalisiert. Die letzte einschlägige Gesetzesänderung erfolgte 2002, als der Straftatbestand der Bestechung im privaten Sektor auf den internationalen Geschäftsverkehr ausgeweitet wurde. Ein 2007 von der Bundesregierung eingebrachter Gesetzentwurf zur Erweiterung von Strafrechtsbestimmungen zur Auslandskorruption und Bestechung im privaten Sektor wurde vom Bundestag in der 16. Legislaturperiode nicht abschließend beschlossen; oppositionelle Initiativen zur Verschärfung des Straftatbestands der Abgeordnetenbestechung wurden mehrheitlich abgelehnt (vgl. 2.7.4). Deutschland hat bestimmte strafrechtliche Vorgaben des EU-Rahmenbeschlusses zur Bekämpfung der Bestechung im privaten Sektor, des Strafrechtsübereinkommens des Europarats über Korruption und der UN-Konvention gegen Korruption noch nicht umgesetzt: Neben dem bereits mehrmals angesprochenen Punkt der Abgeordnetenbestechung muss z. B. noch der Straftatbestand der Bestechung im privaten Sektor erweitert und bei der transnationalen Amtsträgerbestechung die Beschränkung auf den internationalen Geschäftsverkehr gestrichen werden. In der Evaluierungsrunde 3 empfiehlt GRECO zahlreiche Erweiterungen bzw. Modifizierungen des Korruptionsstrafrechts und der Parteienfinanzierungsregelungen und bemängelt deren Nichtumsetzung (siehe oben). Es bleibt abzuwarten, wie lange die deutsche Politik diese internationale Kritik aussitzen wird.

4.2.2 Liechtenstein

Liechtenstein hat in dem zunehmend internationalisierten Politikfeld Korruptionsbekämpfung zunächst eher zurückhaltend agiert. So ist das Fürstentum der 1999 gegründeten Staatengruppe gegen Korruption des Europarats (GRECO) erst einmal nicht beigetreten. Liechtenstein unterzeichnete auch zunächst weder das im selben Jahr vom Europarat erarbeitete Strafrechtsübereinkommen über Korruption noch das ergänzende Zivilrechtsübereinkommen über Korruption. Im Jahr 2003 unterzeichnete der Mikrostaat zwar die UN-Konvention gegen Korruption, blieb aber anschließend längere Zeit eher untätig. Jedenfalls führten die Aktivitäten einer ebenfalls 2003 eingesetzten ämterübergreifenden „Arbeitsgruppe Korruptionsbekämpfung" in den vergangenen Jahren nicht zu Anpassungen des liechtensteinischen Korruptionsstrafrechts. Die langjährige Zurückhaltung Liechtensteins hinsichtlich GRECO (und anderen zwischenstaatlichen Antikorruptionsinitiativen) kann praktisch und theoretisch mit spezifisch kleinstaatlichen Faktoren begründet werden (siehe Wolf 2011b). So ist die Mitgliedschaft in diesem internationalen Antikorruptionsgremium mit einem nicht unerheblichen Personal- und Organisationsaufwand verbunden, der sich für strukturell ressourcenschwache Kleinstaaten besonders auswirkt und mit anderen Schwerpunktsetzungen abgewogen werden muss. Das GRECO-Plenum tagt vier- bis fünfmal pro Jahr mehrere Tage in Straßburg, und die Mitgliedstaaten haben Dutzende komplexer Evaluierungsberichtsentwürfe zu bearbeiten, mehrtägige Vorort-Prüfungen im eigenen Land zu organisieren und an entsprechenden Evaluierungen in anderen Staaten mitzuwirken. Liechtenstein entschied sich daher zunächst nur für die Teilnahme

Liechtenstein in den internationalen Antikorruptionsregimen

am Antikorruptionsregime der Vereinten Nationen, während Andorra und Monaco für GRECO optierten und San Marino erst einmal keinem dieser Zusammenschlüsse beitrat.

Politikwechsel nach der Steueraffäre auch bei der Korruptionsbekämpfung

Die ausländische Kritik an manchen devianten Praktiken des Finanzplatzes Liechtenstein (insbesondere eine gewisse Unterstützung bestimmter Steuerhinterziehungsaktivitäten) führte im Kontext der sogenannten neuen Finanzplatzstrategie auch zu einem Kurswechsel bei der Antikorruptionspolitik des Mikrostaats. Im Jahr 2008 ratifizierte Liechtenstein die UN-Konvention gegen transnationale organisierte Kriminalität. 2009 bat die Regierung des Fürstentums den liechtensteinischen Landtag um seine Zustimmung zur UN-Konvention gegen Korruption. Der Landtag stimmte nach kurzer Debatte Ende 2009 einstimmig zu, und das Abkommen trat für Liechtenstein am 7. August 2010 in Kraft. Zudem unterzeichnete das Fürstentum im November 2009 das Strafrechtsübereinkommen des Europarats über Korruption und trat GRECO zum 1. Januar 2010 bei. Liechtenstein ist damit mittlerweile der einzige europäische Mikrostaat, der zwei internationalen Antikorruptionsregimen angehört.[90] Da das Land relativ spät GRECO-Mitglied wurde, liegt derzeit erst ein Evaluierungsbericht, aber noch kein Compliancebericht vor. Bis zum ersten Monitoringbericht im Rahmen des UN-Evaluierungsprozesses wird es wohl noch einige Jahre dauern.

Tab. 26: GRECO-Evaluierung (Runden 1 und 2) – Liechtenstein

Recommendations
1. to enhance the active role of the Anti-Corruption Working Group i) by extending its composition so as to include agencies/organisations responsible for the prevention of corruption at the level of public administration and business in particular; and ii) by giving it the mandate to initiate further preventive measures as well as awareness-raising initiatives on the various dimensions of corruption in national and local administration, and in the private sector, involving as much as possible the general public and the media
2. to review the powers of the Prince, as enshrined in article 12 of the Constitution and other pieces of legislation, to block or discontinue criminal investigations and proceedings
3. to ensure that the selection of judges, including temporary ad hoc judges, is effected in an impartial manner
4. to ensure, as planned, that information gathered through the relevant investigative tools provided in the Police Act can be used as evidence in court in the context of cases of bribery and trading in influence
5. to ensure that adequate access to information and evidence is granted for the investigation of the various corruption-related offences

---

90 San Marino wurde schließlich als letzter Mitgliedstaat des Europarats im August 2010 GRECO-Mitglied.

Recommendations
6. i) to introduce whistleblower policies that would encourage public sector employees to report suspicions of corruption directly to criminal law bodies, including the setting up of hotlines and protective measures against unjustified retaliation; ii) to provide for adequate possibilities to appeal a decision where a public official is not allowed by his supervisors to serve as a witness; and c) to introduce, as planned, measures for the protection of witnesses
7. to consider i) providing that the valuation of "property benefits" must be based on the "gross" benefit; and ii) extending deprivation under article 20 paragraph 2 of the Criminal Code to proceeds from corruption-related offences committed repeatedly, whether they are felonies or misdemeanours
8. to consider ensuring that the various private sector bribery offences are predicate offences of money laundering under article 165 of the Criminal Code
9. to put in place appropriate tools to evaluate the effectiveness, in practice, of measures to target proceeds of corruption, corruption-related money laundering and other relevant serious offences, including at the domestic level
10. to clarify the scope of the State Personnel Act and the State Personnel Ordinance and to ensure that contractual personnel as well as other specific categories of public officials are subject to requirements concerning gifts, incompatibilities and other possible corruption preventive measures similar to those contained in these Acts
11. to introduce appropriate screening procedures which would ensure that relevant positions in the public sector are filled by persons with a high degree of integrity
12. to develop ethical rules and codes of conduct for public administrations at central and local level and to provide adequate training on the use of these rules, including the conduct to be adopted vis-a-vis the offering of gifts and other gratuities
13. i) to introduce an effective system for the management of conflicts of interest and secondary activities that would be applicable to all public officials at central and local level, including elected representatives; and ii) to introduce rules / guidelines for situations where public officials move to the private sector
14 to extend the applicability of the new regime of liability of legal persons under article 74a of the Criminal Code to all private sector bribery offences in their active form
15. to introduce a measure in the Criminal Code which would enable the courts to prohibit a person found guilty of serious corruption offences from holding a leading position in a legal entity for a certain period of time
16. to extend the list of non-tax deductible expenditures to the broadest range of relevant corruption-related offences
17. to take appropriate measures to enhance the supervision of trustees and holders of certificates under article 180a of the Law on Persons and Companies (*Personen und Gesellschaftsrecht* - PGR)
18. to ensure adequate offences as well as effective and dissuasive sanctions are in place to deal with false information on customer identification, and to ensure these are known to everyone

Recommendations: Empfehlungen im gemeinsamen Runde 1 und 2-Evaluierungsbericht. Quelle: GRECO 2011c.

Ausbleibende
Reform; Orientierung
an Österreich

Die Regierung kündigte bereits im Zuge der Ratifizierung der UN-Konvention gegen Korruption Änderungen des Korruptionsstrafrechts an; bislang ist es aber noch nicht zu einer entsprechenden Reform gekommen.[91] Zuletzt hatte Liechtenstein im Jahr 2000 die Bestechung ausländischer und internationaler Amtsträger unter Strafe gestellt. Die jahrelange gesetzgeberische Untätigkeit rechtfertigte die Regierung vor dem Landtag mit der angeblichen Inaktivität Österreichs. Liechtenstein übernimmt in der Regel von diesem Nachbarland das Strafrecht. Allerdings war Österreich nicht untätig, sondern reformierte in den vergangenen Jahren mehrfach sein Korruptionsstrafrecht (siehe 4.2.3).

Gesetzgeberischer
Handlungsbedarf: z.
B. Amtsträger- und
Abgeordneten-
bestechung

Nach den internationalen Vorgaben sollte Liechtenstein nicht nur die aktive Bestechung von Gemeinderatsmitgliedern unter Strafe stellen, sondern eindeutig auch Bestechlichkeit sowie Vorteilsannahme und -gewährung ohne Pflichtverletzung. Die verfassungsrechtlich abgesicherte Immunität des Landesfürsten und gegebenenfalls auch des Erbprinzen widerspricht grundsätzlich verbindlichen Vorgaben der UN-Konvention gegen Korruption und kann höchstens im Rahmen einer weiten Auslegung einer Generalklausel als vereinbar mit dem Übereinkommen angesehen werden. GRECO-Empfehlungen zur Begrenzung bestimmter Vorrechte des Monarchen (Beendigung von Untersuchungen, Richterwahl) stießen im Fürstentum auf wenig Verständnis. Die Bestechlichkeit von Landtagsabgeordneten steht in Liechtenstein derzeit noch nicht unter Strafe. Die UN-Konvention fordert zwingend eine entsprechende Kriminalisierung. Zudem lässt es die weite Formulierung der einschlägigen Bestimmung des Übereinkommens ratsam erscheinen, grundsätzlich alle Handlungen im Rahmen des Mandats zu erfassen (Erweiterung des Straftatbestands).

Bestechung im
privaten Sektor

Liechtenstein ist zwar Mitglied des europäischen Wirtschaftsraums, aber nicht EU-Mitgliedstaat. Es unterliegt daher nicht dem EU-Rahmenbeschluss zur Bekämpfung der Bestechung im privaten Sektor. Das Strafrechtsübereinkommen des Europarats über Korruption und die UN-Konvention gegen Korruption schreiben nicht zwingend vor, Bestechung und Bestechlichkeit im privaten Sektor unter Strafe zu stellen. Die jetzige liechtensteinische Regelung im Gesetz gegen den unlauteren Wettbewerb ist allerdings im Vergleich zu den internationalen Empfehlungen bruchstückhaft. Eine Reform in Anlehnung an die internationalen Normen ist hier also empfehlenswert und dürfte von GRECO ohnehin spätestens in ein paar Jahren angemahnt werden. Im Rahmen des ersten GRECO-Evaluierungsberichts gab es bereits diverse Empfehlungen zu Erweiterungen verschiedener Bestimmungen des Strafgesetzbuchs (siehe Tabelle 27).

Internationale Anti-
korruptionsregime
sind aufwendig für
Mikrostaaten

Die inhaltliche Prüfung, politische Entscheidungsfindung, rechtliche Umsetzung und praktische Durchführung aller Antikorruptionsregelungen von Europarat und Vereinten Nationen sowie nicht zuletzt auch die Mitwirkung an den zwischenstaatlichen Evaluierungsverfahren dürften für den Kleinstaat Liechtenstein mit einigem Aufwand verbunden sein. Dabei scheint Korruption – zumindest jenseits der in einem sehr kleinen Land grundsätzlich schwerer zu vermeidenden

---

91 Im Unterschied zu Deutschland ratifiziert Liechtenstein gelegentlich auch dann völkerrechtliche Abkommen, wenn zuvor noch nicht alle rechtsverbindlichen internationalen Vorgaben in innerstaatliches Recht umgesetzt worden sind.

Interessenkonflikte – schon jetzt im Fürstentum kein großes Problem darzustellen (Wolf 2011b). Immerhin dürfte im Ausland wohlwollend registriert werden, dass Liechtenstein endlich auch in diesem Bereich die internationale Zusammenarbeit bei der Kriminalitätsbekämpfung intensiviert.

4.2.3 Österreich

Österreich beteiligte sich von Anfang an am Antikorruptionsregime der OECD und ratifizierte das OECD-Bestechungsübereinkommen 1999. Bei den Antikorruptionsaktivitäten des Europarats zeigte sich Österreich zunächst zurückhaltender. Es trat erst Ende 2006 GRECO bei und hat bis heute das Strafrechtsübereinkommen des Europarats über Korruption nicht ratifiziert und das Zusatzprotokoll zum Strafrechtsübereinkommen noch nicht einmal unterzeichnet. Im Gegensatz zu Deutschland ratifizierte Österreich allerdings das Zivilrechtsübereinkommen des Europarats über Korruption. Die Alpenrepublik ratifizierte zudem das Bestechungsprotokoll zum Übereinkommen über den Schutz der finanziellen Interessen der EG und das EU-Bestechungsübereinkommen. Österreich ist außerdem Vertragspartei der UN-Konvention gegen transnationale organisierte Kriminalität und der UN-Konvention gegen Korruption. Durch den späten GRECO-Beitritt wurden bei der ersten Evaluierung Österreichs die Evaluierungsrunden 1 und 2 in einem Bericht zusammengezogen. GRECO hat die österreichischen Antikorruptionsbemühungen bisher folgendermaßen bewertet:

Österreich in den internationalen Antikorruptionsregimen

Tab. 27: GRECO-Evaluierung (Runden 1 bis 2) – Österreich

Recommendations	Conclusions
1. that a study be undertaken covering the scale and the nature of corruption in Austria, and identifying the areas most exposed to corruption risks	dealt with in a satisfactory manner
2. a) to establish an inter-institutional and multi-disciplinary coordination mechanism that would be given the necessary resources and a clear mandate to initiate a strategy or policy in the area of anti-corruption; b) to involve the Länder and the private sector in these overall anti-corruption efforts	partly implemented
3. a) to clarify the role and jurisdiction of the Bureau of Internal Affairs of the Federal Ministry of the Interior and of the other police bodies in respect of corruption investigations, whilst confirming the central role of the BIA-BMI; b) to enhance the co-ordination between the various police units involved in the investigation of corruption cases, and between the BIA-BMI and the prosecution services	implemented satisfactorily
4. to increase the human resources available to the police, in particular the units responsible for conducting investigations concerning corruption and criminal assets	partly implemented

Recommendations	Conclusions
5. a) to proceed with the reform of the statute of prosecutors in order to bring it closer to the statute of judges; b) to consider the setting-up of a specialist body/bodies responsible for the selection, training, appointment, career development and disciplinary procedures in respect of judges and prosecutors	partly implemented
6. to ensure that the planned special prosecution office for corruption becomes operational at the beginning of 2009 with the resources envisaged and that after an initial period, the adequacy of the resources allocated is assessed	dealt with in a satisfactory manner
7. to provide more training opportunities to judges, including those of lower courts, in those areas which are of particular relevance for handling corruption cases	partly implemented
8. to review the access to, and exchange of information needed in the context of corruption investigations and, in particular, to consider lifting bank secrecy also for corruption-related offences punishable by a maximum penalty of less than one year's imprisonment	implemented satisfactorily
9. to ensure that the new special investigation techniques are applicable to all serious cases of corruption, accompanied by appropriate safeguards for fundamental rights	implemented satisfactorily
10. to a) adopt guidelines providing for specific and objective criteria to be applied in determining whether an act is connected to the official functions of a parliamentarian and thus whether the immunity of that member applies and can be lifted; b) ensure that these guidelines reflect the needs of the fight against corruption and c) require the competent parliamentary committees at federal and Länder levels to give grounds for their decision to lift or not to lift immunity in a given case	not implemented
11. to consider strengthening the system of confiscation and temporary measures so that a) the confiscation system also applies to the direct proceeds of corruption and not just to their equivalent value; b) it is made clear that temporary measures and final measures are applicable to the various forms of proceeds (in particular both tangible and intangible proceeds, proceeds deliberately transferred to third persons to avoid confiscation measures and proceeds intermingled with legitimate assets)	implemented satisfactorily
12. to take the necessary measures to make investigative and prosecutorial bodies more aware of the need to target the proceeds of corruption, including in respect of cases prosecuted under Section 302 of the Penal Code (abuse of official authority)	implemented satisfactorily
13. to enhance the ability of Austria's anti-money laundering system to better deal with proceeds from corruption by a) examining the need to criminalise self-laundering; b) providing guidance to all the obliged entities that would take into account the needs of the fight against corruption (typologies of corruption-related money laundering and indicators for corruption-related suspicious transactions, information and guidance on politically exposed persons etc.)	partly implemented

Recommendations	Conclusions
14. with a view to facilitating access to information, to provide for precise criteria for a limited number of situations where access to information can be denied and to ensure that such denials can be challenged by the person concerned	not implemented
15. to introduce appropriate training, cooperation agreements and other suitable measures that would place the Austrian Court of Audit in a position to contribute effectively to the country's anti-corruption efforts, in particular by reporting to the competent authorities both suspicions of corruption and cases of mismanagement liable to attract criminal sanctions	dealt with in a satisfactory manner
16. to a) introduce whistleblower protection for all federal employees, i.e. civil servants and contractual staff; b) to invite the Länder which do not as yet have such protection mechanisms to introduce them	not implemented
17. a) to adopt, as planned, a Code of conduct for federal employees and to make sure that this Code also addresses the need to combat corruption; b) to invite the Länder that have not as yet done so to do the same	implemented satisfactorily
18. a) to make sure that all categories of officials (including elected officials, judges and prosecutors) are covered by adequate provisions on the acceptance of gifts; b) to invite the Länder that do not have adequate provisions on gifts for public officials to introduce such provisions; c) to examine whether additional clarification or guidance is needed to make sure that certain key provisions of the Penal Code (in particular Section 304 paragraph 4 on "accepting an advantage" and Section 308 paragraph 2 on "illicit intervention") cannot be misinterpreted	partly implemented
19. to a) provide for a framework to deal with moves of federal employees to the private sector; b) invite the Länder that do not have such measures nor appropriate mechanisms to prevent conflicts of interest yet to introduce such measures; c) strengthen the control of the declarations of assets and interests to be submitted by parliamentarians and senior members of the executive	not implemented
20. to initiate consultations on appropriate measures to be taken – in the context of the fight against corruption – with a view to increasing the transparency and control of business entities, foundations and associations	partly implemented
21. to establish guidelines for prosecutors facilitating the application of the statute on responsibility of legal entities (Verbandsverantwortlichkeitsgesetz-VbVG) and to develop systematic training for the competent police forces, prosecutors and judges on the matter	not implemented
22. to raise the initial maximum amount of fines for legal entities held criminally liable to ensure that sanctions for corruption offences are effective, proportionate and dissuasive in practice	implemented satisfactorily
23. to consider establishing a register of convicted legal persons	implemented satisfactorily

Recommendations	Conclusions
24. to consider the introduction of a provision in the penal code which would enable the courts to prohibit a person found guilty of serious corruption offences to hold a leading position in a legal entity for a certain period of time	implemented satisfactorily
Runde 3 (Strafrecht):	
1. to proceed swiftly with the ratification of the Criminal Law Convention on Corruption (ETS 173) as well as the signature and ratification of its Additional Protocol (ETS 191)	*Bewertung liegt noch nicht vor*
2. to keep under review the application of Sections 305 and 307a of the Penal Code (concerning active and passive bribery not involving a breach of duty) concerning the requirement that the advantage concerned has to be in contravention of general service regulations or the employing institution's internal rules, in order to ascertain possible implications for legal security, including in matters of investigation and prosecution of corruption offences and, if need be, to take appropriate measures	*Bewertung liegt noch nicht vor*
3. to examine whether additional initiatives need to be taken to ensure that all cases of bribery and trading in influence are adequately dealt with, even in case of nonmaterial undue advantages	*Bewertung liegt noch nicht vor*
4. to substantially broaden the incrimination of active and passive bribery of members of domestic assemblies resulting from the definition of public officials in section 74 paragraph 1 (4a) of the Penal Code, and thus bringing this incrimination in line with article 4 of the Criminal Law Convention on Corruption (ETS 173)	*Bewertung liegt noch nicht vor*
5. to abolish the requirement for a prior complaint before prosecutions are brought for bribery in the private sector (Section 168e of the Penal Code)	*Bewertung liegt noch nicht vor*
6. (i) to review the need to keep provisions on bribery in the Unfair Competition Act and (ii) to take such measures as may be necessary to assure that the prosecution of acts of bribery leads in practice to a penal response which reflects the needs of an effective anti-corruption policy	*Bewertung liegt noch nicht vor*
7. to ensure, for instance by amending Section 308 of the Penal Code on illicit intervention, that the various elements of the offence of trading in influence established under article 12 of ETS 173 are implemented in Austrian criminal law	*Bewertung liegt noch nicht vor*
8. to consider increasing the maximum criminal sanctions in respect of active and passive bribery in the private sector of Section 168d of the Penal Code	*Bewertung liegt noch nicht vor*
9. to analyse and accordingly revise the automatic – and mandatorily total – exemption from punishment granted to perpetrators of active and passive bribery in the public sector in cases of effective regret (Section 307c of the Penal Code)	*Bewertung liegt noch nicht vor*

Recommendations	Conclusions
10. to ensure that the Penal Code provides for rules on jurisdiction which are in line with article 17 paragraph 1 of the Criminal Law Convention on Corruption (ETS 173) without the requirement of dual criminality with respect to the offences of bribery and trading in influence committed abroad	*Bewertung liegt noch nicht vor*
Runde 3 (Parteienfinanzierung):	
1. to adopt the necessary measures, including for instance the designation of a coordination body, to ensure that future legislation regarding political funding applies in a uniform manner to the whole of Austria and takes into account the principles set forth in Recommendation Rec(2003)4 on Common Rules against Corruption in the Funding of Political Parties and Electoral Campaigns	*Bewertung liegt noch nicht vor*
2. i) to introduce adequate regulations on the financing of the political activities of elected representatives and ii) to invite the Länder to do the same	*Bewertung liegt noch nicht vor*
3. i) to ensure that the future legislation on the financing of political parties and election campaigns provides for adequate accounting standards and ii) to invite the Länder to do the same	*Bewertung liegt noch nicht vor*
4. to ensure that the future legislation on the financing of political parties and election campaigns i) requires the consolidation of party accounts and annual financial statements so as to include all territorial sections of the parties and other entities under their control; ii) addresses the question of support from third parties and iii) applies to all political parties and election campaign participants, whether or not they receive public financial support	*Bewertung liegt noch nicht vor*
5. i) to regulate in an adequate manner the various forms of support used in practice for the financing of political parties and election campaigns; ii) to introduce in that context a ban on donations from donors whose identity is not known to the political party or election campaign participant, iii) to provide for an appropriate, standardised format for the accounts and financial statements that would require the recording of all forms of income and expenditure, assets and liabilities, and the effective itemisation of campaign expenditure and in this context; iv) to issue accompanying guidance documents that would in particular deal with the valuation of in-kind support, including sponsorship and v) to invite the Länder to do the same	*Bewertung liegt noch nicht vor*
6. i) to publish the identity of donors whose contributions to a political party or campaign participant exceed a certain threshold and to ensure the information is made available to the general public in a timely manner and ii) to invite the Länder to do the same	*Bewertung liegt noch nicht vor*
7. i) to improve the accessibility to all financial reports submitted by the political parties and by participants in election campaigns and ii) to invite the Länder to do the same	*Bewertung liegt noch nicht vor*

Recommendations	Conclusions
8. i) to strengthen the independence of the external audit of the political parties' annual statements on income and expenditure, for instance by generalising the procedure of assignment of sworn auditors chosen by the public authority from a list of auditors provided by the political party and – additionally – by introducing a reasonable degree of rotation of auditors and ii) to invite the Länder to do the same	*Bewertung liegt noch nicht vor*
9. i) to ensure the effective and independent supervision of the financing of political parties and election campaigns, in accordance with Article 14 of Council of Europe Recommendation Rec(2003)4 on common rules against corruption in the funding of political parties and election campaigns; ii) to ensure that a duty to disclose financial reports applies to all political parties and participants in election campaigns, whether or not they receive public support and iii) to invite the Länder to do the same	*Bewertung liegt noch nicht vor*
10. to introduce suitable measures that would ensure that the Austrian Court of Audit is in a position to report to the competent authorities both suspicions of corruption in connection with political financing and cases of mismanagement liable to attract criminal sanctions	*Bewertung liegt noch nicht vor*
11. i) to clearly define infringements of existing (and yet to be established) provisions with regard to the transparency of party funding and to introduce effective, proportionate and dissuasive sanctions for these infringements, in accordance with Article 16 of Council of Europe Recommendation Rec(2003)4 on common rules against corruption in the funding of political parties and election campaigns and ii) to invite the Länder to do the same	*Bewertung liegt noch nicht vor*

Recommendations: Empfehlungen im gemeinsamen Runde1 und 2- sowie im Runde 3-Evaluierungsbericht; Conclusions: Bewertung der Umsetzung der Empfehlungen in den Compliance-Berichten. Quellen: GRECO 2008a, 2010a, 2011d, 2011e

GRECO-
Empfehlungen und
-Kritik

GRECO richtete in seinem ersten Evaluierungsbericht nicht weniger als 24 – teilweise noch einmal untergliederte – Empfehlungen zur Optimierung nichtstrafrechtlicher Korruptionsbekämpfungsmaßnahmen an Österreich. Die Alpenrepublik setzte allerdings lediglich die Hälfte dieser Empfehlungen zufriedenstellend um. Keinen Fortschritt gab es bei der empfohlenen Schaffung transparenter und sachlicher Kriterien zur Aufrechterhaltung oder Aufhebung parlamentarischer Immunität im Zusammenhang mit Korruptionsverdachtsfällen. Österreich erließ im Berichtszeitraum auch weder die empfohlene transparenzfördernde Informationsfreiheitsgesetzgebung, noch Schutzregelungen für Hinweisgeber im öffentlichen Dienst auf Bundes- und Landesebene. Die geforderten Vorschriften zum Wechsel von Amtsträgern auf Bundes- und Landesebene in die Privatwirtschaft wurden ebenso wenig beschlossen wie schärfere Bestimmungen zur Offenlegung von Vermögen und Interessen von Abgeordneten und Regierungsmitgliedern. Auch Richtlinien für Staatsanwälte zur leichteren Anwendung der Rechtsvorschriften betreffend die Sanktionierung juristischer Personen – gefordert von GRECO und der OECD Working Group on Bribery – wurden nicht erstellt. Österreich setzte verschiedene weitere GRECO-Empfehlungen im Berichtszeitraum nur teilweise um. GRECO vermisste in seinem Compliance-Bericht den politischen Willen zur besseren Bekämpfung der Korruption in Österreich. Auch in der Evaluierungsrunde 3 wurde Österreich zu zahlreichen Antikorruptionsreformen aufgefordert. GRECO empfahl unter anderem die Erweiterung verschiedener Straftatbestände. Besonderen Handlungsbedarf sieht die Staatengruppe gegen Korruption im Bereich Parteienfinanzierung. Hier solle Österreich auf Bundes- und Länderebene klare Regelungen für mehr Transparenz, schärfere Kontrollen und abschreckende Sanktionen erlassen.

Die Bewertung der OECD fällt ein wenig besser aus, aber auch im Hinblick auf dieses Antikorruptionsregime implementierte Österreich etliche Empfehlungen nicht oder erst nach längerer Zeit. Keinen Fortschritt sah die Working Group im Berichtszeitraum unter anderem bei der Schaffung von Hinweisgeberschutz im privaten Sektor, der Überwachung der Strafverfolgungsbehörden hinsichtlich möglicher unsachlicher Unterbrechungen von Ermittlungen (vgl. 4.1.5), der Verbesserung der gegenseitigen Rechtshilfe im Hinblick auf das Bankgeheimnis und der besseren Ausstattung der Staatsanwaltschaften. Die Sanktionen für Auslandsbestechung wurden von der Working Group auch nach einer Gesetzesreform immer noch als zu niedrig angesehen. Nach dem Follow-up-Bericht reformierte Österreich jedoch das Korruptionsstrafrecht erneut und beschloss Höchststrafen von bis zu 10 Jahren Gefängnis bei schweren Bestechungsdelikten. In ihrem Runde 3-Evaluierungsbericht listet die OECD Working Group on Bribery wieder zahlreiche Vorschläge zur Verbesserung der Bekämpfung der Auslandsbestechung auf. Schärfere Maßnahmen seien u. a. bei der Behandlung juristischer Personen nötig, und in den Bereichen Steuer- und Buchhaltungsprüfung gebe es noch Optimierungsmöglichkeiten für die Aufdeckung von Bestechungsdelikten. Erneut wird eine bessere Kooperation Österreichs bei der zwischenstaatlichen Rechtshilfe in Strafsachen angemahnt.

Evaluierung der OECD Working Group on Bribery

Tab. 28: OECD-Evaluierung (Runden 2 und 3) – Österreich

Recommendations	Conclusions
1. a) take measures, including appropriate training, to raise the level of awareness of the foreign bribery offence within the public administration and among those agencies that interact with Austrian companies that are active in foreign markets, including trade promotion, export credit and development aid agencies	fully implemented
b) take further action to effectively improve awareness among companies, and in particular small and medium sized companies active in foreign markets, of the legislation regarding foreign bribery and of the government's intention to enforce it, and to assist companies in their efforts to prevent foreign bribery	fully implemented
c) work with the accounting, auditing and legal professions to raise awareness of the foreign bribery offence and its status as a predicate offence for money laundering, and encourage those professions to develop specific training on foreign bribery in the framework of their professional education and training systems	fully implemented

Recommendations	Conclusions
2. a) establish procedures to be followed by employees of export credit, trade promotion and development aid agencies for reporting credible evidence of bribery of foreign public officials to competent prosecution authorities, and ensure that preventive anti-bribery clauses are applied by subsidiaries of OeKB	fully implemented
b) take measures to facilitate the reporting of suspicions of foreign bribery by private sector employees, including clarifying the effect of section 86 CPC and considering steps to better protect from retaliatory action employees who report in good faith suspicious facts involving foreign bribery	not yet implemented
c) strengthen efforts to provide guidance to entities subject to money laundering reporting obligations in relation to foreign bribery and further assess and supervise the reporting practices of relevant entities	fully implemented
d) require auditors to report all suspicions of bribery by any employee or agent of the company to management and, as appropriate, to corporate monitoring bodies, and consider requiring auditors, in the face of inaction after appropriate disclosure within the company, to report all such suspicions to the competent law enforcement authorities	fully implemented
3. a) monitor and evaluate the performance of investigation and prosecution agencies with regard to foreign bribery allegations on an on-going basis, including in particular with regard to decisions not to open or to discontinue an investigation, and including in order to ensure that considerations of national economic interest, the potential effect on relations with another State, or the identity of the natural or legal person involved do not influence the investigation or prosecution of foreign bribery cases	not yet implemented
b) take all necessary measures to ensure that Austria does not decline to render mutual legal assistance (MLA) in foreign bribery cases on the ground of bank secrecy, take all appropriate measures to ensure the provision of MLA in foreign bribery cases without undue delay, and consider developing methods to collect statistics regarding MLA while maintaining the efficiency of a decentralized system	not yet implemented
c) ensure that the necessary resources, including specialized expertise, are made available to prosecutors for the effective investigation and prosecution of the foreign bribery offence	not yet implemented
d) take appropriate measures to ensure (i) that all bribes offered, promised or given to a foreign public official for any use of the official's position, whether or not within the official's authorised competence, constitute the basis for a foreign bribery offence; and (ii) that a foreign public official's acceptance of an undue advantage exceeding a small facilitation payment is deemed contrary to the official's duties and would therefore constitute the basis for an active foreign bribery offence	fully implemented
e) issue and publicize guidelines to prosecutors clarifying that prosecution of allegations of bribery of foreign public officials by legal persons is always required in the public interest under the new law on the criminal liability of legal persons, subject only to clearly defined exceptions, and develop guidelines with regard to organisational measures for business with regard to the fight against bribery	not yet implemented

Recommendations	Conclusions
f) provide appropriate training to judges and law enforcement personnel, including prosecutors and the staff of the Federal Criminal Investigation Office (BKA), with respect to the investigation, prosecution and adjudication of foreign bribery cases	fully implemented
4. a) ensure that its law and practice adequately sanction accounting omissions, falsifications and fraud relating to foreign bribery, and re-examine whether the law applies to all companies subject to Austrian accounting and auditing laws and whether such sanctions are capable of being imposed on legal persons	partially implemented
b) revise the Guidelines on income tax so that they accurately reflect the applicable law, and provide training with regard to the relevant criminal law provisions to tax officials	fully implemented
5. a) increase the criminal sanctions applicable to foreign bribery and in particular to serious cases in order to provide for effective, proportional and dissuasive sanctions	not yet implemented
b) take all necessary measures to ensure that legal persons that engage in foreign bribery are subject to effective, proportionate and dissuasive criminal penalties, including in cases where the legal person may not have generated significant profits over the relevant period	not yet implemented
c) take appropriate measures to ensure that diversion and non-punishment pursuant to section 42 PC are excluded at least in all serious cases of foreign bribery	not yet implemented
d) compile statistics with regard to cases brought and types of sanctions imposed with regard to money laundering and accounting offences	fully implemented
Runde 3:	
1. Regarding the liability of legal persons for the bribery of foreign public officials, the Working Group recommends that Austria: a) Provide a written self-assessment of progress prosecuting foreign bribery cases involving legal persons one year after adoption of this report, which should include an assessment of the application in practice of the Federal Statute on Responsibility of Entities for Criminal Offences (VbVG) to foreign bribery cases, including whether in practice it meets the standards under paragraph B of Annex I of the 2009 Recommendation, and any procedural and legal obstacles to its effective application, with particular attention to the following potentially unclear aspects of the VbVG: i) its application to bribery through agents; ii) the standard of "due and reasonable care" that the prosecution must prove was not taken by a defendant legal person when foreign bribery was committed by a staff member of the legal person; iii) its application to bribery on behalf of related legal persons; and iv) the circumstances under which a legal person is considered a victim of a breach of trust; (Convention, Articles 2 and 5, 2009 Recommendation, par. V)	*Bewertung liegt noch nicht vor*

Recommendations	Conclusions
b) Issue and publicise guidelines to prosecutors clarifying that the prosecution of allegations of bribery of foreign public officials by legal persons is always required in the public interest under VbVG, subject only to clearly defined exceptions, and develop guidelines on organisational measures for business regarding the fight against foreign bribery, as was recommended already in Phase 2; (Convention, Articles 2 and 5); c) Increase the fines for legal persons for the foreign bribery offence, given that they are substantially lower than the fines for natural persons, and in light of the size and importance of many Austrian companies, the location of their international business operations, and the business sectors in which they are involved; (Convention, Articles 2 and 3.2) and d) Report in writing in one year on the study by the Austrian Government on the report by the Institute for Legal and Criminal Sociology on the effectiveness of the VbVG. (Convention, Article 2)	
2. The Working Group recommends that Austria take appropriate steps within its legal system to ensure that nationality jurisdiction apply to Austrian companies that bribe abroad, including by using non-nationals as intermediaries. (Convention, Article 4.2)	*Bewertung liegt noch nicht vor*
3. The Working Group recommends that Austria in writing in one year on application of its confiscation provisions to convictions of the bribery of foreign public officials. (Convention, Article 3.3)	*Bewertung liegt noch nicht vor*
4. Concerning the investigation and prosecution of foreign bribery cases, the Working Group recommends that Austria: a) Find a way that is appropriate and feasible within its legal system to remove the impediments to effective foreign bribery investigations caused by the routine use of remedial actions by financial institutions, and report in writing on progress in this regard in one year; (Convention, Article 5) b) Consider establishing a system of penalties for addressing the situation where bearer shares are not registered pursuant to the rules requiring unlisted companies to convert bearer shares into registered shares by December 2013; (Convention, Article 5) c) Find a way that is feasible and appropriate within its legal system to make it easier to identify beneficial owners of companies in which the beneficial owners are not the shareholders; (Convention, Article 5) d) Ensure that, in compliance with Article 5 of the Convention, investigations and prosecutions cannot be influenced by considerations of national economic interest, the potential effect upon relations with another State or the identity of natural or legal persons involved, particularly in view of the Minister of Justice's decision-making authority in foreign bribery cases; (Convention, Article 5) and	*Bewertung liegt noch nicht vor*

Recommendations	Conclusions
e) Include as a matter of urgency in its strategy for coordinating anti-corruption bodies, concrete and substantial measures for: i) further improving the capabilities of its law enforcement authorities to effectively evaluate significant amounts of digitalised data, including emails; and ii) tracing the proceeds of foreign bribery. (Convention, Article 5)	
5. The Working Group recommends that Austria take immediate measures to ensure that: i) Austria provide responses to requests for mutual legal assistance (MLA) from Parties to the Anti-Bribery Convention without unnecessary delay, regardless if the request is submitted to the central authority or to a public prosecutor's office; and ii) bank secrecy does not cause unnecessary delays in providing MLA. (Convention, Article 9)	*Bewertung liegt noch nicht vor*
6. The Working Group recommends that, where appropriate, the Federal Bureau of Anti-Corruption (BAK) provide feedback to the Austrian Financial Investigation Unit (A-FIU) about Suspicious Transactions Reports (STRs) regarding the laundering of the proceeds of foreign bribery. (Convention, Articles 5 and 7)	*Bewertung liegt noch nicht vor*
7. Regarding the use of accounting and auditing measures as well as internal controls, ethics and compliance to prevent and detect foreign bribery, the lead examiners recommend that Austria: a) Ensure its law and practice adequately sanction accounting omissions, falsifications and fraud related to foreign bribery, and re-examine whether the law applies to all companies subject to Austrian accounting and auditing laws; (Convention, Article 8) b) Encourage companies to actively and effectively respond to reports of suspected acts of foreign bribery from external auditors; (2009 Recommendation, para. X B iv) c) Consider requiring external auditors to report suspected acts of foreign bribery to competent authorities independent of the company, such as law enforcement or regulatory authorities, and ensure that auditors making such reports reasonably and in good faith are protected from legal action; (2009 Recommendation, para. X B v) d) Raise awareness in the private sector of the OECD Good Practice Guidance on Internal Controls, Ethics and Compliance, including paragraph 11.ii) and iii) on effective measures for whistle blowing, and encourage companies to develop and adopt adequate internal controls, ethics and compliance measures to prevent and detect foreign bribery, taking into account the Good Practice Guidance; (2009 Recommendation, para. X C i) e) Ensure appropriate measures are in place to protect from discriminatory action private sector employees who report suspected acts of foreign bribery to the competent authorities in good faith and on reasonable grounds. (2009 Recommendation, para. X C v)	*Bewertung liegt noch nicht vor*

Recommendations	Conclusions
8. Regarding the use of tax measures to prevent and detect foreign bribery, the Working Group recommends that Austria: a) Continue efforts to provide training and awareness to the tax administration on detecting and reporting suspicions of foreign bribery detected in the course of performing their duties, including efforts to establish clear guidance on the level of suspicion that tax auditors need to make a report, and the kind of information that is needed to support the suspicion; (2009 Tax Recommendation, para. II) b) Urgently take steps to significantly increase awareness of the law enforcement authorities of the value of tax information to assist them with their foreign bribery investigations; (Convention, Article 5) c) Take measures that are feasible and appropriate in the Austrian legal system to restrict the routine practice of confronting tax payers about possible suspicious bribe payments before reporting them to the law enforcement authorities, to cases where there is a clear absence of risk that reporting will result in the destruction or concealment of evidence, and establish safeguards to ensure that taxpayers follow-through with their undertakings to self-report bribe payments to the law enforcement authorities. (Convention, Article 5; 2009 Tax Recommendation, para. II)	*Bewertung liegt noch nicht vor*
9. Concerning the prevention and detection of foreign bribery through the use of contracting opportunities for public advantages, the Working Group recommends that Austria: a) Raise awareness of the appropriate channels for making a report about foreign bribery in relation to official development assistance (ODA) contracting; (2009 Recommendation, para. IX) b) Clarify the rules for the sharing of information by the Austrian Export Credit Agency (OeKB) with the law enforcement authorities on suspicions of foreign bribery by official export credit support applicants and clients; (2009 Recommendation, para. IX) and c) Consider routinely checking debarment lists of multilateral financial institutions in relation to public procurement contracting. (2009 Recommendations, para. XI i)	*Bewertung liegt noch nicht vor*

Recommendations: Empfehlungen im Phase 2 und Phase 3-Bericht; Conclusions: Bewertung der Umsetzung der Empfehlungen in den Follow-up-Berichten. Quellen: Working Group 2006, 2008b, 2012a.

Korruptionsstrafrechtsreform 2008

Österreich hat 2006 seine Ratifikationsurkunde zur UN-Konvention hinterlegt und zum 1. Januar 2008 sein Bestechungsstrafrecht modifiziert. Diese Reform sah unter anderem in Bezug auf Amtsträger (in- und ausländische sowie internationale Beamte und sonstige Bedienstete in Gesetzgebung, Verwaltung oder Justiz mit Ausnahme österreichischer Abgeordneter) eine sehr weite Kriminalisierung der Vorteilsannahme und Vorteilsgewährung bei pflichtgemäßen Handlungen oder Unterlassungen vor. Ein weiterer Punkt war die Einführung eines eigenen, sehr engen Straftatbestands für die Bestechung inländischer Abgeordneter – nahezu identisch mit dem derzeitigen deutschen Straftatbestand (vgl. 2.7.4). Zudem wurden Straftatbestände für Bestechung und Bestechlichkeit bei Angestellten von Privatunternehmen ins Strafgesetzbuch eingefügt.

Bereits mit Wirkung zum 1. September 2009 revidierte Österreich viele der kürzlich zuvor beschlossenen Änderungen im Korruptionsstrafrecht. Die Reform der Reform sah unter anderem eine gewisse Einschränkung der Straftatbestände der Vorteilsannahme und Vorteilszuwendung bei pflichtgemäßen Handlungen oder Unterlassungen von Amtsträgern vor. Offenbar fürchtete man eine Überkriminalisierung, weil nach der ersten Gesetzesänderung wohl auch sozialadäquate oder eher belanglose Handlungen unter Strafandrohung standen. Der spezielle Straftatbestand der Abgeordnetenbestechung wurde aufgehoben; im Gegenzug wurde der Amtsträgerbegriff um inländische Abgeordnete erweitert. Österreichische Abgeordnete auf allen Ebenen wurden nun von den Straftatbeständen der Bestechlichkeit und Bestechung erfasst, nicht aber von den Bestimmungen hinsichtlich Vorteilsannahme und Vorteilszuwendung jenseits pflichtwidriger Handlungen. Der Straftatbestand der Bestechlichkeit von Angestellten in Privatunternehmen wurde leicht verschärft. Im Jahr 2012 kam es – nach einigen politischen Korruptionsskandalen und neuen zwischenstaatlichen Evaluierungsberichten – erneut zu einer Verschärfung von Bestechungsstraftatbeständen (z. B. Abgeordnetenbestechung). Es bleibt abzuwarten, wie Österreich die umfangreichen und detaillierten Empfehlungen der dritten GRECO- und OECD-Evaluierungsrunden (siehe Tabellen 28 und 29) umsetzen wird.

Spätere Korruptionsstrafrechtsreformen

4.2.4 Schweiz

Die Schweiz ist kein Mitgliedstaat der Europäischen Union und hat daher die beiden EU-Antikorruptionsübereinkommen nicht ratifiziert. Dafür trat sie dem Antikorruptionsregime der OECD relativ früh bei und ratifizierte auch das OECD-Bestechungsübereinkommen. Ähnlich wie Österreich beteiligte sich die Schweiz zunächst nicht bei GRECO. Erst 2006 wurde die Eidgenossenschaft Mitglied der Staatengruppe gegen Korruption des Europarats. Die Schweiz hat als einziges der deutschsprachigen Länder das Strafrechtsübereinkommen des Europarats über Korruption und das Zusatzprotokoll zum Strafrechtsübereinkommen ratifiziert. Das Zivilrechtsübereinkommen des Europarats über Korruption hat sie allerdings nicht einmal unterzeichnet. Die Eidgenossenschaft ist Vertragspartei der UN-Konvention gegen transnationale organisierte Kriminalität und der UN-Konvention gegen Korruption. Im Hinblick auf das letztgenannte Übereinkommen ist die Schweiz das einzige deutschsprachige Land, für das bislang ein Evaluierungsbericht im Rahmen des UN-Monitoringmechanismus vorliegt (UNODC 2012), der hier mangels Vergleichbarkeit allerdings nicht berücksichtigt wird. Durch den späten GRECO-Beitritt wurden bei der ersten Evaluierung der Schweiz die Evaluierungsrunden 1 und 2 in einem Bericht zusammengezogen. GRECO hat die schweizerischen Antikorruptionsbemühungen bisher folgendermaßen bewertet:

Die Schweiz in den internationalen Antikorruptionsregimen

Tab. 29: GRECO-Evaluierung (Runden 1 bis 3) – Schweiz

Recommendations	Conclusions
1. that the consultative group on corruption, or some other appropriate body, be given the necessary resources and powers to initiate a concerted anti-corruption strategy or policies at national level, bringing together the federation and cantons, administrative and judicial authorities, and drawing on interdisciplinary skills and specialists	implemented satisfactorily
2. i) to speedily clarify the current situation concerning the supervision of the prosecution service, in order to ensure its independence in both law and practice; ii) that consultations be undertaken on whether it is appropriate to establish a professional judicial body such as a judicial service commission or equivalent, to which responsibility for maintaining the independence of all the members of the federal judiciary could be delegated; iii) that the cantons be invited to discuss these matters	implemented satisfactorily
3. that i) more extensive specialist training on how to combat corruption be organised for all members of the judiciary – court judges, investigating judges and prosecutors – and for members of police branches specialising in this area; ii) the cantons be invited to do the same	implemented satisfactorily
4. to extend the scope of special investigation techniques to all serious cases of corruption, accompanied by appropriate safeguards for fundamental rights	partly implemented
5. to ensure that the requirement for prosecuting authorities to request authorisation to bring criminal proceedings against federal employees does not constitute an obstacle to the effective prosecution of corruption	implemented satisfactorily
6. to examine the need to extend the offence of money laundering to the more serious acts of corruption in the private sector	implemented satisfactorily
7. that the Swiss authorities i) initiate consultations on ways of ensuring that the federal legislation on the transparency principle is fully implemented and subject to an assessment; ii) invite the 13 cantons that do not yet have a body of regulations on transparency and access to public information to consider their adoption	implemented satisfactorily
8. invite the cantons to consider i) making all municipal and cantonal authorities subject to audit bodies/forms of financial control that are sufficiently independent and have adequate means at their disposal in terms of both powers and human and material resources; ii) encouraging audit/financial control bodies to report possible cases of corruption to the judicial authorities	implemented satisfactorily
9. i) that training for federal staff on issues relating to ethics, corruption and its prevention be strengthened; ii) to improve the management of conflicts of interest and to regulate migration of public officials to the private sector; iii) to invite the cantons to support these various efforts at their level	implemented satisfactorily

Recommendations	Conclusions
10. that i) the rules on gifts and presents be clarified for all federal employees and steps be taken to make staff more aware of the relevant codes of conduct and their importance in practice; ii) cantonal authorities be invited to consider the introduction of such measures	implemented satisfactorily
11. that legislation be enacted that would i) require federal employees to report suspicions of corruption; ii) offer proper protection to persons reporting such suspicions; and that iii) cantons that have not yet enacted such measures be invited to consider their adoption	implemented satisfactorily
12. i) that training sessions be organised for judges and prosecutors to familiarise them with the notion of legal persons' criminal liability, ii) that consideration be given to the introduction of additional penalties – such as exclusion from public tendering – and to the establishment of a criminal record for legal persons found guilty of offences	implemented satisfactorily
13. to examine, in consultation with the auditors' professional associations, how to improve the arrangements for reporting suspicions of serious offences, including corruption, to the authorities (for example directives and training on the identification and reporting of corruption)	implemented satisfactorily
Runde 3 (Strafrecht)	
1. to ensure that the offences of granting and receiving advantages in articles 322^{quinquies} and 322^{sexies} of the criminal code cover, unambiguously, cases in which the advantage is intended for a third party	*Bewertung liegt noch nicht vor*
2. to consider extending the offence of bribery of foreign and international public officials, judges and officials of international courts and foreign arbitrators and jurors to include acts that do not constitute a breach of duty or that do not relate to the exercise of their discretion, and thus withdrawing or not renewing its declarations under Article 36 of the Convention and Article 9 paragraph 1 of the Additional Protocol	*Bewertung liegt noch nicht vor*
3. to abolish the requirement for a prior complaint before prosecutions are brought for bribery in the private sector	*Bewertung liegt noch nicht vor*
4. to consider criminalising trading in influence in accordance with the various elements of Article 12 of the Criminal Law Convention on Corruption (ETS 173) and thus withdrawing or not renewing the reservation concerning this article of the Convention	*Bewertung liegt noch nicht vor*
5. to consider abolishing the dual criminality requirement for bribery offences committed abroad and thus withdrawing or not renewing the reservation to Article 17 of the Criminal Law Convention on Corruption (ETS 173)	*Bewertung liegt noch nicht vor*

Recommendations	Conclusions
Runde 3 (Parteienfinanzierung)	
1. (i) to introduce accounting rules for political parties and election campaigns that provide for full and appropriate accounts to be kept; (ii) to ensure that income, expenditure and the various elements of assets and liabilities are accounted for in detail and in full and presented in a coherent format; (iii) to explore ways of consolidating accounts to include parties' cantonal and local branches and bodies directly or indirectly linked to them or otherwise under their control; (iv) to ensure that adequate financial information is readily available to the public in good time; (v) where appropriate, to invite the cantons to adapt their own regulations in line with this recommendation	*Bewertung liegt noch nicht vor*
2. (i) to introduce a general obligation for political parties and candidates to elections to provide information on all donations received, including donations in kind, above a certain size; (ii) to introduce a general ban on donations from persons or bodies that fail to reveal their identity to the political party or candidate concerned; (iii) to invite cantons that do not yet have such measures to adopt them	*Bewertung liegt noch nicht vor*
3. (i) to seek ways of increasing the transparency of the financing of political parties and election campaigns by third parties; (ii) to invite also the cantonal authorities to consider these matters	*Bewertung liegt noch nicht vor*
4. (i) to ensure that, as far as possible, independent audits are carried out on political parties subject to the obligation to maintain accounts and on election campaigns accounts; and (ii) to invite cantons to do the same	*Bewertung liegt noch nicht vor*
5. (i) to ensure the effective and independent supervision of the financing of political parties, and election campaigns, in accordance with Article 14 of Council of Europe Recommendation Rec(2003)4 on common rules against corruption in the funding of political parties and election campaigns; and (ii) to invite cantons to do the same	*Bewertung liegt noch nicht vor*
6. that the future rules on the financing of political parties and election campaigns be accompanied by effective, proportionate and dissuasive sanctions	*Bewertung liegt noch nicht vor*

Recommendations: Empfehlungen im gemeinsamen Runde 1 und 2- sowie im Runde 3-Evaluierungs-bericht; Conclusions: Bewertung der Umsetzung der Empfehlungen im Compliance-Bericht. Quellen: GRECO 2008b, 2010b, 2011f, 2011g.

Bislang gute Bewertungen von GRECO

GRECO beschloss in ihrem ersten Evaluierungsbericht lediglich 13 Empfehlungen zur Optimierung der Korruptionsbekämpfung in der Schweiz. Die ansonsten nicht immer für rasche politische Entscheidungsfindung bekannte Eidgenossenschaft setzte bis auf eine Ausnahme sämtliche Empfehlungen innerhalb von zwei Jahren vollständig um. Dieser politische Reformeifer wurde von GRECO als vorbildlich bezeichnet. Lediglich der empfohlenen stärkeren Berücksichtigung der Korruption im privaten Sektor (im Hinblick auf spezielle Ermittlungstechniken und als Vortat der Geldwäsche) ist die Schweiz noch nicht vollständig nachgekommen. Auch in der Evaluierungsrunde 3 hat GRECO vergleichsweise wenige

Empfehlungen an die Schweiz gerichtet. Im Bereich Strafrecht geht es überwiegend um die Rücknahme von Vorbehalten hinsichtlich des Strafrechtsübereinkommens über Korruption. Hinsichtlich der Transparenz der Parteienfinanzierung hat GRECO allerdings ganz grundsätzliche Empfehlungen ausgesprochen. Hier fehlt es bislang in der Eidgenossenschaft selbst an rudimentären Standards, und es bleibt abzuwarten, ob die schweizerischen Politiker hier in kurzer Zeit einen radikalen Politikwechsel in eigener Sache beschließen werden.

Die letzte Compliancebewertung der OECD Working Group on Bribery fiel zurückhaltender aus als die GRECO-Einschätzung. Von zehn Empfehlungen hatte die Schweiz zum Zeitpunkt des Follow-up-Berichts nur zwei vollständig und die restlichen teilweise implementiert. Die Working Group erkannte allerdings an, dass verschiedene Maßnahmen – die später von GRECO so gelobt wurden – zwar noch nicht komplett umgesetzt, aber immerhin schon initiiert waren. In ihrer dritten Evaluierungsrunde sieht die Working Group Verbesserungspotential u. a. bei den Möglichkeiten zur Aufdeckung von Bestechungsfällen in den Bereichen Steuer- und Buchhaltungsprüfung. Die Schweiz solle ferner regelmäßig überprüfen, ob ihre Strafverfolgungsbehörden für eine wirkungsvolle Bekämpfung der Auslandsbestechung ausreichend ausgestattet seien. Außerdem sollte der Hinweisgeberschutz verstärkt und die Informationsmaßnahmen über das Verbot der Auslandsbestechung (gerade im Hinblick auf den Mittelstand) intensiviert werden. Insgesamt werfen die Evaluierungsberichte von GRECO und OECD Working Group ein recht positives Licht auf die Antikorruptionsbemühungen der Schweiz.

Befriedigende Umsetzung der OECD-Empfehlungen

Tab. 30: OECD-Evaluierung (Runden 2 und 3) – Schweiz

Recommendations	Conclusions
1. a) Pursue and amplify its awareness-building efforts directed at the private sector, paying particular attention, in co-operation with the relevant economic players, to small and medium-sized enterprises operating internationally	partially implemented
b) Pursue its efforts to raise awareness within the public administration, paying attention in particular to cantonal and federal employees who could play a role in detecting and reporting acts of bribery	partially implemented
2. Pursue its efforts to ensure greater transparency in corporate accounts and the independence of auditing bodies, and encourage the Swiss Institute of Certified Accountants and Tax Consultants to complete promptly the on-going process of amendment of auditing standards	partially implemented
3. a) Consider the establishment in federal legislation of a formal obligation for any federal authority, civil servant or public official, including those in charge of export credits, to report indications of a possible act of bribery to competent authorities, and engage consultations with the cantons so as to encourage them to institute a similar obligation in cantonal legislation where such an obligation is currently lacking	fully implemented

Recommendations	Conclusions
b) Proceed, in accordance with Switzerland's expressed position, to the drafting of a circular for federal and cantonal tax authorities specifying the nature and tax aspects of the foreign bribery offence, so as to encourage detection of acts of bribery abroad, and to review disclosure rules to ensure that officials discovering suspicious facts report them to the competent judicial authorities	partially implemented
c) Examine measures to ensure effective protection for persons co-operating with enforcement authorities, and especially for employees who in good faith report suspected acts of bribery so as to encourage such persons to report them without fear of dismissal	partially implemented
d) Given the important role of the auditing of accounts in detecting suspicious transactions related to the bribery of foreign public officials, consider extending mandatory reporting obligations for auditors contained in the draft bill to amend the Code of Obligations, by establishing an express obligation for auditors to report to the prosecutorial authorities any evidence of possible corrupt practices by the entities whose accounts they audit in the event that the entities' executive bodies, after being duly advised, refrain from taking action	fully implemented
e) Raise the awareness of supervisory authorities about the importance of utilising the full range of available sanctions so as to punish more dissuasively any infringements of vigilance requirements established with regard to the fight against money-laundering and of the obligation to report suspected money laundering related to foreign bribery	partially implemented
4. a) Pursue the efforts undertaken to bolster the effectiveness of the prosecution of offences relating to the bribery of foreign public officials, by considering measures to streamline the process of appeal with respect to mutual judicial assistance requests	partially implemented
b) In order to strengthen the overall effectiveness of sanctions for the offence of bribery of foreign public officials, consider, in the context of the amendment of the federal law on public procurement, the temporary or permanent disqualification from any public procurement of enterprises convicted of bribing foreign public officials, and consider a similar approach for export credits	partially implemented
Runde 3	
1. Regarding criminal liability of legal persons, the Working Group recommends that Switzerland clarify the concept of 'defective organisation' for law enforcement authorities, including by way of specialised training [2009 Recommendation, Annex I, D]	*Bewertung liegt noch nicht vor*
2. Regarding investigations and prosecutions, the Working Group recommends that Switzerland: a) encourage cantons where the Office of the Attorney General remains subject to a public authority, to ensure its autonomy in relation to such authority [Convention, Article 5; 2009 Recommendation, Annex I, D]; b) periodically review the resources available to law enforcement authorities in order to effectively combat bribery of foreign public officials [2009 Recommendation, V and Annex I, D]	*Bewertung liegt noch nicht vor*

Recommendations	Conclusions
3. In relation to the use of special procedures and the mechanism for Reparation, the Working Group recommends that Switzerland, where appropriate and in conformity with the applicable procedural rules, make public in a more detailed manner, the reasons for using that particular procedure, as well as the basis for the decision and the sanctions that were ordered. [Convention, Article 3]	*Bewertung liegt noch nicht vor*
4. Regarding money laundering, the Working Group recommends that Switzerland consider establishing a statutory limitation period for money laundering in connection with the foreign bribery offence, when it does not amount to aggravated money laundering under article 305bis(2) SCC, that allows sufficient time for investigation and prosecution of such cases [2009 Recommendation, III (ii)]	*Bewertung liegt noch nicht vor*
5. Regarding mutual legal assistance, the Working Group recommends that Switzerland produce more detailed statistics on MLA requests received, sent and rejected, so as to identify more precisely the proportion of those requests that concern bribery of foreign public officials, laundering of the proceeds of foreign bribery, and assets seized, confiscated and returned in the context of MLA, and that it invite the cantons to provide the necessary data to the Central Authority [Convention, Article 9; 2009 Recommendation XIV (vi)]	*Bewertung liegt noch nicht vor*
6. Regarding small facilitation payments, the Working Group recommends that Switzerland undertake to periodically review its policies and approach on small facilitation payments in order to effectively combat the phenomenon and encourage companies to prohibit or discourage the use of such payments in ethics programs or other internal policies.	*Bewertung liegt noch nicht vor*
7. Regarding accounting standards, external audit and corporate compliance programmes, the Working Group recommends that Switzerland: a) continue its efforts, including in the context of the current legislative move to reform accounting law, to encourage disclosure by companies, in order to improve the prevention and detection of bribery of foreign public officials [Convention, Article 8; 2009 Recommendation X. A (ii)]; b) consider requiring external auditors to report suspected acts of bribery of foreign public officials to competent authorities independent of the company, such as law enforcement or regulatory authorities, and, where appropriate, ensuring that auditors making such reports reasonably and in good faith are protected from legal action [2009 Recommendation X. B (v)]; c) continue its efforts, in cooperation with business associations, to encourage companies, in particular SMEs, to develop internal control and compliance mechanisms [2009 Recommendation X. C. (i) and (ii)]	*Bewertung liegt noch nicht vor*

Recommendations	Conclusions
8. Regarding tax measures to combat bribery of foreign public officials, the Working Group recommends that Switzerland: a) reinforce awareness in the federal and cantonal tax administrations with respect to hidden commissions, detection techniques, and the procedure to be followed in reporting to law enforcement authorities [2009 Recommendation VIII; 2009 Tax Recommendation II]; b) take appropriate measures to reinforce the intensity and frequency of official on-site inspections of companies susceptible to bribery of foreign public officials [2009 Recommendation VIII; 2009 Tax Recommendation I. ii) et II.]; c) encourage cantons that do not yet have reporting obligations for their tax officials, to consider putting in place such measures [2009 Recommendation VIII; 2009 Tax Recommendation II]	*Bewertung liegt noch nicht vor*
9. Regarding awareness of the offence of bribery of foreign public officials, the Working Group recommends that Switzerland to continue its efforts, in particular by an even more targeted awareness-raising for SMEs, and an intensified focus on the issue of transnational bribery in the training courses and modules for federal and cantonal employees who could play a role in detecting and reporting acts of bribery [2009 Recommendation III (i) and IX (ii)]	*Bewertung liegt noch nicht vor*
10. Regarding reporting of allegations of foreign bribery, the Working Group recommends that Switzerland: a) consider expanding the reporting obligation to employees of federal entities not covered by the federal personnel law, in particular those of the Swiss Export Risk Insurance and FINMA; b) encourage the cantons that have not yet adopted such measures to consider instituting them; c) inform federal employees explicitly of their obligation to report all instances of corruption, including bribery of foreign public officials, and encourage the cantons to do the same for their own employees subject to such an obligation or for whom there are internal reporting mechanisms [2009 Recommendation IX (i) and (ii)]	*Bewertung liegt noch nicht vor*
11. Regarding whistleblower protection, the Working Group recommends that Switzerland adopt promptly an appropriate regulatory framework to protect private sector employees from any discriminatory or disciplinary action when they report suspicions of bribery of foreign public officials in good faith and on reasonable grounds [2009 Recommendation IX (iii)]	*Bewertung liegt noch nicht vor*

Recommendations	Conclusions
12. Regarding public advantages, the Working Group recommends that Switzerland: a) take the necessary measures to put in place systematic mechanisms allowing for the exclusion of companies convicted of bribery of foreign public officials in violation of national law from public procurement contracts or contracts funded by official development assistance [2009 Recommendation XI (i)]; b) to apply a more systematic approach to enhanced due diligence and to the consequences for an exporter or for an applicant if he or she is the subject of bribery allegations or convictions either before or after the approval of the contract, in order to better implement the 2006 Recommendation in practice [2006 Recommendation 1]	*Bewertung liegt noch nicht vor*

Recommendations: Empfehlungen in den Phase 2- und Phase 3-Berichten; Conclusions: Bewertung der Umsetzung der Empfehlungen im Phase-2-Follow-up-Bericht. Quellen: Working Group 2005c, 2007b, 2011e.

Das OECD-Bestechungsübereinkommen führte dazu, dass die Schweiz im Jahr 2000 die Bestechung ausländischer und internationaler Amtsträger unter Strafe stellte und 2003 ein Unternehmensstrafrecht einführte. Im Zuge der Ratifizierung des Strafrechtsübereinkommens und des Zusatzprotokolls des Europarats über Korruption kriminalisierte die Eidgenossenschaft 2006 auch die Bestechlichkeit ausländischer und internationaler Amtsträger. Zudem wurde in diesem Zusammenhang ein Verbot der Bestechung und Bestechlichkeit im privaten Sektor in das Gesetz gegen den unlauteren Wettbewerb eingefügt. Die Kriminalisierung der Abgeordnetenbestechung ist in der Schweiz bislang noch nicht unter Internationalisierungsdruck geraten. Im Unterschied zu Deutschland enthält das schweizerische Strafrecht hier keinen eigenen Straftatbestand; Abgeordnete unterliegen als „Mitglieder einer Behörde" denselben Bestechungsvorschriften wie Beamte, auch den Bestimmungen über Vorteilsannahme oder -gewährung ohne Pflichtverletzung (van Aaken 2005: 415). Bei der Kriminalisierung der transnationalen Korruption verwendete man denselben Ansatz und stellte damit Bestechung und Bestechlichkeit ausländischer und internationaler Parlamentarier umfassend unter Strafe.

(Marginalie: Internationalisierung des Korruptionsstrafrechts mit Ausnahme der Abgeordnetenbestechung)

4.2.5 Vergleich der internationalisierten Antikorruptionspolitiken

Deutschland, Liechtenstein, Österreich und die Schweiz weisen trotz vieler Gemeinsamkeiten auch unterschiedliche Ansätze bei der Korruptionsbekämpfung auf. Dies zeigt sich auch im Umgang mit den internationalen Antikorruptionsregimen. Deutschland beteiligte sich jeweils frühzeitig an den Antikorruptionsaktivitäten von EU, Europarat, OECD und Vereinten Nationen. Allerdings gehört die Bundesrepublik mittlerweile in Europa zu den Schlusslichtern, was die Ratifizierung internationaler Antikorruptionsübereinkommen anbelangt. Liechtenstein hielt sich wohl primär aus Gründen seiner Kleinstaatlichkeit (und möglicherweise zur Bewahrung von devianten Regulierungsnischen) zunächst bei der

(Marginalie: Die vier Länder in den internationalen Antikorruptionsregimen)

Internationalisierung der Korruptionsbekämpfung zurück und entschied sich für die Mitwirkung am UN-Antikorruptionsregime. Im Zuge der Steueraffäre und der Neuausrichtung seiner internationalen Kooperationspolitik trat das Fürstentum jedoch dann auch GRECO bei. Österreich und die Schweiz beteiligten sich früh an den Antikorruptionsregimen von OECD und UN, warteten hinsichtlich einer GRECO-Mitgliedschaft aber mehrere Jahre ab. Bei der Politik gegenüber den wichtigsten Antikorruptionsübereinkommen zeigt sich ebenfalls eine gewisse Divergenz:

Tab. 31: Deutschsprachige Länder und Antikorruptionsabkommen

	EU-Bestechungsprotokoll und -übereinkommen	Strafrechtsübereinkommen Europarat	Protokoll zum Strafrechtsübereinkommen	Zivilrechtsübereinkommen Europarat	OECD-Übereinkommen	UN-Konvention gg. org. Kriminalität	UN-Konvention gg. Korruption
AUS	ratifiziert	unterzeichnet		ratifiziert	ratifiziert	ratifiziert	ratifiziert
CH		ratifiziert	ratifiziert		ratifiziert	ratifiziert	ratifiziert
D	ratifiziert	unterzeichnet	unterzeichnet	unterzeichnet	ratifiziert	ratifiziert	unterzeichnet
FL		unterzeichnet	unterzeichnet			ratifiziert	ratifiziert

Quelle: Eigene Zusammenstellung.

Antikorruptionspolitik aus Sicht von GRECO und OECD Working Group on Bribery

Die Schaffung rechtlicher und institutioneller Rahmenbedingungen für eine effektive Prävention und Repression der Korruption in den deutschsprachigen Ländern wird von GRECO und der OECD Working Group on Bribery unterschiedlich beurteilt. Deutschland hat die Empfehlungen in den ersten beiden GRECO-Evaluierungsrunden und der OECD Phase-2-Evaluierung überwiegend gut umgesetzt, erntete in der dritten GRECO-Evaluierungsrunde aber massive Kritik. Die Schweiz zeigte gegenüber den anderen Ländern den größten Reformeifer und wurde hierfür von GRECO ausdrücklich gelobt. Die schweizerischen Bestimmungen zur Parteienfinanzierung entsprechen aber kaum den Europaratsstandards. Österreich weist vor allem aus der Perspektive von GRECO etliche Mängel hinsichtlich der Rahmenbedingungen der Korruptionsbekämpfung auf und setzte bislang nur einen Teil der zahlreichen Empfehlungen um. Es bleibt abzuwarten, ob und wie Liechtenstein die zahlreichen Empfehlungen im ersten GRECO-Evaluierungsbericht implementieren wird.

Tab. 32: GRECO-Evaluierung (Runden 1 und 2 quantitativ)

	Empfeh-lungen	Satisfactorily implemented	Dealt with in a satisfactory manner	Partly imple-mented	Not imple-mented
AUS	24	9 (37,5 %)	3 (12,5 %)	7 (29,2 %)	5 (20,8 %)
CH	13	12 (92,3 %)	0	1 (7,7 %)	0
D	12	4 (33,3 %)	5 (41,7 %)	3 (25 %)	0

Quelle: Eigene Zusammenstellung. Keine Berücksichtigung der Phase 3 (Compliance-Bericht liegt bisher nur für Deutschland vor). Für Liechtenstein liegt bislang nur ein Evaluierungsbericht vor.

Tab. 33: OECD-Evaluierung (Phase 2 quantitativ)

	Empfeh-lungen	Satisfactorily implemented	Partially implemented	Not implemented	Recom-mendation considered
AUS	19	10 (52,6 %)	1 (5,3 %)	8 (42,1 %)	0
CH	10	2 (20 %)	8 (80 %)	0	0
D	9	4 (44,4 %)	1 (11,1 %)	2 (22,2 %)	2 (22,2 %)

Quelle: Eigene Zusammenstellung. Keine Berücksichtigung der Phase 3 (Compliance-Bericht liegt bisher nur für Deutschland vor).

Vor dem Hintergrund der internationalen Antikorruptionsvorgaben haben die vier deutschsprachigen Länder ihr Korruptionsstrafrecht unterschiedlich weiterent-wickelt. Deutschland hat bislang nur die Minimalvorgaben der ratifizierten An-tikorruptionsübereinkommen umgesetzt. So wurde die Bestechung ausländischer und internationaler Amtsträger in gewissem Rahmen unter Strafe gestellt, aber die Straftatbestände für Abgeordnetenbestechung und Bestechung im privaten Sek-tor werden seit Jahren nicht reformiert (vgl. 2.7.4). Liechtenstein hat die Refor-men des Korruptionsstrafrechts in Österreich in den Jahren 2008, 2009 und 2012 bislang nicht rezipiert, steht jetzt aber seit der Ratifizierung der UN-Konvention gegen Korruption und dem Beitritt zu GRECO unter gewissem Handlungsdruck, insbesondere was die Kriminalisierung der Abgeordnetenbestechlichkeit anbe-langt. Österreich hat sein Korruptionsstrafrecht vor dem Hintergrund internatio-naler Normen und einiger Korruptionsskandale in den letzten Jahren mehrfach und umfassend reformiert. Die Schweiz hat die meisten Bereiche ihres Korrupti-onsstrafrechts ebenfalls aufgrund der internationalen Vorgaben erweitert. Wegen des bereits hohen Niveaus der Kriminalisierung der Bestechung inländischer Ab-geordneter gab es hier im Unterschied zu den anderen deutschsprachigen Ländern keinen Reformbedarf. Der Überblick zeigt, dass die internationalen Antikorrupti-onsnormen fast flächendeckend zu Strafrechtsänderungen geführt haben oder in den nächsten Jahren wohl noch führen werden.

Reformen des Korruptions-strafrechts

Tab. 34: Internationalisierung von Bestechungsstraftatbeständen

	Inländische Amtsträger	Inländische Abgeordnete	Privater Sektor	Ausländische und internationale Amtsträger
AUS	Internationalisierung	Internationalisierung	Internationalisierung	Internationalisierung
CH	Keine Internationalisierung	Keine Internationalisierung	Internationalisierung	Internationalisierung
D	Keine Internationalisierung	Reformbedarf	Reformbedarf	Internationalisierung
FL	Reformbedarf	Reformbedarf	Reformoption	Internationalisierung

Quelle: *Eigene Zusammenstellung.*

5   Schlussbetrachtung

Korruptionsbekämpfung hat sich seit Anfang der 1990er Jahre von einem rein nationalen, relativ begrenzten und kaum beachteten Thema zu einem stark internationalisierten, auf immer weitere Sektoren ausstrahlenden, in Gesellschaft und Medien vielfach diskutierten Politikfeld entwickelt. In den vorigen Kapiteln konnte zumindest grob skizziert werden, dass die Strukturen, Interessenkonstellationen und Strategien der hieran beteiligten Akteure relativ komplex sind. Ähnliches gilt für die politischen Steuerungsinstrumente: Umfassende Antikorruptionspolitiken betreffen zahlreiche Rechtsmaterien sowie unter anderem organisatorische, personalpolitische, transparenzorientierte und finanzielle Maßnahmen auf unterschiedlichen Ebenen. Zudem stellt sich in vielen Bereichen das Problem, relativ wenig über die Auswirkungen von Korruption und Antikorruptionsinstrumenten zu wissen. Es existiert keine allgemein akzeptierte Korruptionsdefinition, und Korruption lässt sich auch unter Verwendung verschiedener Methoden immer nur annäherungsweise messen. Zudem besteht angesichts des übergreifenden Antikorruptionskonsenses die Gefahr, dass etwaige Kosten, Nachteile und sonstige nicht intendierte Folgen einzelner Korruptionsbekämpfungsmaßnahmen unter Umständen nur unzureichend mit den ohnehin schwer abschätzbaren Vorteilen abgewogen werden.

Korruptionsbekämpfung: ein komplexes Politikfeld

Die Wissenschaft hat sich – wie die Politik – jahrzehntelang wenig für das Thema Korruption interessiert. In den letzten Jahren ist die Literatur über Korruption und Korruptionsbekämpfung allerdings kaum noch überschaubar geworden. Dennoch wird das Thema zumindest in der deutschen Politikwissenschaft immer noch eher selten auf universitärem Niveau bearbeitet. Die politikwissenschaftliche Korruptionsforschung hat bislang keine spezifischen Methoden oder Theorien hervorgebracht. Korruption und Korruptionsbekämpfung lassen sich aber beispielsweise mit Ansätzen der Politikfeldforschung, der Internationalen Beziehungen, der politischen Theorie oder der vergleichenden Systemanalyse untersuchen. Oft ergeben sich Bezüge zu angrenzenden Wissenschaften. Korruption ist einerseits ein stark normativ aufgeladenes und andererseits vergleichsweise unscharfes Phänomen. Das bringt einige Besonderheiten mit sich, stellt aber nicht grundsätzlich die Anwendung bewährter politikwissenschaftlicher Ansätze in Frage. Auch wenn Wissenschaftler gern in die übergroße Koalition gegen Korruption eingebunden werden, sollten sie sich eine nötige Distanz bewahren und nicht nur die Vor- und Nachteile von Antikorruptionspolitiken, sondern auch die verschiedenen Interessen der beteiligten Akteure herausarbeiten. Schließlich sollten sie auch kritisch im eigenen Umgang mit dem Forschungsthema Korruption sein.[92]

(Politik-)Wissenschaft und das Thema Korruption

---

92 Krastev (2009) kritisiert eine „neue Antikorruptionswissenschaft", die sich vor allem auszeichne durch die Dominanz der Ökonomie, den Glauben an die Quantifizierbarkeit von Korruption und die Dekontextualisierung im Sinne eines Festmachens von Korruption an (fehlenden) Institutionen und Regeln anstelle von nicht verallgemeinerbaren kulturellen Faktoren.

Hinweise für
studentische
Forschung über
Korruption

Studierende und Interessierte, die zu Korruption und Korruptionsbekämpfung politik- und verwaltungswissenschaftlich arbeiten möchten, sollten nach Möglichkeit die in den vorigen Kapiteln benannten Besonderheiten und Schwierigkeiten dieser Themen berücksichtigen. Sehr beliebt sind Fragestellungen wie „Welche Auswirkungen hat Korruption/haben bestimmte Antikorruptionsmaßnahmen auf X?" oder „Was bedeutet Y für das Korruptionsniveau in Z?". So erstrebenswert die Antworten auf derartige Fragen oft sein mögen, so schwierig sind sie in der Forschungspraxis zu erlangen. Wie bereits mehrmals skizziert wurde, ist Korruption ein unscharfes und nur sehr begrenzt messbares Phänomen, und zahlreiche bekannte und unbekannte Faktoren können die tatsächliche Verbreitung von Korruption in ihren unterschiedlichen Erscheinungsformen oder die Folgen von Korruptionsbekämpfungsmaßnahmen beeinflussen. Daher erscheint es zumindest für Einsteiger ratsam, sich dem Forschungsthema Korruption zunächst mit vergleichsweise einfach handhabbaren Fragestellungen und Ansätzen aus etablierten Bereichen der Politik- und Sozialwissenschaft auf niedrigem bis mittlerem Abstraktionsniveau zu nähern. So lassen sich beispielsweise Diskurse über Korruption und Korruptionsbekämpfung einfacher analysieren als der Zusammenhang solcher Diskurse mit dem realen Korruptionsniveau. Trotz ihrer Besonderheiten kann Antikorruptionspolitik in vielerlei Hinsicht als ein relativ normales Politikfeld angesehen und auch als solches analysiert werden. Das macht das Thema nicht weniger spannend.

6   Anhang

6.1   Corruption Perceptions Index 2012

Tab. 35: CPI 2012

Rang	Land/ Gebiet	CPI Wert 2012	Zahl der Um- fragen	Stan- dard- abwei- chung	90 % Vertrauens- intervall		Umfang	
					untere Grenze	obere Grenze	Min	Max
1	Dänemark	90	7	2,0	87	93	83	98
1	Finnland	90	7	3,0	85	95	83	100
1	Neuseeland	90	7	2,2	87	94	83	98
4	Schweden	88	7	1,9	85	91	82	97
5	Singapur	87	9	2,1	83	90	79	99
6	Schweiz	86	6	2,6	81	90	73	90
7	Australien	85	8	1,1	83	86	80	89
7	Norwegen	85	7	1,6	82	87	78	89
9	Kanada	84	7	2,2	80	87	74	89
9	Niederlande	84	7	2,0	81	88	73	89
11	Island	82	6	4,1	75	89	71	98
12	Luxemburg	80	6	2,8	75	85	71	89
13	Deutschland	79	8	2,3	75	83	73	89
14	Hongkong	77	8	1,9	74	80	69	83
15	Barbados	76	3	6,7	65	87	66	88
16	Belgien	75	7	2,4	71	78	71	89
17	Japan	74	9	2,3	70	78	57	79
17	Großbritan- nien	74	8	1,3	72	77	69	81
19	USA	73	9	4,1	66	79	50	89
20	Chile	72	9	2,1	69	76	63	82
20	Uruguay	72	6	1,5	70	75	69	79
22	Bahamas	71	3	1,0	70	73	69	73
22	Frankreich	71	8	2,4	67	75	57	79
22	St. Lucia	71	3	0,8	70	73	70	73
25	Österreich	69	8	2,4	65	73	59	79

Rang	Land/ Gebiet	CPI Wert 2012	Zahl der Um- fragen	Stan- dard- abwei- chung	90 % Vertrauens- intervall		Umfang	
					untere Grenze	obere Grenze	Min	Max
25	Irland	69	6	3,5	64	75	54	78
27	Katar	68	6	6,4	58	79	49	89
27	Vereinigte Arabische Emirate	68	7	4,3	61	75	54	86
29	Zypern	66	4	2,4	63	70	62	71
30	Botsuana	65	7	1,9	62	68	60	72
30	Spanien	65	7	2,9	60	69	52	73
32	Estland	64	8	3,0	59	69	50	75
33	Bhutan	63	3	3,6	57	69	58	70
33	Portugal	63	7	2,5	59	67	54	73
33	Puerto Rico	63	3	4,9	55	71	54	71
36	St. Vincent und die Gre- nadinen	62	3	5,6	53	71	54	73
37	Slowenien	61	8	3,9	55	67	45	73
37	Taiwan	61	7	3,9	54	67	50	79
39	Kap Verde	60	4	3,8	54	67	52	70
39	Israel	60	5	2,9	55	64	52	68
41	Dominica	58	3	2,3	55	62	54	63
41	Polen	58	10	2,0	55	62	47	65
43	Malta	57	4	2,4	53	61	52	63
43	Mauritius	57	5	3,5	51	63	52	71
45	Südkorea	56	10	2,4	52	60	47	67
46	Brunei	55	3	9,1	40	70	41	72
46	Ungarn	55	10	3,5	49	61	37	71
48	Costa Rica	54	5	7,0	43	66	31	71
48	Litauen	54	7	5,3	45	63	31	71
50	Ruanda	53	5	6,3	42	63	40	77
51	Georgien	52	6	6,0	42	62	32	70
51	Seychellen	52	4	8,0	38	65	32	71
53	Bahrain	51	5	4,1	44	58	36	61
54	Tschechische Republik	49	10	2,9	44	53	34	62

Rang	Land/ Gebiet	CPI Wert 2012	Zahl der Umfragen	Standardabweichung	90 % Vertrauensintervall		Umfang	
					untere Grenze	obere Grenze	Min	Max
54	Lettland	49	6	4,0	42	55	31	58
54	Malaysia	49	9	3,4	44	55	31	62
54	Türkei	49	9	2,1	45	52	38	57
58	Kuba	48	4	4,1	41	55	36	54
58	Jordanien	48	7	3,1	43	54	36	57
58	Namibia	48	6	3,5	42	54	38	63
61	Oman	47	5	7,6	35	60	32	75
62	Kroatien	46	8	3,1	41	51	32	54
62	Slowakei	46	8	4,3	39	53	30	62
64	Ghana	45	9	3,8	39	51	28	58
64	Lesotho	45	5	4,6	38	53	37	63
66	Kuwait	44	5	3,9	37	50	32	52
66	Rumänien	44	8	3,7	38	50	32	60
66	Saudi Arabien	44	5	6,4	34	55	32	69
69	Brasilien	43	8	3,3	38	49	31	58
69	Mazedonien	43	6	4,7	35	51	21	50
69	Südafrika	43	9	2,5	39	48	32	55
72	Bosnien und Herzegowina	42	7	2,3	38	46	35	54
72	Italien	42	7	2,4	38	46	37	55
72	São Tomé und Príncipe	42	3	5,0	34	50	32	47
75	Bulgarien	41	8	3,8	35	47	29	62
75	Liberia	41	7	3,9	35	47	28	55
75	Montenegro	41	4	4,5	34	49	32	53
75	Tunesien	41	7	2,8	36	45	28	50
79	Sri Lanka	40	7	1,3	38	42	35	44
80	China	39	9	2,9	34	43	28	55
80	Serbien	39	7	2,6	35	44	31	49
80	Trinidad und Tobago	39	4	4,5	32	47	31	52
83	Burkina Faso	38	7	4,4	31	45	23	55
83	El Salvador	38	6	2,8	33	43	25	45

Rang	Land/ Gebiet	CPI Wert 2012	Zahl der Um-fragen	Stan-dard-abwei-chung	90 % Vertrauens-intervall		Umfang	
					untere Grenze	obere Grenze	Min	Max
83	Jamaika	38	6	2,2	35	42	31	47
83	Panama	38	6	3,1	33	44	31	52
83	Peru	38	7	2,1	35	42	29	45
88	Malawi	37	8	1,5	34	39	31	45
88	Marokko	37	8	3,2	32	43	25	54
88	Suriname	37	3	3,2	31	42	31	42
88	Swasiland	37	4	2,1	33	40	32	42
88	Thailand	37	8	1,6	34	40	31	45
88	Sambia	37	8	3,1	32	42	23	50
94	Benin	36	6	4,3	29	44	18	47
94	Kolumbien	36	7	2,6	32	40	29	50
94	Dschibuti	36	3	8,6	22	50	23	52
94	Griechenland	36	7	3,6	30	42	21	49
94	Indien	36	10	2,1	33	40	24	47
94	Moldau	36	8	2,6	31	40	25	47
94	Mongolei	36	7	2,6	32	40	26	47
94	Senegal	36	9	1,8	33	39	32	47
102	Argentinien	35	8	2,6	31	39	19	41
102	Gabun	35	5	2,1	32	38	31	42
102	Tansania	35	8	2,1	31	38	22	41
105	Algerien	34	6	3,3	29	40	20	42
105	Armenien	34	6	2,7	29	38	21	40
105	Bolivien	34	7	3,7	28	40	17	47
105	Gambia	34	5	7,0	22	45	17	57
105	Kosovo	34	3	1,5	32	37	31	36
105	Mali	34	6	4,0	27	40	18	47
105	Mexiko	34	9	1,7	31	37	27	42
105	Philippinen	34	9	2,2	30	37	21	42
113	Albanien	33	7	2,0	30	36	23	39
113	Äthiopien	33	8	1,6	30	36	23	38
113	Guatemala	33	6	2,7	28	37	21	40
113	Niger	33	5	3,1	28	38	21	40
113	Timor-Leste	33	3	5,6	23	42	23	43

Rang	Land/ Gebiet	CPI Wert 2012	Zahl der Um- fragen	Stan- dard- abwei- chung	90 % Vertrauens- intervall		Umfang	
					untere Grenze	obere Grenze	Min	Max
118	Domini- kanische Republik	32	6	2,7	28	37	23	42
118	Ecuador	32	6	2,9	28	37	21	41
118	Ägypten	32	7	3,1	27	37	17	44
118	Indonesien	32	9	2,9	27	37	21	50
118	Madagaskar	32	8	3,2	26	37	17	42
123	Belarus	31	5	3,6	25	37	22	43
123	Mauretanien	31	5	3,5	25	36	23	42
123	Mosambik	31	7	1,6	29	34	25	38
123	Sierra Leone	31	8	1,9	28	34	21	40
123	Vietnam	31	8	2,5	27	35	21	41
128	Libanon	30	6	2,3	27	34	23	38
128	Togo	30	5	3,4	24	35	23	42
130	Côte d'Ivoire	29	8	2,4	25	33	19	38
130	Nicaragua	29	7	2,1	26	32	21	37
130	Uganda	29	8	2,2	25	32	22	38
133	Komoren	28	3	7,5	15	40	17	42
133	Guyana	28	4	2,1	25	31	23	32
133	Honduras	28	6	2,4	24	32	21	35
133	Iran	28	6	4,6	20	35	19	43
133	Kasachstan	28	8	4,1	21	35	11	48
133	Russland	28	9	2,2	25	32	21	43
139	Aserbaid- schan	27	6	2,5	23	31	21	38
139	Kenia	27	8	2,2	24	31	19	35
139	Nepal	27	5	2,4	23	31	22	35
139	Nigeria	27	9	2,7	22	31	17	38
139	Pakistan	27	8	2,3	23	31	19	38
144	Bangladesch	26	7	4,1	20	33	21	50
144	Kamerun	26	8	3,5	20	32	12	41
144	Zentralaf- rikanische Republik	26	4	2,4	22	30	22	32

| Rang | Land/ Gebiet | CPI Wert 2012 | Zahl der Um-fragen | Stan-dard-abwei-chung | 90 % Vertrauens-intervall | | Umfang | |
					untere Grenze	obere Grenze	Min	Max
144	Republik Kongo	26	6	3,3	20	31	19	40
144	Syrien	26	5	2,7	22	31	19	32
144	Ukraine	26	8	1,8	24	29	18	32
150	Eritrea	25	4	9,2	10	40	12	52
150	Guinea-Bissau	25	4	2,1	22	29	22	31
150	Papua Neu-guinea	25	5	4,2	18	32	11	35
150	Paraguay	25	5	2,9	20	29	21	36
154	Guinea	24	7	2,7	19	28	12	32
154	Kirgisistan	24	6	1,8	21	27	18	32
156	Jemen	23	6	2,2	20	27	16	31
157	Angola	22	7	1,8	20	25	17	31
157	Kambodscha	22	7	3,1	17	27	12	37
157	Tadschikistan	22	5	3,8	15	28	11	32
160	Demokra-tische Repub-lik Kongo	21	5	3,3	16	27	12	32
160	Laos	21	3	1,3	19	23	19	23
160	Libyen	21	6	4,0	14	27	2	31
163	Äquatorial-guinea	20	3	1,3	18	22	17	22
163	Simbabwe	20	8	4,3	12	27	0	38
165	Burundi	19	5	2,8	14	23	12	28
165	Tschad	19	5	2,5	15	23	12	25
165	Haiti	19	5	2,8	14	23	11	23
165	Venezuela	19	7	2,1	15	22	12	25
169	Irak	18	4	2,3	14	22	11	21
170	Turkmenistan	17	3	2,9	12	22	11	21
170	Usbekistan	17	6	2,0	14	20	11	22
172	Myanmar	15	4	3,7	9	21	6	21
173	Sudan	13	6	2,9	8	17	0	21
174	Afghanistan	8	3	3,3	2	13	1	12

Rang	Land/ Gebiet	CPI Wert 2012	Zahl der Um- fragen	Stan- dard- abwei- chung	90 % Vertrauens- intervall		Umfang	
					untere Grenze	obere Grenze	Min	Max
174	Nordkorea	8	3	3,4	2	13	1	12
174	Somalia	8	4	2,3	4	12	2	12

Quelle: Transparency International.[93] Wert 100: korruptionsfrei; Wert 1: extrem korrupt.

6.2 Bribe Payers Index 2011

Tab. 36: BPI 2011

Rank	Country/ territory	Score	Number of observa- tions	Standard Deviation	90 % Confidence Interval (Lower Bound - Upper Bound)
1	Netherlands	8.8	273	2.0	8.6 - 9.0
1	Switzerland	8.8	244	2.2	8.5 - 9.0
3	Belgium	8.7	221	2.0	8.5 - 9.0
4	Germany	8.6	576	2.2	8.5 - 8.8
4	Japan	8.6	319	2.4	8.4 - 8.9
6	Australia	8.5	168	2.2	8.2 - 8.8
6	Canada	8.5	209	2.3	8.2 - 8.8
8	Singapore	8.3	256	2.3	8.1 - 8.6
8	United King- dom	8.3	414	2.5	8.1 - 8.5
10	United States	8.1	651	2.7	7.9 - 8.3
11	France	8.0	435	2.6	7.8 - 8.2
11	Spain	8.0	326	2.6	7.7 - 8.2
13	South Korea	7.9	152	2.8	7.5 - 8.2
14	Brazil	7.7	163	3.0	7.3 - 8.1
15	Hong Kong	7.6	208	2.9	7.3 - 7.9
15	Italy	7.6	397	2.8	7.4 - 7.8
15	Malaysia	7.6	148	2.9	7.2 - 8.0
15	South Africa	7.6	191	2.8	7.2 - 7.9
19	Taiwan	7.5	193	3.0	7.2 - 7.9

---

93 Corruption Perceptions Index, Bribe Payers Index und Global Corruption Barometer sind abrufbar unter: http://www.transparency.org/research (letzter Zugriff: 22.05.2013).

Rank	Country/ territory	Score	Number of observations	Standard Deviation	90 % Confidence Interval (Lower Bound - Upper Bound)
19	India	7.5	168	3.0	7.1 - 7.9
19	Turkey	7.5	139	2.7	7.2 - 7.9
22	Saudi Arabia	7.4	138	3.0	7.0 - 7.8
23	Argentina	7.3	115	3.0	6.8 - 7.7
23	United Arab Emirates	7.3	156	2.9	6.9 - 7.7
25	Indonesia	7.1	153	3.4	6.6 - 7.5
26	Mexico	7.0	121	3.2	6.6 - 7.5
27	China	6.5	608	3.5	6.3 - 6.7
28	Russia	6.1	172	3.6	5.7 - 6.6
	Average	**7.8**			

Quelle: *Transparency International, http://bpi.transparency.org/bpi2011/ (letzter Zugriff: 20.09.2013).*

Wert 10: korruptionsfrei; Wert 1: extrem korrupt.

6.3   Global Corruption Barometer 2010/11 (Auszüge)

Tab. 37: Das Korruptionsniveau in Ihrem Land ist in den letzten drei Jahren ...

	gesunken	gleich geblieben	gestiegen
GLOBAL	**16%**	**27%**	**58%**
Afghanistan	16%	24%	60%
Argentina	8%	30%	62%
Armenia	15%	35%	50%
Australia	5%	42%	54%
Austria	9%	45%	46%
Azerbaijan	28%	20%	52%
Bangladesh	36%	18%	46%
Belarus	25%	49%	27%
Bolivia	20%	34%	46%
Bosnia and Herzegovina	11%	30%	59%
Brazil	9%	27%	64%
Bulgaria	28%	42%	30%

	gesunken	gleich geblieben	gestiegen
Burundi	6%	4%	90%
Cambodia	30%	27%	43%
Cameroon	15%	24%	62%
Canada	4%	34%	62%
Chile	9%	39%	53%
China	25%	29%	46%
Colombia	20%	24%	56%
Croatia	10%	33%	57%
Czech Republic	14%	42%	44%
Democratic Republic of the Congo	8%	18%	75%
Denmark	2%	69%	29%
El Salvador	18%	34%	48%
Ethiopia	41%	26%	34%
Fiji	53%	11%	36%
Finland	7%	43%	50%
France	7%	28%	66%
FYR Macedonia	25%	29%	46%
Georgia	78%	13%	9%
Germany	6%	24%	70%
Ghana	26%	14%	60%
Greece	5%	20%	75%
Hong Kong	32%	35%	33%
Hungary	4%	21%	76%
Iceland	15%	32%	53%
India	10%	16%	74%
Indonesia	27%	30%	43%
Iraq	4%	19%	77%
Ireland	10%	24%	66%
Israel	4%	20%	76%
Italy	5%	30%	65%
Japan	14%	40%	46%
Kenya	48%	14%	39%
Korea (South)	24%	44%	32%

	gesunken	gleich geblieben	gestiegen
Kosovo	8%	19%	73%
Latvia	9%	36%	55%
Lebanon	6%	12%	82%
Liberia	26%	25%	49%
Lithuania	8%	29%	63%
Luxembourg	13%	43%	44%
Malawi	20%	25%	55%
Malaysia	19%	35%	46%
Maldives	10%	34%	56%
Mexico	7%	18%	76%
Moldova	12%	35%	53%
Mongolia	7%	20%	73%
Morocco	11%	77%	13%
Mozambique	21%	23%	56%
Nepal	19%	14%	67%
Netherlands	6%	43%	51%
New Zealand	4%	24%	73%
Nigeria	17%	10%	73%
Norway	6%	34%	61%
Pakistan	7%	17%	77%
Palestine	59%	19%	22%
Papua New Guinea	7%	8%	85%
Peru	9%	12%	79%
Philippines	6%	25%	69%
Poland	26%	45%	29%
Portugal	4%	13%	84%
Romania	2%	11%	88%
Russia	8%	39%	53%
Rwanda	55%	24%	21%
Senegal	6%	6%	88%
Serbia	14%	37%	49%
Sierra Leone	53%	17%	30%
Singapore	28%	33%	38%
Slovenia	5%	23%	73%

	gesunken	gleich geblieben	gestiegen
Solomon Islands	16%	18%	66%
South Africa	24%	14%	62%
South Sudan	16%	17%	67%
Spain	3%	24%	73%
Sri Lanka	32%	19%	49%
Sudan	17%	17%	67%
Switzerland	6%	41%	53%
Taiwan	23%	35%	42%
Tanzania	21%	15%	64%
Thailand	39%	32%	29%
Turkey	26%	17%	57%
Uganda	21%	12%	67%
UK	3%	30%	67%
Ukraine	8%	63%	30%
USA	6%	22%	72%
Vanuatu	13%	23%	64%
Venezuela	7%	7%	86%
Vietnam	18%	19%	63%
Yemen	7%	21%	73%
Zambia	13%	20%	67%
Zimbabwe	27%	18%	55%

Quelle: Transparency International , http://www.transparency.org/gcb201011/ (letzter Zugriff: 20.09.2013).

Tab. 38: Anteil der Bürger, die in den letzten 12 Monaten ein Bestechungsgeld in mindestens einem von neun Dienstleistungssektoren zahlten

GLOBAL	**24%**
Afghanistan	62%
Argentina	12%
Armenia	23%
Australia	2%
Austria	9%
Azerbaijan	47%
Bangladesh	72%

Belarus	28%
Bolivia	31%
Bosnia and Herzegovina	23%
Brazil	4%
Bulgaria	8%
Burundi	74%
Cambodia	84%
Cameroon	57%
Canada	4%
Chile	21%
China	9%
Colombia	24%
Croatia	5%
Czech Republic	14%
Democratic Republic of the Congo	62%
Denmark	0%
El Salvador	32%
Ethiopia	48%
Fiji	13%
Finland	2%
France	7%
FYR Macedonia	22%
Georgia	4%
Germany	2%
Ghana	40%
Greece	18%
Hong Kong	5%
Hungary	24%
Iceland	3%
India	54%
Indonesia	18%
Iraq	56%
Ireland	4%
Israel	4%
Italy	13%

Japan	9%
Kenya	45%
Korea (South)	2%
Kosovo	16%
Latvia	15%
Lebanon	34%
Liberia	89%
Lithuania	34%
Luxembourg	16%
Malawi	58%
Malaysia	9%
Maldives	6%
Mexico	31%
Moldova	37%
Mongolia	49%
Morocco	35%
Mozambique	68%
Nepal	32%
Netherlands	2%
New Zealand	4%
Nigeria	64%
Norway	1%
Pakistan	50%
Palestine	53%
Papua New Guinea	27%
Peru	22%
Philippines	16%
Poland	16%
Portugal	3%
Romania	29%
Russia	26%
Rwanda	43%
Senegal	59%
Serbia	18%
Sierra Leone	72%
Singapore	9%

Slovenia	4%
Solomon Islands	20%
South Africa	56%
South Sudan	66%
Spain	5%
Sri Lanka	23%
Sudan	21%
Switzerland	2%
Taiwan	7%
Tanzania	49%
Thailand	23%
Turkey	33%
Uganda	87%
UK	1%
Ukraine	37%
USA	5%
Vanuatu	16%
Venezuela	20%
Vietnam	44%
Yemen	66%
Zambia	45%
Zimbabwe	52%

Quelle: Transparency International , http://www.transparency.org/gcb201011/ (letzter Zugriff: 20.09.2013).

Tab. 39: Wie bewerten Sie die Antikorruptionsmaßnahmen Ihrer Regierung?

	Effective or very effective	Neither effective nor ineffective	Ineffective or very ineffective
GLOBAL	**31%**	**19%**	**50%**
Afghanistan	35%	26%	40%
Argentina	12%	11%	77%
Armenia	27%	20%	54%
Australia	36%	43%	21%
Austria	28%	37%	35%
Azerbaijan	66%	9%	26%
Bangladesh	61%	17%	22%

	Effective or very effective	Neither effective nor ineffective	Ineffective or very ineffective
Belarus	39%	35%	26%
Bolivia	47%	26%	27%
Bosnia and Herzegovina	23%	7%	71%
Brazil	29%	17%	54%
Bulgaria	48%	26%	26%
Burundi	46%	5%	50%
Cambodia	72%	14%	15%
Cameroon	28%	25%	48%
Canada	26%	0%	74%
Chile	38%	29%	33%
China	36%	30%	35%
Colombia	35%	20%	46%
Croatia	28%	15%	56%
Czech Republic	12%	29%	60%
Democratic Republic of the Congo	29%	29%	42%
Denmark	56%	0%	44%
El Salvador	15%	53%	32%
Ethiopia	59%	23%	18%
Fiji	88%	3%	9%
Finland	35%	0%	65%
France	27%	5%	68%
FYR Macedonia	53%	13%	34%
Georgia	77%	11%	12%
Germany	21%	3%	76%
Ghana	55%	8%	36%
Greece	24%	10%	66%
Hong Kong	28%	30%	43%
Hungary	42%	7%	51%
Iceland	22%	0%	78%
India	25%	31%	44%
Indonesia	33%	32%	35%
Iraq	18%	19%	63%
Ireland	18%	0%	82%

	Effective or very effective	Neither effective nor ineffective	Ineffective or very ineffective
Israel	18%	0%	83%
Italy	19%	17%	64%
Japan	20%	35%	45%
Kenya	70%	0%	30%
Korea (South)	26%	20%	54%
Kosovo	32%	7%	61%
Latvia	12%	15%	73%
Lebanon	32%	12%	56%
Liberia	46%	6%	47%
Lithuania	6%	16%	78%
Luxembourg	68%	2%	30%
Malawi	52%	26%	22%
Malaysia	48%	32%	20%
Maldives	46%	15%	39%
Mexico	22%	26%	52%
Moldova	18%	30%	52%
Mongolia	19%	28%	53%
Morocco	18%	65%	17%
Mozambique	32%	27%	41%
Nepal	41%	32%	27%
Netherlands	57%	0%	43%
New Zealand	54%	34%	12%
Nigeria	46%	14%	40%
Norway	39%	0%	61%
Pakistan	12%	15%	73%
Palestine	59%	16%	25%
Papua New Guinea	24%	11%	65%
Peru	8%	8%	85%
Philippines	28%	24%	48%
Poland	16%	28%	57%
Portugal	10%	16%	75%
Romania	7%	10%	83%
Russia	26%	22%	52%

	Effective or very effec- tive	Neither effective nor ineffective	Ineffective or very ineffective
Rwanda	66%	27%	8%
Senegal	22%	17%	61%
Serbia	14%	25%	61%
Sierra Leone	73%	15%	12%
Singapore	30%	40%	31%
Slovenia	22%	0%	78%
Solomon Islands	25%	20%	55%
South Africa	44%	11%	45%
South Sudan	62%	28%	10%
Spain	26%	0%	74%
Sri Lanka	52%	12%	36%
Sudan	49%	8%	43%
Switzerland	37%	9%	54%
Taiwan	38%	35%	28%
Tanzania	32%	22%	47%
Thailand	22%	31%	47%
Turkey	59%	1%	40%
Uganda	58%	18%	24%
UK	34%	0%	66%
Ukraine	16%	24%	59%
USA	29%	0%	72%
Vanuatu	32%	19%	49%
Venezuela	7%	28%	65%
Vietnam	37%	29%	35%
Yemen	22%	8%	70%
Zambia	40%	12%	48%
Zimbabwe	25%	19%	56%

Quelle: Transparency International , http://www.transparency.org/gcb201011/ (letzter Zugriff: 20.09.2013).

6.4   Wichtige deutsche Strafrechtsbestimmungen

§ 331 StGB[94] Vorteilsannahme

(1) Ein Amtsträger oder ein für den öffentlichen Dienst besonders Verpflichteter, der für die Dienstausübung einen Vorteil für sich oder einen Dritten fordert, sich versprechen läßt oder annimmt, wird mit Freiheitsstrafe bis zu drei Jahren oder mit Geldstrafe bestraft.

(2) Ein Richter oder Schiedsrichter, der einen Vorteil für sich oder einen Dritten als Gegenleistung dafür fordert, sich versprechen läßt oder annimmt, daß er eine richterliche Handlung vorgenommen hat oder künftig vornehme, wird mit Freiheitsstrafe bis zu fünf Jahren oder mit Geldstrafe bestraft. Der Versuch ist strafbar.

(3) Die Tat ist nicht nach Absatz 1 strafbar, wenn der Täter einen nicht von ihm geforderten Vorteil sich versprechen läßt oder annimmt und die zuständige Behörde im Rahmen ihrer Befugnisse entweder die Annahme vorher genehmigt hat oder der Täter unverzüglich bei ihr Anzeige erstattet und sie die Annahme genehmigt.

§ 332 StGB Bestechlichkeit

(1) Ein Amtsträger oder ein für den öffentlichen Dienst besonders Verpflichteter, der einen Vorteil für sich oder einen Dritten als Gegenleistung dafür fordert, sich versprechen läßt oder annimmt, daß er eine Diensthandlung vorgenommen hat oder künftig vornehme und dadurch seine Dienstpflichten verletzt hat oder verletzen würde, wird mit Freiheitsstrafe von sechs Monaten bis zu fünf Jahren bestraft. In minder schweren Fällen ist die Strafe Freiheitsstrafe bis zu drei Jahren oder Geldstrafe. Der Versuch ist strafbar.

(2) Ein Richter oder Schiedsrichter, der einen Vorteil für sich oder einen Dritten als Gegenleistung dafür fordert, sich versprechen läßt oder annimmt, daß er eine richterliche Handlung vorgenommen hat oder künftig vornehme und dadurch seine richterlichen Pflichten verletzt hat oder verletzen würde, wird mit Freiheitsstrafe von einem Jahr bis zu zehn Jahren bestraft. In minder schweren Fällen ist die Strafe Freiheitsstrafe von sechs Monaten bis zu fünf Jahren.

(3) Falls der Täter den Vorteil als Gegenleistung für eine künftige Handlung fordert, sich versprechen läßt oder annimmt, so sind die Absätze 1 und 2 schon dann anzuwenden, wenn er sich dem anderen gegenüber bereit gezeigt hat,
1.   bei der Handlung seine Pflichten zu verletzen oder,
2.   soweit die Handlung in seinem Ermessen steht, sich bei Ausübung des Ermessens durch den Vorteil beeinflussen zu lassen.

---

94 Eine stets aktuelle Fassung des deutschen Strafgesetzbuches ist abrufbar unter: http://www.gesetze-im-internet.de/stgb/ (letzter Zugriff: 22.05.2013).

§ 333 StGB Vorteilsgewährung

(1) Wer einem Amtsträger, einem für den öffentlichen Dienst besonders Verpflichteten oder einem Soldaten der Bundeswehr für die Dienstausübung einen Vorteil für diesen oder einen Dritten anbietet, verspricht oder gewährt, wird mit Freiheitsstrafe bis zu drei Jahren oder mit Geldstrafe bestraft.

(2) Wer einem Richter oder Schiedsrichter einen Vorteil für diesen oder einen Dritten als Gegenleistung dafür anbietet, verspricht oder gewährt, daß er eine richterliche Handlung vorgenommen hat oder künftig vornehme, wird mit Freiheitsstrafe bis zu fünf Jahren oder mit Geldstrafe bestraft.

(3) Die Tat ist nicht nach Absatz 1 strafbar, wenn die zuständige Behörde im Rahmen ihrer Befugnisse entweder die Annahme des Vorteils durch den Empfänger vorher genehmigt hat oder sie auf unverzügliche Anzeige des Empfängers genehmigt.

§ 334 StGB Bestechung

(1) Wer einem Amtsträger, einem für den öffentlichen Dienst besonders Verpflichteten oder einem Soldaten der Bundeswehr einen Vorteil für diesen oder einen Dritten als Gegenleistung dafür anbietet, verspricht oder gewährt, daß er eine Diensthandlung vorgenommen hat oder künftig vornehme und dadurch seine Dienstpflichten verletzt hat oder verletzen würde, wird mit Freiheitsstrafe von drei Monaten bis zu fünf Jahren bestraft. In minder schweren Fällen ist die Strafe Freiheitsstrafe bis zu zwei Jahren oder Geldstrafe.

(2) Wer einem Richter oder Schiedsrichter einen Vorteil für diesen oder einen Dritten als Gegenleistung dafür anbietet, verspricht oder gewährt, daß er eine richterliche Handlung
1. vorgenommen und dadurch seine richterlichen Pflichten verletzt hat oder
2. künftig vornehme und dadurch seine richterlichen Pflichten verletzen würde,
wird in den Fällen der Nummer 1 mit Freiheitsstrafe von drei Monaten bis zu fünf Jahren, in den Fällen der Nummer 2 mit Freiheitsstrafe von sechs Monaten bis zu fünf Jahren bestraft. Der Versuch ist strafbar.

(3) Falls der Täter den Vorteil als Gegenleistung für eine künftige Handlung anbietet, verspricht oder gewährt, so sind die Absätze 1 und 2 schon dann anzuwenden, wenn er den anderen zu bestimmen versucht, daß dieser
1. bei der Handlung seine Pflichten verletzt oder,
2. soweit die Handlung in seinem Ermessen steht, sich bei der Ausübung des Ermessens durch den Vorteil beeinflussen läßt.

§ 335 StGB Besonders schwere Fälle der Bestechlichkeit und Bestechung

(1) In besonders schweren Fällen wird
1. eine Tat nach
    a) § 332 Abs. 1 Satz 1, auch in Verbindung mit Abs. 3, und

b)   § 334 Abs. 1 Satz 1 und Abs. 2, jeweils auch in Verbindung mit Abs. 3, mit Freiheitsstrafe von einem Jahr bis zu zehn Jahren und

2.   eine Tat nach § 332 Abs. 2, auch in Verbindung mit Abs. 3, mit Freiheitsstrafe nicht unter zwei Jahren

bestraft.

(2) Ein besonders schwerer Fall im Sinne des Absatzes 1 liegt in der Regel vor, wenn

1.   die Tat sich auf einen Vorteil großen Ausmaßes bezieht,

2.   der Täter fortgesetzt Vorteile annimmt, die er als Gegenleistung dafür gefordert hat, daß er eine Diensthandlung künftig vornehme, oder

3.   der Täter gewerbsmäßig oder als Mitglied einer Bande handelt, die sich zur fortgesetzten Begehung solcher Taten verbunden hat.

§ 299 StGB Bestechlichkeit und Bestechung im geschäftlichen Verkehr

(1) Wer als Angestellter oder Beauftragter eines geschäftlichen Betriebes im geschäftlichen Verkehr einen Vorteil für sich oder einen Dritten als Gegenleistung dafür fordert, sich versprechen läßt oder annimmt, daß er einen anderen bei dem Bezug von Waren oder gewerblichen Leistungen im Wettbewerb in unlauterer Weise bevorzuge, wird mit Freiheitsstrafe bis zu drei Jahren oder mit Geldstrafe bestraft.

(2) Ebenso wird bestraft, wer im geschäftlichen Verkehr zu Zwecken des Wettbewerbs einem Angestellten oder Beauftragten eines geschäftlichen Betriebes einen Vorteil für diesen oder einen Dritten als Gegenleistung dafür anbietet, verspricht oder gewährt, daß er ihn oder einen anderen bei dem Bezug von Waren oder gewerblichen Leistungen in unlauterer Weise bevorzuge.

(3) Die Absätze 1 und 2 gelten auch für Handlungen im ausländischen Wettbewerb.

§ 300 StGB Besonders schwere Fälle der Bestechlichkeit und Bestechung im geschäftlichen Verkehr

In besonders schweren Fällen wird eine Tat nach § 299 mit Freiheitsstrafe von drei Monaten bis zu fünf Jahren bestraft. Ein besonders schwerer Fall liegt in der Regel vor, wenn

1.   die Tat sich auf einen Vorteil großen Ausmaßes bezieht oder

2.   der Täter gewerbsmäßig oder als Mitglied einer Bande handelt, die sich zur fortgesetzten Begehung solcher Taten verbunden hat.

§ 108b StGB Wählerbestechung

(1) Wer einem anderen dafür, daß er nicht oder in einem bestimmten Sinne wähle, Geschenke oder andere Vorteile anbietet, verspricht oder gewährt, wird mit Freiheitsstrafe bis zu fünf Jahren oder mit Geldstrafe bestraft.

(2) Ebenso wird bestraft, wer dafür, daß er nicht oder in einem bestimmten Sinne wähle, Geschenke oder andere Vorteile fordert, sich versprechen läßt oder annimmt.

§ 108e StGB Abgeordnetenbestechung

(1) Wer es unternimmt, für eine Wahl oder Abstimmung im Europäischen Parlament oder in einer Volksvertretung des Bundes, der Länder, Gemeinden oder Gemeindeverbände eine Stimme zu kaufen oder zu verkaufen, wird mit Freiheitsstrafe bis zu fünf Jahren oder mit Geldstrafe bestraft.

(2) Neben einer Freiheitsstrafe von mindestens sechs Monaten wegen einer Straftat nach Absatz 1 kann das Gericht die Fähigkeit, Rechte aus öffentlichen Wahlen zu erlangen, und das Recht, in öffentlichen Angelegenheiten zu wählen oder zu stimmen, aberkennen.

§ 1 IntBestG[95] Gleichstellung von ausländischen mit inländischen Amtsträgern bei Bestechungshandlungen (internationaler Geschäftsverkehr)

Für die Anwendung des § 334 des Strafgesetzbuches, auch in Verbindung mit dessen §§ 335, 336, 338 Abs. 2, auf eine Bestechung, die sich auf eine künftige richterliche Handlung oder Diensthandlung bezieht und die begangen wird, um sich oder einem Dritten einen Auftrag oder einen unbilligen Vorteil im internationalen geschäftlichen Verkehr zu verschaffen oder zu sichern, stehen gleich:
1. einem Richter:
    a) ein Richter eines ausländischen Staates,
    b) ein Richter eines internationalen Gerichts;
2. einem sonstigen Amtsträger:
    a) ein Amtsträger eines ausländischen Staates,
    b) eine Person, die beauftragt ist, bei einer oder für eine Behörde eines ausländischen Staates, für ein öffentliches Unternehmen mit Sitz im Ausland oder sonst öffentliche Aufgaben für einen ausländischen Staat wahrzunehmen,
    c) ein Amtsträger und ein sonstiger Bediensteter einer internationalen Organisation und eine mit der Wahrnehmung ihrer Aufgaben beauftragte Person;
3. einem Soldaten der Bundeswehr:
    a) ein Soldat eines ausländischen Staates,
    b) ein Soldat, der beauftragt ist, Aufgaben einer internationalen Organisation wahrzunehmen.

---

95 Das Internationale Bestechungsgesetz ist abrufbar unter: http://www.gesetze-im-internet.de/intbestg/ (letzter Zugriff: 22.05.2013).

§ 2 IntBestG Bestechung ausländischer Abgeordneter im Zusammenhang mit internationalem geschäftlichen Verkehr

(1) Wer in der Absicht, sich oder einem Dritten einen Auftrag oder einen unbilligen Vorteil im internationalen geschäftlichen Verkehr zu verschaffen oder zu sichern, einem Mitglied eines Gesetzgebungsorgans eines ausländischen Staates oder einem Mitglied einer parlamentarischen Versammlung einer internationalen Organisation einen Vorteil für dieses oder einen Dritten als Gegenleistung dafür anbietet, verspricht oder gewährt, daß es eine mit seinem Mandat oder seinen Aufgaben zusammenhängende Handlung oder Unterlassung künftig vornimmt, wird mit Freiheitsstrafe bis zu fünf Jahren oder mit Geldstrafe bestraft.

(2) Der Versuch ist strafbar.

§ 1 EUBestG[96] Gleichstellung von ausländischen mit inländischen Amtsträgern bei Bestechungshandlungen (Europäische Union)

(1) Für die Anwendung der §§ 332, 334 bis 336, 338 des Strafgesetzbuches auf eine Bestechungshandlung für eine künftige richterliche Handlung oder Diensthandlung stehen gleich:
1. einem Richter:
    a) ein Richter eines anderen Mitgliedstaats der Europäischen Union;
    b) ein Mitglied eines Gerichts der Europäischen Gemeinschaften;
2. einem sonstigen Amtsträger:
    a) ein Amtsträger eines anderen Mitgliedstaats der Europäischen Union, soweit seine Stellung einem Amtsträger im Sinne des § 11 Abs. 1 Nr. 2 des Strafgesetzbuches entspricht;
    b) ein Gemeinschaftsbeamter im Sinne des Artikels 1 des Protokolls vom 27. September 1996 zum Übereinkommen über den Schutz der finanziellen Interessen der Europäischen Gemeinschaften;
    c) ein Mitglied der Kommission und des Rechnungshofes der Europäischen Gemeinschaften.

(2) Für die Anwendung von
1. § 263 Abs. 3 Satz 2 Nr. 4 und § 264 Abs. 2 Satz 2 Nr. 2 und 3 des Strafgesetzbuches und
2. § 370 Abs. 3 Satz 2 Nr. 2 und 3 der Abgabenordnung, auch in Verbindung mit § 12 Abs. 1 Satz 1 des Gesetzes zur Durchführung der Gemeinsamen Marktorganisationen und der Direktzahlungen,

steht einem Amtsträger ein in Absatz 1 Nr. 2 Buchstabe b bezeichneter Gemeinschaftsbeamter und ein Mitglied der Kommission der Europäischen Gemeinschaften gleich.

---

96 Das EU-Bestechungsgesetz ist abrufbar unter: http://www.gesetze-im-internet.de/eubestg/ (letzter Zugriff: 22.05.2013).

§ 263 StGB Betrug

(1) Wer in der Absicht, sich oder einem Dritten einen rechtswidrigen Vermögensvorteil zu verschaffen, das Vermögen eines anderen dadurch beschädigt, daß er durch Vorspiegelung falscher oder durch Entstellung oder Unterdrückung wahrer Tatsachen einen Irrtum erregt oder unterhält, wird mit Freiheitsstrafe bis zu fünf Jahren oder mit Geldstrafe bestraft.

(2) Der Versuch ist strafbar.

(3) In besonders schweren Fällen ist die Strafe Freiheitsstrafe von sechs Monaten bis zu zehn Jahren. Ein besonders schwerer Fall liegt in der Regel vor, wenn der Täter

1. gewerbsmäßig oder als Mitglied einer Bande handelt, die sich zur fortgesetzten Begehung von Urkundenfälschung oder Betrug verbunden hat,
2. einen Vermögensverlust großen Ausmaßes herbeiführt oder in der Absicht handelt, durch die fortgesetzte Begehung von Betrug eine große Zahl von Menschen in die Gefahr des Verlustes von Vermögenswerten zu bringen,
3. eine andere Person in wirtschaftliche Not bringt,
4. seine Befugnisse oder seine Stellung als Amtsträger mißbraucht oder
5. einen Versicherungsfall vortäuscht, nachdem er oder ein anderer zu diesem Zweck eine Sache von bedeutendem Wert in Brand gesetzt oder durch eine Brandlegung ganz oder teilweise zerstört oder ein Schiff zum Sinken oder Stranden gebracht hat.

(4) § 243 Abs. 2 sowie die §§ 247 und 248a gelten entsprechend.

(5) Mit Freiheitsstrafe von einem Jahr bis zu zehn Jahren, in minder schweren Fällen mit Freiheitsstrafe von sechs Monaten bis zu fünf Jahren wird bestraft, wer den Betrug als Mitglied einer Bande, die sich zur fortgesetzten Begehung von Straftaten nach den §§ 263 bis 264 oder 267 bis 269 verbunden hat, gewerbsmäßig begeht.

(6) Das Gericht kann Führungsaufsicht anordnen (§ 68 Abs. 1).

(7) Die §§ 43a und 73d sind anzuwenden, wenn der Täter als Mitglied einer Bande handelt, die sich zur fortgesetzten Begehung von Straftaten nach den §§ 263 bis 264 oder 267 bis 269 verbunden hat. § 73d ist auch dann anzuwenden, wenn der Täter gewerbsmäßig handelt.

§ 266 StGB Untreue

(1) Wer die ihm durch Gesetz, behördlichen Auftrag oder Rechtsgeschäft eingeräumte Befugnis, über fremdes Vermögen zu verfügen oder einen anderen zu verpflichten, mißbraucht oder die ihm kraft Gesetzes, behördlichen Auftrags, Rechtsgeschäfts oder eines Treueverhältnisses obliegende Pflicht, fremde Vermögensinteressen wahrzunehmen, verletzt und dadurch dem, dessen Vermögensinteressen er zu betreuen hat, Nachteil zufügt, wird mit Freiheitsstrafe bis zu fünf Jahren oder mit Geldstrafe bestraft.

(2) § 243 Abs. 2 und die §§ 247, 248a und 263 Abs. 3 gelten entsprechend.

§ 246 StGB Unterschlagung

(1) Wer eine fremde bewegliche Sache sich oder einem Dritten rechtswidrig zueignet, wird mit Freiheitsstrafe bis zu drei Jahren oder mit Geldstrafe bestraft, wenn die Tat nicht in anderen Vorschriften mit schwererer Strafe bedroht ist.

(2) Ist in den Fällen des Absatzes 1 die Sache dem Täter anvertraut, so ist die Strafe Freiheitsstrafe bis zu fünf Jahren oder Geldstrafe.

(3) Der Versuch ist strafbar.

§ 30 OWiG[97] Geldbuße gegen juristische Personen und Personenvereinigungen

(1) Hat jemand
1. als vertretungsberechtigtes Organ einer juristischen Person oder als Mitglied eines solchen Organs,
2. als Vorstand eines nicht rechtsfähigen Vereins oder als Mitglied eines solchen Vorstandes,
3. als vertretungsberechtigter Gesellschafter einer rechtsfähigen Personengesellschaft,
4. als Generalbevollmächtigter oder in leitender Stellung als Prokurist oder Handlungsbevollmächtigter einer juristischen Person oder einer in Nummer 2 oder 3 genannten Personenvereinigung oder
5. als sonstige Person, die für die Leitung des Betriebs oder Unternehmens einer juristischen Person oder einer in Nummer 2 oder 3 genannten Personenvereinigung verantwortlich handelt, wozu auch die Überwachung der Geschäftsführung oder die sonstige Ausübung von Kontrollbefugnissen in leitender Stellung gehört,
eine Straftat oder Ordnungswidrigkeit begangen, durch die Pflichten, welche die juristische Person oder die Personenvereinigung treffen, verletzt worden sind oder die juristische Person oder die Personenvereinigung bereichert worden ist oder werden sollte, so kann gegen diese eine Geldbuße festgesetzt werden.

(2) Die Geldbuße beträgt
1. im Falle einer vorsätzlichen Straftat bis zu einer Million Euro,
2. im Falle einer fahrlässigen Straftat bis zu fünfhunderttausend Euro.
Im Falle einer Ordnungswidrigkeit bestimmt sich das Höchstmaß der Geldbuße nach dem für die Ordnungswidrigkeit angedrohten Höchstmaß der Geldbuße. Satz 2 gilt auch im Falle einer Tat, die gleichzeitig Straftat und Ordnungswidrigkeit ist, wenn das für die Ordnungswidrigkeit angedrohte Höchstmaß der Geldbuße das Höchstmaß nach Satz 1 übersteigt.

(3) § 17 Abs. 4 und § 18 gelten entsprechend.

(4) Wird wegen der Straftat oder Ordnungswidrigkeit ein Straf- oder Bußgeldverfahren nicht eingeleitet oder wird es eingestellt oder wird von Strafe abgesehen, so kann die Geldbuße selbständig festgesetzt werden. Durch Gesetz kann

---

97 Das Ordnungswidrigkeitengesetz ist abrufbar unter: http://www.gesetze-im-internet.de/owig_1968/ (letzter Zugriff: 22.05.2013).

bestimmt werden, daß die Geldbuße auch in weiteren Fällen selbständig festgesetzt werden kann. Die selbständige Festsetzung einer Geldbuße gegen die juristische Person oder Personenvereinigung ist jedoch ausgeschlossen, wenn die Straftat oder Ordnungswidrigkeit aus rechtlichen Gründen nicht verfolgt werden kann; § 33 Abs. 1 Satz 2 bleibt unberührt.

(5) Die Festsetzung einer Geldbuße gegen die juristische Person oder Personenvereinigung schließt es aus, gegen sie wegen derselben Tat den Verfall nach den §§ 73 oder 73a des Strafgesetzbuches oder nach § 29a anzuordnen.

§ 130 OWiG Verletzung der Aufsichtspflicht in Betrieben und Unternehmen

(1) Wer als Inhaber eines Betriebes oder Unternehmens vorsätzlich oder fahrlässig die Aufsichtsmaßnahmen unterläßt, die erforderlich sind, um in dem Betrieb oder Unternehmen Zuwiderhandlungen gegen Pflichten zu verhindern, die den Inhaber treffen und deren Verletzung mit Strafe oder Geldbuße bedroht ist, handelt ordnungswidrig, wenn eine solche Zuwiderhandlung begangen wird, die durch gehörige Aufsicht verhindert oder wesentlich erschwert worden wäre. Zu den erforderlichen Aufsichtsmaßnahmen gehören auch die Bestellung, sorgfältige Auswahl und Überwachung von Aufsichtspersonen.

(2) Betrieb oder Unternehmen im Sinne des Absatzes 1 ist auch das öffentliche Unternehmen.

(3) Die Ordnungswidrigkeit kann, wenn die Pflichtverletzung mit Strafe bedroht ist, mit einer Geldbuße bis zu einer Million Euro geahndet werden. Ist die Pflichtverletzung mit Geldbuße bedroht, so bestimmt sich das Höchstmaß der Geldbuße wegen der Aufsichtspflichtverletzung nach dem für die Pflichtverletzung angedrohten Höchstmaß der Geldbuße. Satz 2 gilt auch im Falle einer Pflichtverletzung, die gleichzeitig mit Strafe und Geldbuße bedroht ist, wenn das für die Pflichtverletzung angedrohte Höchstmaß der Geldbuße das Höchstmaß nach Satz 1 übersteigt.

6.5 Wichtige deutsche Gesetze (Strafrecht)

- Strafgesetzbuch in der Fassung der Bekanntmachung vom 13. November 1998 (BGBl. I S. 3322) mit nachfolgenden Änderungen.
- Gesetz über Ordnungswidrigkeiten in der Fassung der Bekanntmachung vom 19. Februar 1987 (BGBl. I S. 602) mit nachfolgenden Änderungen.

Nebengesetze, die den Anwendungsbereich von Antikorruptionsvorschriften des StGB ausdehnen:
- Gesetz zu dem Protokoll vom 27. September 1996 zum Übereinkommen über den Schutz der finanziellen Interessen der Europäischen Gemeinschaften (EU-Bestechungsgesetz – EUBestG) vom 10. September 1998 (BGBl. II S. 2340).

- Gesetz zu dem Übereinkommen vom 17. Dezember 1997 über die Bekämpfung der Bestechung ausländischer Amtsträger im internationalen Geschäftsverkehr (Gesetz zur Bekämpfung internationaler Bestechung – IntBestG)
vom 10. September 1998 (BGBl. II S. 2327).
- Gesetz über das Ruhen der Verfolgungsverjährung und die Gleichstellung
der Richter und Bediensteten des Internationalen Strafgerichtshofes (Art.
2 des Gesetzes zur Ausführung des Römischen Statuts des Internationalen
Strafgerichtshofes vom 17. Juli 1998 vom 21. Juni 2002 (BGBl. I S. 2144)).

*Antikorruptionsgesetze seit 1997, deren Strafrechtsbestimmungen in das StGB
eingeflossen sind:*
- Gesetz zur Bekämpfung der Korruption vom 13. August 1997 (BGBl. I S.
2038).
- Gesetz zur Ausführung des Zweiten Protokolls vom 19. Juni 1997 zum Übereinkommen über den Schutz der finanziellen Interessen der Europäischen
Gemeinschaften, der Gemeinsamen Maßnahme betreffend die Bestechung
im privaten Sektor vom 22. Dezember 1998 und des Rahmenbeschlusses
vom 29. Mai 2000 über die Verstärkung des mit strafrechtlichen und anderen
Sanktionen bewehrten Schutzes gegen Geldfälschung im Hinblick auf die
Einführung des Euro vom 22. August 2002 (BGBl. I S. 3387).

*6.6 Richtlinie der Bundesregierung und Präventions- und Bekämpfungskonzept
der Innenministerkonferenz (Auszüge)*

**Richtlinie der Bundesregierung zur Korruptionsprävention in der
Bundesverwaltung**[98]

Verhaltenskodex gegen Korruption (Auszug aus Anlage 1 zur Richtlinie)

Dieser Verhaltenskodex soll die Beschäftigten auf Gefahrensituationen hinweisen,
in denen sie ungewollt in Korruption verstrickt werden können. Weiterhin soll er
die Beschäftigten zur pflichtgemäßen und gesetzestreuen Erfüllung ihrer Aufgaben anhalten und ihnen die Folgen korrupten Verhaltens vor Augen führen:

---

98 Die Richtlinie der Bundesregierung ist abrufbar unter: http://www.verwaltungsvorschriften-im-
internet.de/bsvwvbund_30072004_O4634140151.htm (letzter Zugriff: 22.05.2013).

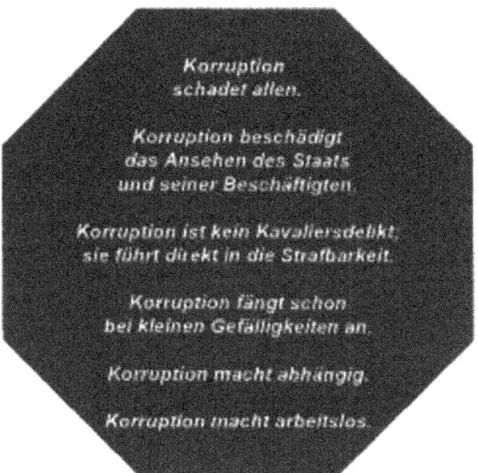

Korruption
schadet allen.

Korruption beschädigt
das Ansehen des Staats
und seiner Beschäftigten.

Korruption ist kein Kavaliersdelikt;
sie führt direkt in die Strafbarkeit.

Korruption fängt schon
bei kleinen Gefälligkeiten an.

Korruption macht abhängig.

Korruption macht arbeitslos.

Daher:

1. Seien Sie Vorbild: Zeigen Sie durch Ihr Verhalten, dass Sie Korruption weder dulden noch unterstützen.

2. Wehren Sie Korruptionsversuche sofort ab und informieren Sie unverzüglich die Ansprechperson für Korruptionsprävention und Ihre Vorgesetzte oder Ihren Vorgesetzten.

3. Vermuten Sie, dass jemand Sie um eine pflichtwidrige Bevorzugung bitten will, so ziehen Sie einen Kollegen oder eine Kollegin als Zeugen oder Zeugin hinzu.

4. Arbeiten Sie so, dass Ihre Arbeit jederzeit überprüft werden kann.

5. Trennen Sie strikt Dienst- und Privatleben. Prüfen Sie, ob Ihre Privatinteressen zu einer Kollision mit Ihren Dienstpflichten führen.

6. Unterstützen Sie Ihre Dienststelle bei der Entdeckung und Aufklärung von Korruption. Informieren Sie die Ansprechperson für Korruptionsprävention und Ihre Vorgesetzte oder Ihren Vorgesetzten bei konkreten Anhaltspunkten für korruptes Verhalten.

7. Unterstützen Sie Ihre Dienststelle beim Erkennen fehlerhafter Organisationsstrukturen, die Korruption begünstigen.

8. Lassen Sie sich zum Thema Korruptionsprävention aus- und fortbilden.

9. Und was tun, wenn Sie sich bereits verstrickt haben? Befreien Sie sich von der ständigen Angst vor Entdeckung! Machen Sie reinen Tisch! Offenbaren Sie sich aus eigenem Antrieb und führen Ihre Angaben zur vollständigen Aufklärung des Sachverhaltes, kann dies sowohl bei der Strafzumessung als auch bei dienstrechtlichen Reaktionen mildernd berücksichtigt werden.

Präventions- und Bekämpfungskonzept Korruption der Innenministerkonferenz[99]

Leitsätze (Auszug aus dem Präventions- und Bekämpfungskonzept)

- Es gibt kein Allheilmittel gegen Korruption, aber es ist möglich, der Korruption vorzubeugen und sie wirksam zu bekämpfen!
- Dabei kommt es vor allem darauf an, Korruption nicht entstehen zu lassen bzw. sie zu verhindern. Ansätzen und Maßnahmen der Prävention kommt insoweit Vorrang vor der notwendigen Aufklärung und Verfolgung von Korruptionsstraftaten zu.
- Korruptionsprävention ist sowohl auf die Person, als auch auf die Organisation auszurichten, wobei die eigentliche Schwachstelle der Mensch ist. Die Gefährdung wächst aber mit der Zunahme an Tatgelegenheiten.
- Korruptionsprävention ist im Ansatz vergleichbar mit der Brandvorbeugung. Wie es auch ohne Ausbruch eines Feuers Brandverhütungsvorschriften und Warn- bzw. Löscheinrichtungen für öffentliche Gebäude gibt, muss es Vorschriften zur Verhütung von Korruption sowie Kontroll- bzw. Bekämpfungseinrichtungen geben.
- Der Boden für die erfolgreiche Umsetzung von Anti-Korruptions-Strategien ist noch nicht ausreichend bereitet. Alle staatlichen Stellen müssen deutlich machen, dass es ihnen mit der Korruptionsbekämpfung ernst ist.
- Die dringend nötige Akzeptanz von Gegenmaßnahmen stellt sich erst mit der breiten Ächtung dieser Kriminalitätsform ein.
- Korruptionsprävention verlangt den gemeinsamen Schulterschluss von Gesellschaft, Politik, Wirtschaft und öffentliche Verwaltung.
- Korruptionsprävention bedeutet grundsätzlich nicht Misstrauen gegenüber dem Einzelnen, sondern entspricht rechtlichen und ethischen Vorgaben: dem Gebot der politischen Hygiene, der Reinhaltung der öffentlichen Verwaltung und der Seriosität im Geschäftsleben.
- Sensibilisierung ist in Form der persönlichen Ansprache am wirksamsten.
- Korruptionsprävention bedeutet auch gezielte vertikale und horizontale Kontrolle. Das Installieren von Kontrollmechanismen allein bleibt wirkungslos.
- Nicht alle Maßnahmen zur Verhütung von Korruption sind universell anwendbar. Behördenspezifische Besonderheiten müssen berücksichtigt werden.
- Die informelle Beilegung von Korruptionsfällen oder das Vertuschen von Verdachtsmomenten ist kontraproduktiv.
- Die frühzeitige Unterrichtung der Strafverfolgungsbehörden ist Voraussetzung für eine wirksame repressive Bekämpfung der Korruption.

---

99 Das Präventions- und Bekämpfungskonzept Korruption ist abrufbar unter: http://www.antikorruption. brandenburg.de/sixcms/media.php/4055/Praeventions_und_Bekaempfungskonzept_2003.pdf (letzter Zugriff: 22.05.2013).

- Es ist erforderlich, in Fällen von Korruption konsequent gegenüber Amtsträgern und Vorteilsgebern zu reagieren; dazu gehören eine zeitnahe Aufklärung und Ahndung von Korruptionsstraftaten. Korruption darf sich nicht lohnen.

- Die Bereitschaft zum Handeln darf nicht von der Frage abhängig gemacht werden, ob sich Korruption bereits offen gezeigt hat. Es ist keine Zeit zu verlieren!

6.7 Eine Auswahl internationaler Antikorruptionsnormen[100]

Europäische Union

Übereinkommen aufgrund von Artikel K.3 EUV über den Schutz der finanziellen Interessen der EG, Abl. C 316 vom 27. 11. 1995, S. 49-57, abrufbar unter: http://eur-lex.europa.eu/LexUriServ/LexUriServ.do?uri=CELEX:41995A1127(03):DE:HTML.

Protokoll aufgrund von Artikel K.3 EUV zum Übereinkommen über den Schutz der finanziellen Interessen der EG, Abl. C 313 vom 23. 10. 1996, S. 2-10, abrufbar unter: http://eur-lex.europa.eu/LexUriServ/LexUriServ.do?uri=CELEX:41996A1023(01):DE:HTML.

Zweites Protokoll aufgrund von Artikel K.3 EUV zum Übereinkommen über den Schutz der finanziellen Interessen der EG, Abl. C 221 vom 19. 7. 1997, S. 12-22, abrufbar unter: http://eur-lex.europa.eu/LexUriServ/LexUriServ.do?uri=CELEX:41997A0719(02):DE:HTML.

Übereinkommen aufgrund von Artikel K.3 Absatz 2 Buchstabe c) EUV über die Bekämpfung der Bestechung, an der Beamte der Europäischen Gemeinschaften (EG) oder der Mitgliedstaaten der EU beteiligt sind, Abl. C 195 vom 25. 6. 1997, S. 2-11, abrufbar unter: http://eur-lex.europa.eu/LexUriServ/LexUriServ.do?uri=CELEX:41997A0625(01):DE:HTML.

Gemeinsame Maßnahme vom 22. Dezember 1998 – vom Rat aufgrund von Artikel K.3 EUV angenommen – betreffend die Bestechung im privaten Sektor, Abl. L 358 vom 31. 12. 1998, S. 2-4, abrufbar unter: http://eur-lex.europa.eu/LexUriServ/LexUriServ.do?uri=OJ:L:1998:358:0002:0004:DE:PDF.

---

100 Für alle in diesem Abschnitt angegebenen Webseiten gilt: letzter Zugriff am 22.05.2013.

Rahmenbeschluss 2003/568/JI des Rates vom 22. Juli 2003 zur Bekämpfung der Bestechung im privaten Sektor, Abl. L 192 vom 31. 7. 2003, S. 54-56, abrufbar unter:
http://eur-lex.europa.eu/LexUriServ/LexUriServ.do?uri=OJ:L:2003:192:0054:00 56:DE:PDF.

Europarat

Resolution (97) 24 on the Twenty Guiding Principles for the Fight Against Corruption, adopted by the Committee of Ministers on 6 November 1997, abrufbar unter:
http://www.coe.int/t/dghl/monitoring/greco/documents/Resolution(97)24_ EN.pdf.

Criminal Law Convention on Corruption, 27 January 1999, European Treaty Series No. 173, deutsche Übersetzung abrufbar unter:
http://conventions.coe.int/Treaty/GER/Treaties/Html/173.htm.

Civil Law Convention on Corruption, 4 November 1999, European Treaty Series No. 174, deutsche Übersetzung abrufbar unter:
http://conventions.coe.int/Treaty/GER/Treaties/Html/174.htm.

Recommendation (99) 8 of the Committee of Ministers to Member States on the Financial Liability of Local Elected Representatives for Acts or Omissions in the Course of Their Duties, adopted by the Committee of Ministers on 17 March 1999, abrufbar unter:
https://wcd.coe.int/com.instranet.InstraServlet?Index=no&command=com.instranet.CmdBlobGet&InstranetImage=1279903&SecMode=1&DocId=1349058&Usage=2.

Recommendation 60 (1999) on political integrity of local and regional elected representatives, adopted by the Congress of Local and Regional Authorities on 17 June 1999, abrufbar unter:
https://wcd.coe.int/wcd/ViewDoc.jsp?id=847931&Site=COE.

Recommendation (2000) 10 of the Committee of Ministers to Member states on codes of conduct for public officials, adopted by the Committee of Ministers on 11 May 2000, abrufbar unter:
http://www.coe.int/t/dghl/monitoring/greco/documents/Rec(2000)10_EN.pdf.

Recommendation 86 (2000) on the financial transparency of political parties and their democratic functioning at regional level, adopted by the Standing Committee of the Congress of Local and Regional Authorities on 25 May 2000, abrufbar unter:
https://wcd.coe.int/wcd/ViewDoc.jsp?id=831405&Site=COE.

Model Initiatives Package in Public Ethics at Local Level, Steering Committee on Local and Regional Democracy, CDLR (2002) 40 vom 25. 11. 2002, abrufbar unter:

http://www.bmi.bund.de/SharedDocs/Downloads/EN/Broschueren/Handbuch_
zur_Korruptionspraevention_im_Id_24892_en.pdf?__blob=publicationFile.

Recommendation (2003) 4 of the Committee of Ministers to Member states on
common rules against corruption in the funding of political parties and electoral campaigns, adopted by the Committee of Ministers on 8 April 2003, abrufbar
unter:
https://wcd.coe.int/wcd/ViewDoc.jsp?id=2183.

Additional Protocol to the Criminal Law Convention on Corruption, 15 May 2003,
European Treaty Series No. 191, deutsche Übersetzung abrufbar unter:
http://conventions.coe.int/Treaty/GER/Treaties/Html/191.htm.

OECD

Recommendation of the Council on the Tax Deductibility of Bribes to Foreign Public Officials, adopted by the Council on 11 April 1996, abrufbar unter:
http://www.oecd.org/officialdocuments/displaydocumentpdf?cote=c(96)27/
final&doclanguage=en.

Recommendation on Anti-corruption Proposals for Aid-Funded Procurement, en-
dorsed by the Development Assistance Committee, 6-7 May 1996, abrufbar (mit
einem Follow-up-Bericht) unter:
http://www.oecd.org/document/30/0,3746,en_2649_34855_2394526_1_1_1_1,00.
html.

Revised Recommendation of the Council on Combating Bribery in International
Business Transactions, adopted by the Council on 23 May 1997, abrufbar unter:
http://www.osec.doc.gov/ogc/occic/bribery.html.

Convention on Combating Bribery of Foreign Public Officials in International
Business Transactions, adopted by the Negotiating Conference on 21 November
1997, mit den offiziellen Kommentaren zur Konvention abrufbar unter:
http://www.oecd.org/dataoecd/4/18/38028044.pdf.

Recommendation of the Council on Improving Ethical Conduct in the Public Service Including Principles for Managing Ethics in the Public Service, adopted by
the Council on 23 April 1998, abrufbar unter:
http://www.oecd.org/dataoecd/60/13/1899138.pdf.

The OECD Guidelines for Multinational Enterprises. Revision 2000, abrufbar
unter:
http://www.oecd.org/dataoecd/56/36/1922428.pdf.

Recommendation of the Council on Guidelines for Managing Conflicts of Interest
in the Public Service, June 2003, abrufbar unter:
http://www.oecd.org/dataoecd/13/22/2957360.pdf.

(Revised) OECD Principles of Corporate Governance 2004, abrufbar unter:
http://www.oecd.org/dataoecd/32/18/31557724.pdf.

2006 Action Statement on Bribery and Officially Supported Export Credits, agreed by the Working Party on Export Credits and Credit Guarantees, 9 May 2006, abrufbar unter:
http://www.oecd.org/officialdocuments/displaydocumentpdf?cote=td/ecg(2006)11&doclanguage=en.

Council Recommendation on Bribery and Officially Supported Export Credits, adopted by the Council on 14 December 2006, abrufbar unter:
http://www.oecd.org/officialdocuments/displaydocumentpdf?cote=td/ecg(2006)24&doclanguage=en.

Recommendation of the Council for Further Combating Bribery of Foreign Public Officials in International Business Transactions, adopted by the Council on 26 November 2009, abrufbar unter:
http://www.oecd.org/dataoecd/4/18/38028044.pdf.

Recommendation of the Council on Tax Measures for Further Combating Bribery of Foreign Public Officials in International Business Transactions, adopted by the Council on 25 May 2009, abrufbar unter:
http://www.oecd.org/dataoecd/4/18/38028044.pdf.

OECD Guidelines for Multinational Enterprises, 2011 Update, abrufbar unter:
http://www.oecd.org/daf/inv/mne/48004323.pdf.

Vereinte Nationen

Action against corruption, A/RES/51/59, angenommen von der Generalversammlung am 12. 12. 1996, abrufbar unter:
http://www.un.org/documents/ga/res/51/a51r059.htm.

United Nations Declaration against Corruption and Bribery in International Commercial Transactions, A/RES/51/191, angenommen von der Generalversammlung am 16. 12. 1996, abrufbar unter:
http://www.un.org/documents/ga/res/51/a51r191.htm.

International cooperation against corruption and bribery in international commercial transactions, A/RES/52/87, angenommen von der Generalversammlung am 12. 12 1997, abrufbar unter:
http://unpan1.un.org/intradoc/groups/public/documents/un/unpan010956.pdf.

United Nations Convention against Transnational Organized Crime, A/RES/55/25, angenommen von der Generalversammlung am 15. 11. 2000, abrufbar unter:
http://www.unodc.org/pdf/crime/a_res_55/res5525e.pdf, deutsche Übersetzung im Anhang zum Zustimmungsgesetz BGBl. II 2005, 956 ff.

Action against corruption, A/RES/54/128, angenommen von der Generalversammlung am 28. 12. 2000, abrufbar unter:
http://unpan1.un.org/intradoc/groups/public/documents/un/unpan021775.pdf.

United Nations Convention against Corruption, Resolution 58/4, angenommen von der Generalversammlung am 31. 10. 2003, abrufbar unter: http://www.unodc.org/pdf/crime/convention_corruption/signing/Convention-e.pdf, eine deutsche Übersetzung ist abrufbar unter: http://www.un.org/Depts/german/uebereinkommen/ar58004-oebgbl.pdf.

7 Literaturverzeichnis[101]

7.1 Quellen

Euler Hermes Kreditversicherungs-AG (2008): Jahresbericht 2007. Exportkredit-garantien der Bundesrepublik Deutschland, Hamburg.

Europäische Kommission (2003): Mitteilung der Kommission an den Rat, das Europäische Parlament und den Europäischen Wirtschafts- und Sozial-ausschuss. Eine umfassende EU-Politik zur Bekämpfung der Korruption, KOM(2003) 317.

Europäische Kommission (2007): Bericht der Kommission an den Rat gemäß Art. 9 des Rahmenbeschlusses 2003/568/JI des Rates vom 22. Juli 2003 zur Be-kämpfung der Bestechung im privaten Sektor, KOM(2007) 328.

Europäische Kommission (2011): Mitteilung der Kommission an das Europäische Parlament, den Rat und den Europäischen Wirtschafts- und Sozialausschuss. Korruptionsbekämpfung in der EU, KOM(2011) 308.

Europäische Kommission (2012): Special Eurobarometer 374 – Corruption, abruf-bar unter http://ec.europa.eu/public_opinion/archives/ebs/ebs_374_en.pdf.

GRECO (2002): Evaluation Report on Germany – First Evaluation Round, abruf-bar   unter:http://www.coe.int/t/dghl/monitoring/greco/evaluations/round1/ GrecoEval1(2001)12_Germany_EN.pdf.

GRECO (2004): Compliance Report on Germany – First Evaluation Round, abrufbar unter:
http://www.coe.int/t/dghl/monitoring/greco/evaluations/round1/Gre-coRC1(2004)1_Germany_EN.pdf.

GRECO (2005): Evaluation Report on Germany – Second Evaluation Round, ab-rufbar unter:
http://www.coe.int/t/dghl/monitoring/greco/evaluations/round2/Gre-coEval2(2004)10_Germany_EN.pdf.

GRECO (2006): Addendum to the Compliance Report on Germany – First Evalu-ation Round, abrufbar unter:
http://www.coe.int/t/dghl/monitoring/greco/evaluations/round1/Gre-coRC1(2004)1_Add_Germany_EN.pdf.

GRECO (2007): Compliance Report on Germany – Second Evaluation Round, abrufbar unter:
http://www.coe.int/t/dghl/monitoring/greco/evaluations/round2/Gre-coRC2(2007)3_Germany_EN.pdf.

---

[101] Für alle angegebenen Webseiten gilt: letzter Zugriff am 22.05.2013.

GRECO (2008a): Evaluation Report on Austria – Joint First and Second Evaluation Round, abrufbar unter:
http://www.coe.int/t/dghl/monitoring/greco/evaluations/round2/GrecoEval1-2(2007)2_Austria_EN.pdf.

GRECO (2008b): Evaluation Report on Switzerland – Joint First and Second Evaluation Round, abrufbar unter:
http://www.coe.int/t/dghl/monitoring/greco/evaluations/round2/GrecoEval1-2(2007)1_Switzerland_EN.pdf.

GRECO (2009a): Addendum to the Compliance Report on Germany – Second Evaluation Round, abrufbar unter:
http://www.coe.int/t/dghl/monitoring/greco/evaluations/round2/GrecoRC2(2007)3_Add_Germany_EN.pdf.

GRECO (2009b): Evaluation Report on Germany on Incriminations – Third Evaluation Round, abrufbar unter:
http://www.coe.int/t/dghl/monitoring/greco/evaluations/round3/GrecoEval3%282009%293_Germany_One_EN.pdf.

GRECO (2009c): Evaluation Report on Germany on Transparency of Party Funding, abrufbar unter:
http://www.coe.int/t/dghl/monitoring/greco/evaluations/round3/GrecoEval3%282009%293_Germany_Two_EN.pdf.

GRECO (2010a): Compliance Report on Austria – Joint First and Second Evaluation Round, abrufbar unter:
http://www.coe.int/t/dghl/monitoring/greco/evaluations/round2/GrecoRC1&2(2010)1_Austria_EN.pdf.

GRECO (2010b): Compliance Report on Switzerland – Joint First and Second Evaluation Round, abrufbar unter:
http://www.coe.int/t/dghl/monitoring/greco/evaluations/round2/GrecoRC1&2(2009)2_Switzerland_EN.pdf.

GRECO (2011a): Compliance Report on Germany – Third Evaluation Round, abrufbar unter:
http://www.coe.int/t/dghl/monitoring/greco/evaluations/round3/GrecoRC3%282011%299_Germany_EN.pdf.

GRECO (2011b): Interim Compliance Report on Germany – Third Evaluation Round, abrufbar unter:
http://www.coe.int/t/dghl/monitoring/greco/evaluations/round3/GrecoRC3%282012%2915_Germany_Interim_EN.pdf.

GRECO (2011c): Compliance Report on Liechtenstein – Joint First and Second Evaluation Round, abrufbar unter:
http://www.coe.int/t/dghl/monitoring/greco/evaluations/round2/GrecoEval1-2%282011%291_Liechtenstein_EN.pdf.

GRECO (2011d): Evaluation Report on Austria on Incriminations – Third Evaluation Round, abrufbar unter:
http://www.coe.int/t/dghl/monitoring/greco/evaluations/round3/GrecoEval3%282011%293_Austria_One_EN.pdf.

GRECO (2011e): Evaluation Report on Austria. Transparency of Party Funding – Third Evaluation Round, abrufbar unter: http://www.coe.int/t/dghl/monitoring/greco/evaluations/round3/GrecoEval3%282011%293_Austria_Two_EN.pdf.

GRECO (2011f): Evaluation Report on Switzerland on Incriminations – Third Evaluation Round, abrufbar unter: http://www.coe.int/t/dghl/monitoring/greco/evaluations/round3/GrecoEval3%282011%294_Switzerland_One_EN.pdf.

GRECO (2011g): Evaluation Report on Switzerland. Transparency of Political Party Funding – Third Evaluation Round, abrufbar unter: http://www.coe.int/t/dghl/monitoring/greco/evaluations/round3/GrecoEval3%282011%294_Switzerland_Two_EN.pdf.

OECD Working Group on Bribery (1999): United Kingdom Phase 1 Report, abrufbar unter: http://www.oecd.org/dataoecd/8/24/2754266.pdf.

OECD Working Group on Bribery (2003a): United Kingdom Phase 1bis Report, abrufbar unter: http://www.oecd.org/dataoecd/12/50/2498215.pdf.

OECD Working Group on Bribery (2003b): Germany Phase 2 Report, abrufbar unter: http://www.oecd.org/dataoecd/52/9/2958732.pdf.

OECD Working Group on Bribery (2005a): Germany Phase 2 Follow-Up Report, abrufbar unter: http://www.oecd.org/dataoecd/8/44/35927070.pdf.

OECD Working Group on Bribery (2005b): United Kingdom Phase 2 Report, abrufbar unter: http://www.oecd.org/dataoecd/62/32/34599062.pdf.

OECD Working Group on Bribery (2005c): Switzerland Phase 2 Report, abrufbar unter: http://www.oecd.org/dataoecd/43/16/34350161.pdf.

OECD Working Group on Bribery (2006): Austria Phase 2 Report, abrufbar unter: http://www.oecd.org/dataoecd/16/22/36180957.pdf.

OECD Working Group on Bribery (2007a): United Kingdom Phase 2 Follow-Up Report, abrufbar unter: http://www.oecd.org/dataoecd/43/13/38962457.pdf.

OECD Working Group on Bribery (2007b): Switzerland Phase 2 Follow-Up Report, abrufbar unter: http://www.oecd.org/dataoecd/7/60/38898790.pdf.

OECD Working Group on Bribery (2008a): United Kingdom Phase 2bis Report, abrufbar unter: http://www.oecd.org/dataoecd/23/20/41515077.pdf.

OECD Working Group on Bribery (2008b): Austria Phase 2 Follow-Up Report, abrufbar unter: http://www.oecd.org/dataoecd/55/57/40656709.pdf.

OECD Working Group on Bribery (2010): United Kingdom Phase 1ter Report, abrufbar unter: http://www.oecd.org/dataoecd/58/43/46883138.pdf.

OECD Working Group on Bribery (2011a): Germany Phase 3 Report, abrufbar unter: http://www.oecd.org/dataoecd/5/45/47416623.pdf.

OECD Working Group on Bribery (2011b): 2010 Data on Enforcement of the Anti-Bribery Convention, abrufbar unter: http://www.oecd.org/dataoecd/47/39/47637707.pdf.

OECD Working Group on Bribery (2011c): United Kingdom Phase 2bis Follow-Up Report, abrufbar unter: http://www.oecd.org/dataoecd/56/46/48066020.pdf.

OECD Working Group on Bribery (2011d): Germany Phase 3 Follow-Up Report, abrufbar unter: http://www.oecd.org/daf/anti-bribery/GermanyPhase3WrittenFollowUpEN. pdf.

OECD Working Group on Bribery (2011e): Switzerland Phase 3 Report, abrufbar unter: http://www.oecd.org/daf/anti-bribery/anti-briberyconvention/Switzerland-phase3reportEN.pdf.

OECD Working Group on Bribery (2012a): Austria Phase 3 Report, abrufbar unter: http://www.oecd.org/daf/anti-bribery/Austriaphase3reportEN.pdf.

OECD Working Group on Bribery (2012b): United Kingdom Phase 3 Report, abrufbar unter: http://www.oecd.org/daf/anti-bribery/UnitedKingdomphase3reportEN.pdf

UNODC (2012): Country Review Report of Switzerland, abrufbar unter: http://www.unodc.org/documents/treaties/UNCAC/CountryVisitFinalReports/Switzerland_final_country_review_report_ENG.pdf.

7.2 *Sekundärliteratur*

van Aaken, A. (2005): Genügt das deutsche Recht den Anforderungen an die UN-Konvention gegen Korruption? Eine rechtsvergleichende Studie zur politischen Korruption unter besonderer Berücksichtigung der Rechtslage in Deutschland, Zeitschrift für ausländisches öffentliches Recht und Völkerrecht, 65 (2), 407-446.

van Aaken, A. (2006): Die UN-Konvention gegen Korruption: Alter Wein in neuen Schläuchen?, in: R. Hofmann/C. Pfaff (Hrsg.): Die Konvention der Vereinten Nationen zur Bekämpfung der Korruption. Betrachtungen aus Wissenschaft und Praxis, Baden-Baden, 9-39.

Abbott, K. W./Snidal, D. (2002a): Values and Interests: International Legalization in the Fight Against Corruption, Journal of Legal Studies, 31, 141-178.

Abbott, K. W./Snidal, D. (2002b): International action on bribery and corruption: Why the dog didn't bark in the WTO, in: D. L. M. Kennedy (Hrsg.) The political economy of international trade law. Essays in honour of Robert E. Hudec, Cambridge, 177-204.

Abromeit, H. (2002): Wozu braucht man Demokratie? Die postnationale Herausforderung der Demokratietheorie, Opladen.

Aderhold, J./Döring, F. (2010): Soziale und gesellschaftliche „Kultivierung" von Korruption, in: C. Stark/C. Lahusen (Hrsg.): Korruption und neue Staatlichkeit. Perspektiven sozialwissenschaftlicher Korruptionsforschung, Norderstedt, 23-68.

Aiolfi, G./Pieth, M. (2002): How to Make a Convention Work: the Organization for Economic Co-Operation and Development Recommendation and Convention on Bribery as an Example of a New Horizon in International Law, in: C. Fijnaut/L. Huberts (Hrsg.): Corruption, Integrity and Law Enforcement, Den Haag, 349-360.

von Alemann, U. (2005a): Politische Korruption: Ein Wegweiser zum Stand der Forschung, in: ders. (Hrsg.) Dimensionen politischer Korruption. Beiträge zum Stand der internationalen Forschung. Politische Jahresschrift, Sonderheft 35, Wiesbaden, 13-49.

von Alemann, U. (Hrsg.) (2005b): Dimensionen politischer Korruption. Beiträge zum Stand der internationalen Forschung. Politische Jahresschrift, Sonderheft 35, Wiesbaden.

von Alemann, U. et al. (2007): Studie zur Korruption innerhalb des staatlichen Bereichs der EU-Mitgliedstaaten, Düsseldorf, abrufbar unter: http://www.uni-duesseldorf.de/pruf/uploads/Forschungsprojekte/Korruptionsstudie/EU-Korr_Bericht.pdf.

Andersson, S./Heywood, P. M. (2009): Anti-corruption as a risk to democracy: on the unintended consequences of international anti-corruption campaigns, in: L. de Sousa/P. Larmour/B. Hindess (Hrsg.): Governments, NGOs and Anti-Corruption. The new integrity warriors, London und New York, 33-50.

Androulakis, I. N. (2007): Die Globalisierung der Korruptionsbekämpfung. Eine Untersuchung zur Entstehung, zum Inhalt und zu den Auswirkungen des internationalen Korruptionsstrafrechts unter Berücksichtigung der sozialökonomischen Hintergründe, Baden-Baden.

von Arnim, H. H. (2003): Korruption in Politik und Verwaltung, in: ders. (Hrsg.): Korruption. Netzwerke in Politik, Ämtern und Wirtschaft, München, 16-30.

von Arnim, H. H. (2006a): Der gekaufte Abgeordnete – Nebeneinkünfte und Korruptionsproblematik, Neue Zeitschrift für Verwaltungsrecht, 25 (3), 249-254.

von Arnim, H. H. (2006b): Das Europa-Komplott. Wie EU-Funktionäre unsere Demokratie verscherbeln, München und Wien.

von Arnim, H. H./Heiny, R./Ittner, S. (2006): Korruption. Begriff, Bekämpfungs- und Forschungslücken, FÖV Discussion Papers 33, Speyer, abrufbar unter: http://192.124.238.248/fbpdf/dp-033.pdf.

Aschenbrenner, F./Kovermann, J. (2012): Der Kölner Müllskandal. Ein Korruptionsfall in der Kommunalpolitik, Seminararbeit Universität Konstanz.

Bannenberg, B. (2002): Korruption in Deutschland und ihre strafrechtliche Kontrolle. Eine kriminologisch-strafrechtliche Analyse, Neuwied u. a.

Bannenberg, B./Schaupensteiner, W. (2004): Korruption in Deutschland. Portrait einer Wachstumsbranche, München.

Barton, S. (1994): Der Tatbestand der Abgeordnetenbestechung (§108e StGB), Neue Juristische Wochenschrift, 47 (17), 1098-1100.

Beck, U./Beck-Gernsheim, E. (1990): Das ganz normale Chaos der Liebe, Frankfurt a. M.

Becker, B. (1989): Öffentliche Verwaltung. Lehrbuch für Wissenschaft und Praxis, Percha.

Behnke, N. (2011): Alte und neue Werte im öffentlichen Dienst, in: B. Blanke/F. Nullmeier/C. Reichard/G. Wewer (Hrsg.): Handbuch zur Verwaltungsreform, 4. Aufl., Wiesbaden, 340-349.

Benz, A. (2006): Eigendynamik von Governance in der Verwaltung, in: J. Bogumil/W. Jann/F. Nullmeier (Hrsg.): Politik und Verwaltung. Politische Vierteljahresschrift, Sonderheft 37, Wiesbaden, 29-49.

Benz, A./Papadopoulos, Y. (2006): Introduction. Governance and democracy: concepts and key issues, in: dies. (Hrsg.): Governance and democracy. Comparing national, European and international experiences, London, 1 ff.

Beron, K./Grözinger, K. (2013): Der Kölner Müllskandal. Ein Fall politischer Korruption und seine Folgen, Seminararbeit Universität Konstanz.

von Blomberg, P. (2007): Streitgespräch „Wie unabhängig ist Transparency International Deutschland?", in: H. H. von Arnim (Hrsg.): Korruption und Korruptionsbekämpfung. Beiträge auf der 8. Speyerer Demokratietagung vom 27. und 28. Oktober 2005 an der Deutschen Hochschule für Verwaltungswissenschaften Speyer, Berlin, 127-150.

Bluhm, H. (2002): Zwischen invisibler und visibler Macht. Machttheoretische Verortungen politischer Korruption, in: H. Bluhm/K. Fischer (Hrsg.): Sichtbarkeit und Unsichtbarkeit der Macht. Theorien politischer Korruption, Baden-Baden, 167-193.

Bluhm, H./Fischer, K. (2002): (Hrsg.) Sichtbarkeit und Unsichtbarkeit der Macht. Theorien politischer Korruption, Baden-Baden.

Bogumil, J./Jann, W. (2009): Verwaltung und Verwaltungswissenschaft in Deutschland. Einführung in die Verwaltungswissenschaft, 2. Aufl., Wiesbaden.

Bogumil, J./Jann, W./Nullmeier, F. (2006): Perspektiven der politikwissenschaftlichen Verwaltungsforschung, in: dies. (Hrsg.): Politik und Verwaltung. Politische Vierteljahresschrift, Sonderheft 37, Wiesbaden, 9-26.

Böhret, C./Konzendorf, G. (2004): Guidelines on Regulatory Impact Assessment (RAI)/Leitfaden zur Gesetzesfolgenabschätzung (GFA), Speyerer Forschungsberichte 234, Speyer, abrufbar unter: http://www.foev-speyer.de/publikationen/download.asp?ID=234&REIHE=Spe&MB=N.

Bontrager Unzicker, A. D. (2000): From Corruption to Cooperation: Globalization Brings a Multilateral Agreement Against Foreign Bribery, Indiana Journal of Global Legal Studies, 7, 655-686.

Braithwaite, V./Levi, M. (Hrsg.) (1998): Trust and Governance, New York.

Bretherton, C./Vogler, J. (2006): The European Union as a Global Actor, 2. Aufl., London und New York.

Bücker-Gärtner, H. (2011): Korruptionsprävention in Behörden, in: T. Kliche/S. Thiel (Hrsg.): Korruption. Forschungsstand, Prävention, Probleme, Lengerich u. a., 467-489.

van Buitenen, P. (1999): Unbestechlich für Europa. Ein EU-Beamter kämpft gegen Misswirtschaft und Korruption, Basel und Gießen.

Chaikin, D. (1999): Extraterritoriality and the Criminalization of Foreign Bribes, in: B. A. K. Rider (Hrsg.): Corruption: The Enemy Within, 2. Aufl., Den Haag, 285-301.

Cook, K. S./Hardin, R./Levi, M. (2005): Cooperation Without Trust, New York.

Dokumentationszentrum „Anstageslicht.de" (2013): Wächterpreisarchiv: Kölner Müllverbrennungsskandal, abrufbar unter http://anstageslicht.de/index.php?UP_ID=1&NAVZU_ID=16&STORY_ID=12.

Dölling, D. (2000): Die Neuregelung der Strafvorschriften gegen Korruption, Zeitschrift für die gesamte Strafrechtswissenschaft, 112 (2), 334-355.

Dölling, D. (2007a): Grundlagen der Korruptionsprävention, in: ders. (Hrsg.): Handbuch der Korruptionsprävention für Wirtschaftsunternehmen und öffentliche Verwaltung, München, 1-40.

Dölling, D. (2007b): Vorwort, in: ders. (Hrsg.): Handbuch der Korruptionsprävention für Wirtschaftsunternehmen und öffentliche Verwaltung, München, V.

Downs, A. (1967): Inside Bureaucracy, Boston.

Dzikowski, M. (2006): UN-Konvention zur Bekämpfung der Korruption. Einschätzung und Forderungen von Transparency International e. V., in: R. Hofmann/C. Pfaff (Hrsg.): Die Konvention der Vereinten Nationen zur Bekämpfung der Korruption. Betrachtungen aus Wissenschaft und Praxis, Baden-Baden, 41-53.

Eigen, P. (2008): The Web of Corruption. How a Global Movement Fights Graft, Berlin.

Elliott, K. A. (2002): Corruption as an International Policy Problem, in: A. Heidenheimer/M. Johnston (Hrsg.): Political Corruption. Concepts & Contexts, 3. Aufl., New Brunswick und London, 925-941.

Epp, U. (1997): Die Abgeordnetenbestechung – § 108e StGB, Frankfurt a. M.

Ernst & Young (2008): Korruption – Das Risiko der Anderen. 10th Global Fraud Survey, abrufbar unter: http://www.ey.com/Publication/vwLUAssets/Korruption_10th_Global_Fraud_Survey/$FILE/Studie_Korruption_Das%20Risiko%20der%20Anderen.pdf.

Fischer, K. (2002): Selbstkorrumpierung des Parteienstaates. Versuch über einen Gestaltwandel politischer Korruption, in: H. Bluhm/K. Fischer (Hrsg.) Sichtbarkeit und Unsichtbarkeit der Macht. Theorien politischer Korruption, Baden-Baden, 67-86.

Forsthoff, E. (1976): Anrecht und Aufgabe einer Verwaltungslehre, in: H. Siedentopf (Hrsg.): Verwaltungswissenschaft, Darmstadt, 288-308.

Frisch, D. (1999): Entwicklungspolitische Gesichtspunkte der Korruption, in: M. Pieth/P. Eigen (Hrsg.): Korruption im internationalen Geschäftsverkehr. Bestandsaufnahme, Bekämpfung, Prävention, Neuwied und Kriftel, 89-100.

Galtung, F. (2006): Measuring the Immeasurable: Boundaries and Functions of (Macro) Corruption Indices, in: C. Sampford/A. Shacklock/C. Connors/F. Galtung (Hrsg.): Measuring Corruption, Aldershot, 101-130.

Genschel, P./Zangl, B. (2007): Die Zerfaserung von Staatlichkeit, Aus Politik und Zeitgeschichte, Nr. 20-21/07, 10-16.

Gerring, J./Thacker, S. C. (2005): Do Neoliberal Policies Deter Political Corruption?, International Organization 59 (1), 233-254.

de Graaf, G./von Maravić, P./Wagenaar, P. (Hrsg.) (2010): The Good Cause. Theoretical Perspectives on Corruption, Opladen und Farmington Hills.

Graeff, P./Schröder, K./Wolf, S. (Hrsg.) (2009): Der Korruptionsfall Siemens. Analysen und praxisnahe Folgerungen des wissenschaftlichen Arbeitskreises von Transparency International Deutschland, Baden-Baden.

Graeff, P./Wolf, S. (2011): Transparency International, der Korruptionsfall Siemens und einige wissenschaftliche Folgerungen, in: U. Weidenfeld (Hrsg.): Nützliche Aufwendungen? Der Fall Siemens und die Lehren für das Unternehmen, die Industrie und Gesellschaft, München, 55-74.

Grødeland, Å. B. (2010): Culture, Corruption, and Anti-Corruption Strategies in Post-Communist Europe, in: S. Wolf/D. Schmidt-Pfister (Hrsg.): International Anti-Corruption Regimes in Europe. Between Corruption, Integration, and Culture, Baden-Baden, 137-157.

Grotz, M. (2002): Legal Instruments of the European Union to Combat Corruption, in: C. Fijnaut/L. Huberts (Hrsg.): Corruption, Integrity and Law Enforcement, Den Haag, 381-388.

Grüne, N./Tölle, T. (2013): Corruption in the Ancien Régime: Systems-theoretical Considerations on Normative Plurality, Journal of Modern European History 11 (1), 31-51.

Heidenheimer, A. J./Johnston, M./Le Vine, V. T (1997): Terms, Concepts, and Definitions: An Introduction, in: dies. (Hrsg.): Political Corruption. A Handbook, 2. Aufl., New Brunswick u. a., 3-14.

Heidenheimer, A. J./Moroff, H. (2002): Controlling Business Payoffs to Foreign Officials: The 1998 OECD Anti-Bribery Convention, in: A. J. Heidenheimer/M. Johnston (Hrsg.): Political Corruption. Concepts & Contexts, 3. Aufl., New Brunswick und London, 943-959.

Hiller, P. (2010): Understanding Corruption: How Systems Theory Can Help, in: G. De Graaf/P. Maravić/P. Wagenaar (Hrsg.): The Good Cause: Theoretical Perspectives on Corruption, Leverkusen, 64-82.

Hindess, B. (2009): International anti-corruption as a programme of normalization, in: L. de Sousa/P. Larmour/B. Hindess (Hrsg.): Governments, NGOs and Anti-Corruption. The new integrity warriors, London und New York, 19-32.

Hix, S. (2005): The political system of the European Union, 2. Aufl., Basingstoke.

Hoven, E. (2013): Die Strafbarkeit des Abgeordnetenbestechung. Wege und Ziele einer Reform des § 108e StGB, Zeitschrift für Internationale Strafrechtsdogmatik 8 (1), 33-44.

Huntington, S. P. (2002 [1968]): Modernization and Corruption, in: A. J. Heidenheimer/M. Johnston (Hrsg.): Political Corruption. Concepts and Contexts, 3. Aufl., New Brunswick und London, 253-263.

Jakobi, A. P. (2010): E pluribus unum? The Global Anti-Corruption Agenda and its Different International Regimes, in: S. Wolf/D. Schmidt-Pfister (Hrsg.): International Anti-Corruption Regimes in Europe. Between Corruption, Integration, and Culture, Baden-Baden, 87-104.

Johnston, M. (2005): Keeping the Answers, Changing the Questions: Corruption Definitions Revisited, in: U. von Alemann (Hrsg.) Dimensionen politischer Korruption. Beiträge zum Stand der internationalen Forschung. Politische Jahresschrift, Sonderheft 35, Wiesbaden, 61-76.

Jünemann, A./Knodt, M. (Hrsg.) (2007): Externe Demokratieförderung durch die Europäische Union, Baden-Baden.

Kieser, A. (2010): Unternehmen Wissenschaft?, Leviathan 38 (3), 347-367.

Killias, M. (1998): Korruption: Vive La Repression! Oder was sonst? Zur Blindheit der Kriminalpolitik für Ursachen und Nuancen, in: H.-D. Schwind/E. Kube/H.-H. Kühne (Hrsg.): Festschrift für Hans Joachim Schneider, Berlin und New York, 239-254.

Kliche, T./Thiel, S. (Hrsg.) (2011): Korruption. Forschungsstand, Prävention, Probleme, Lengerich u. a.

Klitgaard, R. (1988): Controlling Corruption. Berkeley, Los Angeles und London.

Klitgaard, R. (2000): Subverting Corruption, Finance and Development 37 (2), 2-5.

König, K. (1970): Erkenntnisinteressen der Verwaltungswissenschaft, Berlin.

König, K. (1990): Zum Standort der Verwaltungswissenschaft, Die Öffentliche Verwaltung, 43, 305-310.

Korte, M. (1999): Der Einsatz des Strafrechts zur Bekämpfung der internationalen Korruption, Zeitschrift für Wirtschafts- und Steuerstrafrecht, 18, 81-88.

Korte, M. (2007): Korruptionsprävention im öffentlichen Bereich, in: D. Dölling (Hrsg.): Handbuch der Korruptionsprävention für Wirtschaftsunternehmen und öffentliche Verwaltung, München, 289-350.

KPMG (2010): Wirtschaftskriminalität in Deutschland 2010. Fokus Mittelstand, abrufbar unter: http://www.kpmg.de/docs/20091220_Wirtschaftskriminalitaet.pdf.

Krastev, I. (2009): Die Obsession mit Transparenz: Der Washington-Konsens zur Korruption, in: S. Randeria/A. Eckert (Hrsg.): Vom Imperialismus zum Empire: Nicht-westliche Perspektiven auf Globalisierung, Frankfurt a. M., 137-161.

Krell, G. (2000): Weltbilder und Weltordnung. Einführung in die Theorie der internationalen Beziehungen, Baden-Baden.

Kunicová, J./Rose-Ackerman, S. (2005): Electoral Rules and Constitutional Structures as Constraints on Corruption, British Journal of Political Science 35 (4), 573-606.

Langrod, G. (1976): Verwaltungswissenschaft oder Verwaltungswissenschaften?, in: H. Siedentopf (Hrsg.): Verwaltungswissenschaft, Darmstadt, 389-445.

Leff, N. H. (2002 [1964]): Economic Development Through Bureaucratic Corruption, in: A. J. Heidenheimer/M. Johnston (Hrsg.): Political Corruption. Concepts and Contexts, 3. Aufl., New Brunswick und London, 307-320.

Leyendecker, H. (2007): Die große Gier. Korruption, Kartelle, Lustreisen: Warum unsere Wirtschaft eine neue Moral braucht, Berlin.

Low, L. A./Bjorklund, A. K./Cameron Atkinson, K. (1998): The Inter-American Convention Against Corruption: A Comparison With the United States Foreign Corrupt Practices Act, Virginia Journal of International Law, 38, 243-292.

Lugon-Moulin, A. (2010): Mismatches between Corruption Perception, Corruption Victimisation, and Anti-Corruption Measures, in: S. Wolf/D. Schmidt-Pfister (Hrsg.): International Anti-Corruption Regimes in Europe. Between Corruption, Integration, and Culture, Baden-Baden, 125-135.

Luhmann, N. (1966): Theorie der Verwaltungswissenschaft. Bestandsaufnahme und Entwurf, Köln und Berlin.

Maier, W. (2003): Wie unabhängig sind Staatsanwälte in Deutschland?, in: H. H. von Arnim (Hrsg.): Korruption. Netzwerke in Politik, Ämtern und Wirtschaft, München, 121-131.

Manow, P. (2002): Was erklärt politische Patronage in den Ländern Westeuropas? Defizite des politischen Wettbewerbs oder historisch-formative Phasen der Massendemokratisierung, Politische Vierteljahresschrift 43 (1), 20-45.

Manow, P. (2003): Politische Korruption als Gegenstand der Politikwissenschaft – Eine Kritik des Forschungsstandes, in: H. H. von Arnim (Hrsg.): Korruption. Netzwerke in Politik, Ämtern und Wirtschaft, München, 239-273.

Manow, P. (2005): Politische Korruption und politischer Wettbewerb: Probleme der quantitativen Analyse, in: U. von Alemann (Hrsg.) Dimensionen politischer Korruption. Beiträge zum Stand der internationalen Forschung. Politische Jahresschrift, Sonderheft 35, Wiesbaden, 249-266.

von Maravić, P. (2007): Verwaltungsmodernisierung und dezentrale Korruption. Lernen aus unbeabsichtigten Konsequenzen, Bern, Stuttgart und Wien.

Marsch, A.-C. (2010): Strukturen der internationalen Korruptionsbekämpfung. Wie wirksam sind internationale Abkommen?, Marburg.

Martiny, A. (2008): Korruptionsdebatte unter Ausschluss der Öffentlichkeit, Transparency International Deutschland, Scheinwerfer 40 (3/2008), 17, abrufbar unter: http://www.transparency.de/fileadmin/pdfs/Rundbriefe/Scheinwerfer_40_III_2008_Sponsoring.qxp.pdf.

Maschmann, F. (2007): Vermeidung von Korruptionsrisiken aus Unternehmenssicht – Arbeits- und Zivilrecht, Corporate Governance, in: D. Dölling (Hrsg.): Handbuch der Korruptionsprävention für Wirtschaftsunternehmen und öffentliche Verwaltung, München, 87-181.

Mayntz, R. (1985): Soziologie der öffentlichen Verwaltung, 3. Aufl., Heidelberg.

McCoy, J. L./Heckel, H. (2001): The Emergence of a Global Anti-corruption Norm, International Politics, 38, 65-90.

Meesen, K. M. (1995): Fighting Corruption Across the Border, Fordham International Law Journal, 18, 1647-1652.

Menzel, U. (2001): Zwischen Idealismus und Realismus. Die Lehre von den Internationalen Beziehungen, Frankfurt a. M.

Meyers, R. (2000): Theorien der internationalen Beziehungen, in: W. Woyke (Hrsg.): Handwörterbuch Internationale Politik, 8. Aufl., Bonn, 416-448.

Michael, B./Bowser, D. (2010): The Evolution of the Anti-Corruption Industry in the Third Wave of Anti-Corruption Work, in: S. Wolf/D. Schmidt-Pfister (Hrsg.): International Anti-Corruption Regimes in Europe. Between Corruption, Integration, and Culture, Baden-Baden, 161-177.

Möhrenschlager, M. E. (2004): Die Struktur des Straftatbestandes der Abgeordnetenbestechung auf dem Prüfstand – Historisches und Künftiges, in: B. Heinrich/E. Hilgendorf/W. Mitsch/D. Sternberg-Lieben (Hrsg.): Festschrift für Ulrich Weber zum 70. Geburtstag, Bielefeld, 217-233.

Möhrenschlager, M. E. (2007): Der strafrechtliche Schutz gegen Korruption, in: D. Dölling (Hrsg.): Handbuch der Korruptionsprävention für Wirtschaftsunternehmen und öffentliche Verwaltung, München, 377-561.

Monsau, D. (2010): Vereinte Nationen und Korruptionsbekämpfung, Frankfurt a. M. u. a.

Morlok, M. (2005): Politische Korruption als Entdifferenzierungsphänomen, in: U. von Alemann (Hrsg.): Dimensionen politischer Korruption. Beiträge zum Stand der internationalen Forschung. Politische Jahresschrift, Sonderheft 35, Wiesbaden, 135-152.

Moroff, H. (2005): Internationalisierung von Anti-Korruptionsregimen, in: U. von Alemann (Hrsg.): Dimensionen politischer Korruption. Beiträge zum Stand der internationalen Forschung. Politische Jahresschrift, Sonderheft 35, Wiesbaden, 444-477.

Moroff, H. (2010): Converging EU and US International Anti-Corruption Policies, in: S. Wolf/D. Schmidt-Pfister (Hrsg.): International Anti-Corruption Regimes in Europe. Between Corruption, Integration, and Culture, Baden-Baden, 69-84.

Morrison, F. L. (2002): It's elementary, my dear Abbott, in: D. L. M. Kennedy (Hrsg.): The political economy of international trade law. Essays in honour of Robert E. Hudec, Cambridge, 205-207.

Münch, R. (2007): Die akademische Elite. Zur sozialen Konstruktion wissenschaftlicher Exzellenz, Frankfurt a. M.

Nagel, S. (2007): Entwicklung und Effektivität internationaler Maßnahmen zur Korruptionsbekämpfung, Baden-Baden.

Nell, M. (2009): Die Selbstanzeige als Instrument der Korruptionsbekämpfung, in: P. Graeff/K. Schröder/S. Wolf (Hrsg.): Der Korruptionsfall Siemens. Analysen und praxisnahe Folgerungen des wissenschaftlichen Arbeitskreises von Transparency International Deutschland, Baden-Baden, 47-62.

Neuhann, F. (2005): Im Schatten der Integration. OLAF und die Bekämpfung von Korruption in der Europäischen Union, Baden-Baden.

Nichols, P. M. (2000): The Myth of Anti-Bribery Laws as Transnational Intrusion, Cornell International Law Journal, 33, 627-655.

Niehaus, H. (2009): Strafrechtliche Folgen der „Bestechung" im vermeintlichen Unternehmensinteresse, in: P. Graeff/K. Schröder/S. Wolf (Hrsg.): Der Korruptionsfall Siemens. Analysen und praxisnahe Folgerungen des wissenschaftlichen Arbeitskreises von Transparency International Deutschland, Baden-Baden, 21-45.

Niskanen, W. A. (1971): Bureaucracy and Representative Government, Chicago u. a.

Nye, J. S. (1967): Corruption and Political Development: a Cost-Benefit Analysis, American Political Science Review 61 (2), 417-427.

Ostrom, E./Walker, J. (Hrsg.) (2003): Trust and Reciprocity. Interdisciplinary Lessons from Experimental Research, New York.

Pagani, F. (2002): Peer Review: a Tool for Co-Operation and Change. An Analysis of an OECD Working Method, OECD Working Paper SG/LEG(2002)1, abrufbar unter:
http://www.oecd.org/dataoecd/33/16/1955285.pdf.

Peters, B. G. (2010): Institutional Design and Good Governance, in: G. de Graaf/P. von Maravić/P. Wagenaar (Hrsg.): The Good Cause: Theoretical Perspectives on Corruption, Opladen und Farmington Hills, 83-97.

Philp, M. (2002): Korruption, Kontrolle und Konvergenz: Die Grenzen der Globalisierung, in: H. Bluhm/K. Fischer (Hrsg.): Sichtbarkeit und Unsichtbarkeit der Macht. Theorien politischer Korruption, Baden-Baden, 23-40.

Pierson, P. (2000): Increasing Returns, Path Dependence, and the Study of Politics, American Political Science Review, 94 (2), 251-267.

Pieth, M. (1997): Internationale Harmonisierung von Strafrecht als Antwort auf transnationale Wirtschaftskriminalität, Zeitschrift für die gesamte Strafrechtswissenschaft, 109, 756-776.

Pieth, M. (2002): Staatliche Intervention und Selbstregulierung der Wirtschaft, in: C. Prittwitz et al. (Hrsg.): Festschrift für Klaus Lüderssen, Baden-Baden, 317-326.

Pieth, M. (2007): Das OECD-Übereinkommen über die Bekämpfung der Bestechung ausländischer Amtsträger im internationalen Geschäftsverkehr, in: D. Dölling (Hrsg.): Handbuch der Korruptionsprävention für Wirtschaftsunternehmen und öffentliche Verwaltung, München, 563-593.

Pieth, M. (2008): Zu den Internationalen Konventionen: Ein Interview mit Mark Pieth, Transparency International Deutschland Rundbrief 38 (1/2008), 5-6, abrufbar unter:
http://www.transparency.de/fileadmin/pdfs/Rundbriefe/Rundbrief_038_I_2008.pdf.

Pieth, M./Low, L. A./Cullen, P. J. (Hrsg.) (2007): The OECD Convention on Bribery, Cambridge.

Plumpe, W. (2009): Korruption. Annäherungen an ein historisches und gesellschaftliches Phänomen, in: I. Engels/A. Fahrmeir/A. Nützenadel (Hrsg.): Geld, Geschenke, Politik. Korruption im neuzeitlichen Europa. Historische Zeitschrift, Beiheft N.F. 48, München, 19-47.

Portz, N. (2007): Korruptionsprävention bei der öffentlichen Auftragsvergabe, in: D. Dölling (Hrsg.): Handbuch der Korruptionsprävention für Wirtschaftsunternehmen und öffentliche Verwaltung, München, 351-375.

PricewaterhouseCoopers/Martin-Luther-Universität Halle-Wittenberg (Hrsg.) (2009): Wirtschaftskriminalität 2009. Sicherheitslage in deutschen Großunternehmen, abrufbar unter: http://www.pwc.de/de/risiko-management/assets/Studie-Wirtschaftskriminal-09.pdf.

Richter, J. (2008): Ironie und Realismus in Bali, Transparency International Deutschland Rundbrief 38 (1/2008), 9, abrufbar unter: http://www.transparency.de/fileadmin/pdfs/Rundbriefe/Rundbrief_038_I_2008. pdf.

Roll, Tim (2010): The United Nations' Contribution to the Fight Against Corruption. An Analysis of the Development of the "UNCAC Review-Mechanism", Bachelor-Arbeit, Konstanz.

Rönnau, T./Golombek, T. (2007): Die Aufnahme des „Geschäftsherrenmodells" in den Tatbestand des § 299 StGB – ein Systembruch im deutschen StGB, Zeitschrift für Rechtspolitik, 40 (6), 193-195.

Rose-Ackerman, S. (2002 [1997]): When is Corruption Harmful?, in: A. J. Heidenheimer/M. Johnston (Hrsg.) Political Corruption. Concepts and Contexts, 3. Aufl., New Brunswick und London, 353-371.

Rubinstein, W. D./von Maravić, P. (2010): Max Weber, Bureaucracy, and Corruption, in: G. de Graaf/P. von Maravić/P. Wagenaar (Hrsg.). The Good Cause. Theoretical Perspectives on Corruption, Opladen und Farmington Hills, 21-35.

Rubner, J. (2009): Brüsseler Spritzen. Korruption, Lobbyismus und die Finanzen der EU, München.

Rudzio, W. (2011): Das politische System der Bundesrepublik Deutschland, 8. Aufl., Wiesbaden.

Rügemer, W. (2003): Global Corruption, prokla, 33 (2) (Nr. 131), abrufbar unter: http://www.prokla.de/wp/wp-content/uploads/2003/Prokla131.pdf.

Salbu, S. R. (1999): Extraterritorial Restriction of Bribery: A Premature Evocation of the Normative Global Village, The Yale Journal of International Law, 24, 223-255.

Sampford, C./Shacklock, A./Connors, D./Galtung, F. (Hrsg.) (2006): Measuring Corruption. Aldershot.

Sampson, S. (2009): The anti-corruption industry: from movement to institution, Global Crime, 11 (2), 261-278.

Sanchez-Hermosilla, F. (2003): Rechtspolitik zur Korruptionsbekämpfung. Aktuelle Entwicklung des Korruptionsstrafrechts in Deutschland, Kriminalistik, 57, 74-79.

Scharpf, F. W. (1973): Planung als politischer Prozess. Aufsätze zur Theorie der planenden Demokratie, Frankfurt a. M.

Scharpf, F. W. (2003): Politische Optionen im vollendeten Binnenmarkt, in M. Jachtenfuchs/B. Kohler-Koch (Hrsg.): Europäische Integration, 2. Aufl., Opladen, 219-253.

Schmidt-Pfister, D. (2009): Transnationale Zivilgesellschaft gegen Korruption in multinationalen Unternehmen?, in: P. Graeff/K. Schröder/S. Wolf (Hrsg.): Der Korruptionsfall Siemens. Analysen und praxisnahe Folgerungen des wissenschaftlichen Arbeitskreises von Transparency International Deutschland, Baden-Baden, 77-101.

Schmidt-Pfister, D./Moroff, H. (Hrsg.) (2010): Anti-Corruption for Eastern Europe, Global Crime (Special Issue) 11 (2), 89-278.

Schneider, V./Janning, F. (2006): Politikfeldanalyse. Akteure, Diskurse und Netzwerke in der öffentlichen Politik, Wiesbaden.

Schubert, W. (2004): Korruption, in: H.-B. Wabnitz/T. Janovsky (Hrsg.): Handbuch des Wirtschafts- und Steuerstrafrechts, 2. Aufl., München, 691-761.

Schünemann, B. (2003): Das Strafrecht im Zeichen der Globalisierung, Goltdammers Archiv für Strafrecht, 150, 299-313.

See, H. (2007): Streitgespräch „Wie unabhängig ist Transparency International Deutschland?", in: H. H. von Arnim (Hrsg.): Korruption und Korruptionsbekämpfung. Beiträge auf der 8. Speyerer Demokratietagung vom 27. und 28. Oktober 2005 an der Deutschen Hochschule für Verwaltungswissenschaften Speyer, Berlin, 127-150.

Senturia, J. J. (1931): Corruption, Political, in: E. R. A. Seligman (Hrsg.): Encyclopaedia of the Social Sciences, New York, 448-452.

Smelser, N. J. (1976): The Sociology of Economic Life, 2. Aufl., Englewood Cliffs.

Smelser, N. J. (1994): Sociology, Cambridge und Oxford.

de Sousa, L. (2009): TI in search of a constituency: the institutionalization and franchising of the global anti-corruption doctrine, in: L. de Sousa/P. Larmour/B. Hindess (Hrsg.): Governments, NGOs and Anti-Corruption. The new integrity warriors, London und New York, 186-208.

de Sousa, L./Larmour, P./Hindess, B. (Hrsg.) (2009): Governments, NGOs and Anti-Corruption. The new integrity warriors, London und New York.

Stadler, M. (2004): Die bestehenden Regeln reichen aus – sie müssen nur endlich angewandt werden, Transparency International Deutschland Rundbrief 30 (3/2004), 3, abrufbar unter: http://www.transparency.de/fileadmin/pdfs/Rundbriefe/Rundbrief_030_III_2004.pdf.

Stünker, J. (2006): Strafbarkeit der Einflussnahme auf Volksvertreter, in: H.-J. Derra (Hrsg.): Freiheit, Sicherheit und Recht. Festschrift für Jürgen Meyer zum 70. Geburtstag, Baden-Baden, 597 ff.

Tanzi, V. (1998): Corruption Around the World. Causes, Consequences, Scope, and Cures, IMF Staff Papers, 45, 559-594.

Tänzler, D./Maras, K./Giannakopoulos, A. (2007): Breaking New Ground in Corruption Research, Crime and Culture Discussion Paper No 1, abrufbar unter http://www.uni-konstanz.de/crimeandculture/docs/Discussion_Paper_No_1_Project_Presentation_June_2007.pdf.

Tarullo, D. K. (2004): The Limits of Institutional Design: Implementing the OECD Anti-Bribery Convention, Virginia Journal of International Law, 44 (3), 665-710.

Tivig, A./Maurer, A. (2006): Die EU-Antikorruptionspolitik. Erfolgsbedingungen einer Korruptionsbekämpfung auf mehreren Ebenen, SWP-Diskussionspapier der FG 1, 2006/03, Berlin, abrufbar unter: http://www.swp-berlin.org/common/get_document.php?asset_id=2933.

Transparency International (2011): Progress Report 2011. Enforcement of the OECD Anti-Bribery Convention, Berlin, abrufbar unter: http://www.transparency.org/global_priorities/international_conventions.

Transparency International Deutschland (2011): Was versteht Transparency International unter Korruption?, abrufbar unter: http://www.transparency.de/FAQ.1224.0.html.

Transparency International Deutschland (2012): Nationaler Integritätsbericht Deutschland, abrufbar unter http://www.transparency.de/fileadmin/pdfs/Wissen/Publikationen/NIS.pdf.

Transparency International Deutschland (2013): Gesundheitswesen, abrufbar unter: http://www.transparency.de/Gesundheitswesen.61.0.html.

Trenz, H.-J. (2000): Korruption und politischer Skandal in der EU. Auf dem Weg zu einer europäischen politischen Öffentlichkeit?, in: M. Bach (Hrsg.): Die Europäisierung nationaler Gesellschaften, Kölner Zeitschrift für Soziologie und Sozialpsychologie, Sonderheft 40, Opladen, 332-359.

Überall, F. (2008): Der Klüngel in der politischen Kultur Kölns, Bonn.

United Nations Development Programme (2008): A Users' Guide to Measuring Corruption. Oslo.

Völkel, K./Stark, C./Chwoyka, R. (2007): Korruption im öffentlichen Dienst. Delikte, Prävention, Strafverfolgung, Norderstedt.

Warner, C. M. (2002): Creating a Common Market for Fraud and Corruption in the European Union: An Institutional Accident, or a Deliberate Strategy?, EUI Working Paper RSC No. 2002/31.

Warner, C. M. (2007): The Best System Money Can Buy. Corruption in the European Union, Ithaca und London.

Webb, P. (2005): The United Nations Convention Against Corruption. Global Achievement or Missed Opportunity?, Journal of International Economic Law, 8 (1), 191-229.

Weber, M. (1980): Wirtschaft und Gesellschaft. Grundriss der verstehenden Soziologie, 5. Aufl., Tübingen.

Weidenfeld, U. (Hrsg.) (2011): Nützliche Aufwendungen? Der Fall Siemens und die Lehren für das Unternehmen, die Industrie und Gesellschaft, München.

Weigend, T. (2007): Internationale Korruptionsbekämpfung – Lösung ohne Problem?, in: M. Pawlik/R. Zaczyk (Hrsg.): Festschrift für Günther Jakobs, Köln, 747-765.

Weiler, J. H. H. (1999): The constitution of Europe. „Do the new clothes have an emperor?" and other essays on European integration, Cambridge.

Wewer, G. (1992): Prolegomena zu einer Untersuchung der Korruption in der Verwaltung, in: A. Benz/W. Seibel (Hrsg.): Zwischen Kooperation und Korruption. Abweichendes Verhalten in der Verwaltung, Baden-Baden, 295-324.

Windsor, D./Getz, K. A. (2000): Multilateral Cooperation to Combat Corruption: Normative Regimes Despite Mixed Motives and Diverse Values, Cornell International Law Journal, 33, 731-772.

Wolf, S. (2006): Maßnahmen internationaler Organisationen zur Korruptionsbekämpfung auf nationaler Ebene. Ein Überblick, FÖV Discussion Papers 31, Speyer, abrufbar unter: http://www.foev-speyer.de/publikationen/download.asp?ID=31&REIHE=Dis&MB=N.

Wolf, S. (2007): Der Beitrag internationaler und supranationaler Organisationen zur Korruptionsbekämpfung in den Mitgliedstaaten, Speyerer Forschungsberichte 253, Speyer, abrufbar unter: http://www.foev-speyer.de/publikationen/download.asp?ID=253&REIHE=Spe&MB=N.

Wolf, S. (2008): Parlamentarische Blockade bei der Korruptionsbekämpfung? Zur verschleppten Neuregelung des Straftatbestandes der Abgeordnetenbestechung, Zeitschrift für Parlamentsfragen, 39 (3), 493-503.

Wolf, S. (2009): Korruption und Außenwirtschaftspolitik. Zu den politischen Rahmenbedingungen des Siemens-Falls, in: P. Graeff/K. Schröder/S. Wolf (Hrsg.): Der Korruptionsfall Siemens. Analysen und praxisnahe Folgerungen des wissenschaftlichen Arbeitskreises von Transparency International Deutschland, Baden-Baden, 63-76.

Wolf, S. (2010): Internationale Antikorruptionsregime als Phänomen neuer Staatlichkeit, in: C. Stark/C. Lahusen (Hrsg.): Korruption und neue Staatlichkeit. Perspektiven sozialwissenschaftlicher Korruptionsforschung, Norderstedt, 177-196.

Wolf, S. (2011a): Die Antikorruptionspolitik der Europäischen Union zwischen Wertevermittlung und Eigeninteressen, in: T. Kliche/S. Thiel (Hrsg.): Korruption. Forschungsstand, Prävention, Probleme, Lengerich u. a., 95-114.

Wolf, S. (2011b): Korruption und Kleinstaat. Elemente einer Theorie, Swiss Political Science Review, 17 (1), 51-74.

Wolf, S. (2012): Politikwissenschaftliche Korruptionsforschung, in: P. Graeff/J. Grieger (Hrsg.): Was ist Korruption? Begriffe, Grundlagen und Perspektiven gesellschaftswissenschaftlicher Korruptionsforschung, Baden-Baden, 113-133.

Wolf, S. (2013): Bribe and Cheat to Get a Doctoral Degree in Germany?, in: Transparency International (Hrsg.): Global Corruption Report: Education, Oxford (im Erscheinen).

Wolf, S./Schmidt-Pfister, D. (2010): Between Corruption, Integration, and Culture: the Politics of International Anti-Corruption, in: dies. (Hrsg.): International Anti-Corruption Regimes in Europe. Between Corruption, Integration, and Culture, Baden-Baden, 13-21.

World Bank (1997): Helping Countries Combat Corruption: The Role of the World Bank, Washington.

Ziekow, J. (2003): Begrüßung, in: ders. (Hrsg.): Verwaltungswissenschaften und Verwaltungswissenschaft. Forschungssymposium anlässlich der Emeritierung von Univ.-Prof. Dr. Dr. Klaus König, Berlin, 9-13.

Zimmerling, R. (2005) Politische Korruption: begrifflich-theoretische Einordnung, in: U. von Alemann (Hrsg.): Dimensionen politischer Korruption. Beiträge zum Stand der internationalen Forschung. Politische Jahresschrift, Sonderheft 35, Wiesbaden, 78-90.

The manufacturer's authorised representative in the EU is Springer
Nature Customer Service Centre GmbH, Europaplatz 3, 69115 Heidelberg,
Germany. If you have any concerns regarding our products, please
contact ProductSafety@springernature.com

Printed and bound by CPI Group (UK) Ltd, Croydon, CR0 4YY
27/04/2026
02097610-0009